Stephen Darwall

Philosophical
Ethics

[美] 斯蒂芬·达沃尔——— 著

黄素珍———— 译

哲学伦理学

上海人民出版社

中文版序言

1998 年《哲学伦理学》初次出版时，我已经在密歇根大学教授一门核心伦理哲学课程大约 15 年了。我设计"哲学 361"这门课，旨在满足让学生集中学习哲学的要求，它通常有 75—125 名学生，每周有两次授课和两次讨论。我总是主持其中一次讨论，虽然这在现在的大学里很少见了；其余讨论由研究生担任主持。

尽管有单独的讨论环节，但我仍对单纯授课的部分感到有所不足。对我来说，哲学一直是一种深刻的互动活动，而我个人对教学的焦虑让我更有理由尝试让学生参与积极的哲学交流。当然，由于上课人数的限制，不可能让每个学生都参与每次讨论，但我希望，几乎所有学生都会在某个时刻进入到哲学互动中，即使他们实际上没有，但他们也更有可能"全身心投入思想游戏"，而不仅仅是在整个授课期间听我对他们说话。

我的教学焦虑，部分在于我担心在课堂上没有说出我想要表达的全部内容，我有可能遗漏某些关键部分。即使我什么都没遗漏，但这并不能阻止我担心自己可能会漏讲。我当时想，如果我给学生提供大量的课堂笔记，这样他们就可以在课堂上参考这些笔记，然后在课余复习，这不是很好吗？在我看来，这种做法也会减轻我的工作，让我在和学生一起时更有自发性和积极性。我那时担心学生不太会自己做笔记——我们从研究中了解到，这是主动学习的关键（事实上，研究表明，他们自己手写笔记比在电脑键盘上输入笔记要好——但我从自己的情况中知道，在一个人有注解能力之前有一个文本作为参考，这是非常理想的）。

幸运的是，密歇根大学在 20 世纪 80 年代拥有一个非常出色的信息技术部门和一些功能强大的大型计算机，这些计算机可以与台式机和（最早的）笔记本电脑连接。整个系统被称为 MTS（密歇根终端系统 :https://en.wikipedia.org/wiki/Michigan_Terminal_System）。我可以把一份文件发送到 MTS，然后在校园的任何一个地方获得任意数量的副本（我的课堂需要 75 到 100 份）。尽管如此，要做这件事，其难度似乎令人望而生畏。

记得我在耶鲁大学读本科时，有一门很有名的课程叫"每日主题"（*Daily Themes*）——它今天仍然存在——选修这门课的学生每周要写五篇小论文。我从未上过这门课，但那些上过课的学生发誓，这是他们为提高自己的写作能力做过的或本可以做的最好的事情。我自己不是最优秀的哲学写作者，但我想，为什么不做我自己的版本，每周两次为我的哲学伦理学课程撰写长篇幅的课堂讲义呢?

于是，在 20 世纪 80 年代末的一个秋天，我就开始着手做这件事。我会在上课前一天晚上写好我的讲义，将其发送到 MTS；然后在第二天早上去办公室的路上，我整理好所有笔记。接着我就在上课前把它们分发给学生。

这项工作彻底变革了我的课堂，也极大增强了我作为一名哲学教师和写作者的信心。工作肯定很繁重，但这是我对教学和写作所做的最好的投资之一。或许最重要的是，它让我在课堂上获得了自由度，并给予我们所有人一个可以作为学习和哲学交流的基础的文本。几年后，已故的斯宾塞·卡尔（Spencer Carr）找到我，想让我为西景出版社（Westview Press）撰写一部教科书，当时我已经构思了《哲学伦理学》的雏形。

以上就是《哲学伦理学》这本书的历史。那么关于它的内容呢? 自从 1903 年 G. E. 摩尔（G. E. Moore）的《伦理学原理》（*Principia Ethica*）问世以来，西方哲学家就对他们所称的规范伦理学（*normative ethics*）和元伦理学（*metaethics*）进行了严格的区分。例如，他们区分这两个实质性的伦理学问题：一方面，什么事物是善的；另一方面，什么是善（*goodness*）。这有时被称作"一阶"问题与"二阶"问题的区分。前者是我们在过一个人类生活时无法避免的实质性问题。甚至我现在面临的"接下来应该写一个什么句子"的问题也是如此。空白页（或空白屏幕）在我面前若隐若现，我应该如何填满它？从广义上讲，这是一个伦理问题：我接下来写什么句子是好的？这是一个"一阶"问题，具有不可还原的伦理性和规范性——它的答案蕴涵了我有哪些规范性理由去行事。

然而，有时在更具有反思性的时刻，我们还会遭遇更具哲学意涵的问题。什么是善本身？一个事物要怎么样才是善的，在我们刚才所考虑的意义上——即在值得选择（*choiceworthy*）的意义上，一个事物要怎么样才值得选择和值得去做？这是一个非常不同的问题，有别于我应该写什么的规范性问题。为了提出第二个哲学问题，我必须从规范性伦理问题后退一步——事实上，后退一步可以让我停止尝试回答第一个问题——并考虑一个关于我之前试图回答的问题的反思性问题。究竟什么是规范性伦理问题？对于这类问题，是否存在正确和错误的答案？如果存在，这些答案是否可知？这些属于"二阶"问题。它们是元伦理学问题。

有些元伦理学问题是概念性的，比如：道德义务与应受责备这两个概念之间有什么联系？在我的《第二人称观点：道德、尊重与责任》（*The Second-Person Standpoint: Morality, Respect, and Accountability*）和其他著作中——均在《哲学伦理学》之后出版——我论证道，一个行为在道德上是有义务去做的，这是一个概念性真理——也就是说，不去做是错误的——当且仅当这个行为属于这种类型，即如果一个人没有任何借口而不去做这个行为，那么他是应受责备的。这是一个元伦理学而非规范伦理学的主张。其他元伦理学问题是形而上学的，比如：什么才是在形而上学意义上的道德义务？这些是随着概念性和语义性议题出现的问题，因为当我们提出关于某事物的元伦理问题，比如道德义务，我们需要知道我们在思考同样的事情，而不仅仅是在各说各话，却相信我们交谈的是同一主题。

关于伦理学，存在一系列广泛的形而上学问题：是否存在规范性的伦理事实？如果存在，这些事实与经验科学所研究的关于世界的一般事实有何不同？这些事实在某种程度上是相对主义的吗？如果是的话，以何种方式？是相对于一个观察者的参照系吗？抑或相对于实施正在被讨论的行为的能动者？其他的元伦理学问题是认识论的。伦理事实是否可知？在伦理学中，我们能否拥有一定程度上得到证成的信念？

正如我所说，一个常规做法是将元伦理和规范性伦理事实视为在概念和逻辑上相互独立的。一种方式是把伦理事实视为"应然"（oughts），与之相对，把实证科学的研究对象视为"实然"（is's）；后者关注的不是"应其所是"，而是"是其所是"。我们从休谟那里了解到，在"是"和"应当"之间有一条不可逾越的鸿沟，至少存在这样一条鸿沟，除非相关的"是"不包含一个隐藏的"应当"。如果我说，你不应当这样做，因为这将会是谋杀，并认为后者是一个"是"蕴涵一个"应当"，那么一个自然回应会是：这不能真正算从一个"是"推出一个"应当"，因为"应当"是谋杀概念的一部分，与纯粹的杀人行为相对，谋杀概念意味着某人不应当去做。既然元伦理学问题是关于"是"，而非"应当"，那么严格来说，元伦理学问题的答案在概念上是独立于规范伦理学问题的，反之亦然。

到目前为止是这样。尽管情况如此，但一个显著的事实是，持有一种元伦理学立场的哲学家有时更有可能持有一种特定的规范性伦理立场，反之亦然。因此，值得注意的是，像边沁和密尔这样的功利主义者，很可能是经验自然主义者，他们相信除了那些可供经验科学研究的事实，不存在其他事实，而伦理事实也在其中。同样，否定功利主义并接受某种形式的道义论的规范伦理学家，如康德或 W. D. 罗斯（W. D. Ross），不太可能成为元伦理自然主义者。相反，他们往往是理性直觉主义者，或持有某种形式的建构主义元伦理学。

本书所讨论的伟大而系统性的伦理哲学家，其著作都是在元伦理学明确成为一个独立的哲学领域之前写就的。他们无疑在元伦理学议题上采取了立场——因此，休谟反对伦理学中的理性主义，支持某种形式的情感主义，并认为伦理真理既不能被理性发现，行动也不能因为符合或违背理性而具有任何伦理属性。但他们不太可能因专注于元伦理学而排除规范伦理学，反之亦然。恰恰相反，他们试图制定出一种包含这两个领域或方面的整合性伦理哲学。这就是我称为"哲学伦理学"的计划，它力图阐明和捍卫一种综合的伦理哲学：同时包含元伦理学和规范伦理学的要素。

《哲学伦理学》第一部分始于元伦理学，首先讨论了我认为是元伦理学的根本困境，表述如下。一方面，道德情感和判断旨在寻求客观为真。但另一方面，并不清楚是什么可以使得它们为真。例如，就某个具体的军事行动能否得到道德证成，如果你和我之间有一个伦理分歧，那么我们似乎不可能同时正确。我们有可能都认为存在一个事实，但不同意道德事实到底是什么。然而，当我们从彼此冲突的"一阶"规范性伦理判断中后退一步，我们还是不清楚看似是道德事实的事物可能由什么构成。

这里实际上有两个元伦理学难题。一个是认识论方面的：关于我们何以知道我们中哪一个是正确的，或对这个问题持有一个可证成的信念。另一个是形而上学方面的：关于这种被假定存在的伦理事实可能是什么。

在这一点上，我们可能会求助于某种伦理相对主义，认为我们中每个人的观点在某种程度上对我们而言是正确的。然而，经过反思，这似乎更不可信。存在某些领域，在其中某种形式的相对主义是有道理的，例如纯粹的品味问题，比如偏爱的冰淇淋口味。有些人更偏爱香草口味而不是巧克力口味的冰淇淋，而另一些人则更偏爱巧克力口味。坚持认为一种品味客观上比另一种更好，这似乎有些可笑。看起来我们应该对这样的问题持相对主义的态度。

但是，就我们深切关心的伦理议题，例如种族和性别压迫的不公正，要持有这种相对主义立场会困难得多。在这个议题上，认为种族主义者与其反对者只是持有不同的品味，这个想法似乎是不可信的。由此就产生了一个元伦理学问题：伦理真理是什么？我们何以可能知道伦理真理？

第一部分的其余章节阐述了一些主要的彼此竞争的元伦理学理论：自然主义、神学唯意志论（神命论）、理性直觉主义、理想判断理论、相对主义与"错误论"、非认知主义。

本书还有另外两个主要部分。首先是对"哲学道德学家"的观点作深入探讨，这些哲学家试图提供关于道德的元伦理学和规范伦理学理论。

我使用"道德"一词来指哲学家们在早期现代开始阐明和捍卫的独特的伦理观念——大致可以追溯到胡果·格劳秀斯（Hugo Grotius）于 1625 年出版的《战争与和平法》(*On the Rights of War and Peace*)。格劳秀斯是一位荷兰法学家，以一定程度上发明了国际法思想而闻名。他之于道德哲学的重要性，源于他发展和捍卫了早期现代的自然法观念，他所指的自然法是任何理性的和"亲社会性"的存在者都受其约束的一套普遍的对错标准，以及这些存在者彼此享有的一系列相关权利。

这是一个非常重要的观念，第三部分（"哲学道德学家"）的其余章节集中讨论托马斯·霍布斯、约翰·斯图亚特·密尔和伊曼努尔·康德的三种主要的理论化尝试的著作。这些章节旨在共同阅读霍布斯的《利维坦》、密尔的《功利主义》和康德的《道德形而上学奠基》。对于每一部著作，我都寻求论述霍布斯、密尔和康德的规范性伦理观点与他们的元伦理学的关系。

　　就霍布斯而言，他试图将道德义务理解为每个人之间遵循"自然法"的契约的结果，而每个人都这样做则符合每个人的利益。这就是霍布斯规范性道德理论的一般形式。霍布斯将其与唯物主义的一般形而上学相结合。然而，他并不试图用唯物主义的术语来理解道德判断。相反，他将所有价值判断都解释为欲望的表达。这是一种关于价值的"表达主义"或"投射主义"元伦理学。霍布斯将这一点与他的规范性道德理论整合在一起，表明人们如何发现与其他人订立契约以遵循那些规范是善的（出于他们的欲望），而我们通常认为这些规范属于道德规范。因此，霍布斯论证道，对道德的一个合理的规范性说明可以建立在关于善的判断之上，他的元伦理学则认为，由于我们具有普遍的基本人类欲望，包括最显著的自我保存欲望，这使得我们作出价值判断。

　　霍布斯在 17 世纪英国内战时期开始著述，他最关心战争与和平的问题：当人们饱受内乱和恐怖的威胁时，他们应该如何和平共处？然而，当约翰·斯图亚特·密尔在 19 世纪中叶撰写《功利主义》时，那些内乱问题似乎已经被克服，密尔面临的议题是如何改革已建制的等级制度。他的规范伦理学——"功利主义"，即最大多数人的最大幸福原则是由一群思想家制定的，其中包括杰里米·边沁和密尔的父亲詹姆斯·密尔，他们被称为"哲学激进派"。他们试图详细阐述一种元伦理学及其相关的规范性理论，借助这些理论，他们能够改革一个种族主义和父权制的不平等社会。密尔是一位经验自然主义者，他认为所有关于善和正确的真理都可以建立在经验科学的基础上。

　　密尔发展了一个比他的先驱边沁更精微的享乐主义理论，而边沁认为所有快乐只在数量上而不是在质量上有所不同。密尔的享乐主义是一种更接近亚里士多德的定性享乐主义。他关于权利的功利主义理论也比边沁的行为功利主义更精深，边沁的行为功利主义认为，一个行为的对错，完全取决于它在数量上所产生的快乐和痛苦的后果。此外，尽管边沁有句名言：权利是"踩在高跷上的胡言乱语"，但密尔提出了一种其本身就以效用（utility）为基础的人权理论。这对他在《论自由》一书中捍卫妇女权利和平等的公民自由权极为重要。

就伊曼努尔·康德而言，他对人权提供了有史以来最强有力的证成和捍卫。密尔本人也承认，功利主义面临的最大挑战正是来自权利和正义这个方面，尽管他试图在功利主义理论中容纳权利和正义，但这似乎让它们变得缺乏保证，且基础不够稳固。然而，对康德而言，基本人权是由我们作为有理性的人所具有的尊严赋予的。我们的理性人格使我们成为"我们自身的目的"，也就是说，我们是这样的存在者，永远不能仅仅被当作手段来对待，而始终要被视为目的自身而受到尊重。

这是一个强有力的规范性思想，康德认为它是道义论道德的基础。尽管这个思想令人印象深刻，但康德也为它作为一个纯粹实践理性的定理提供了一个强大的元伦理学基础。康德在这一点上的想法类似于他在《纯粹理性批判》中的主张，即对于经验的可能性，存在必要的前提。在《道德形而上学奠基》和《实践理性批判》中，康德沿着类似的思路论证道，对于理性慎思和能动性的可能性，同样存在必要的前提。我们若要进行任何慎思活动，就有必要假定存在行动的规范性理由，而这些理由是基于康德所称的"实践法则"。康德认为，要让慎思成为可能，我们必须假定这些法则是建立在意志形式的基础之上。从这一点出发，康德推导出他的以各种形式表达的定言命令（Categorical Imperative）。其中包括"普遍法则公式"——我们只能被允许仅仅按照我们同时也能够意愿每个人都采取的那个准则（即出于理由）去行事；以及"人性公式"——我们必须始终将理性的人格视为目的自身，而不仅仅是手段。因此，康德将他强有力的规范性道德主张建立在一种独特的元伦理学基础之上，我称之为"理想能动者理论"：道德的根本真理是那些理想慎思聚合的真理。

第四部分探讨了没有道德的哲学伦理学的可能性。它始于弗里德里希·尼采，他的《论道德的谱系》提出一个对现代道德观的严厉批判。尼采的谱系学批判要旨在于，道德是一种意识形态，我们之所以相信它，不是因为它是真的，而是因为人们潜意识里的怨恨动机，这种动机在那些被自然禀赋较好的人所看低的自然禀赋较差的人身上出现。根据尼采的观点，受康德和密尔高度评价的现代平等理想，不过是弱者的无意识投射，以补偿强者对他们的蔑视，而这种蔑视致使弱者感到羞耻。

然而，尼采论证道，这种意识形态归根结底对强者和弱者都是不利的；这是一种病态，既折磨着两者，又感染了被它的观念所占据的社会。此外，尼采声称，现代道德意识形态伴随着形而上学的预设——最重要的是关于意志自由的预设——而这些预设完全是错误的。尼采钦佩古代希腊人早期的"贵族精神特质"。然而，他并不主张回到这些早期观念，他认为这无论如何是不可能的。相反，尼采的理想在于一种自主性，这种自主性只有在道德意识形态内生活过之后才有可能，而且只适用于那些拒绝令人窒息的道德枷锁的束缚，支持按照自己的方式去生活的个体。

在尼采之后，为了探索亚里士多德的《尼各马可伦理学》，我们把时间拨到古代雅典。亚里士多德的伦理理想的基础是一种目的论形而上学，根据这种形而上学，每一个自然存在者都有自己的 *telos*（目的）——即它的功能或目标，*telos* 设定了完善和不完善的规范性标准，而且也解释了包括人类在内的所有自然存在者的实际行为方式。

根据亚里士多德的观点，人类的 *telos* 是一种由德性活动构成的生活。然而，重要的是，亚里士多德所说的"德性"并不是特别指现代意义上的道德美德（尼采所批评的）。相反，他指的是卓越而独特的人类活动。他认为，德性活动在于为了高尚行为本身而行之。但是，高尚和德性行为包括什么呢？这就是亚里士多德作为两个恶的极端之间的中道（the mean）的德性理论。

亚里士多德的直觉性思想可以这样表述。伴随着正常的人类嗜欲、激情和情感，为了过一个属人的生活，人们要遭遇一系列这样的情景，在其中人们面临着熟知的问题，即在这些自然倾向彼此冲突时，如何去感受和行动。假设你坐在一桌美味佳肴前，你可以吃得过饱或过少——一方面要成为一个饮食有度的美食家，另一方面则要表现出节制的德性。或者假设你在战时面临人身威胁。这里有两条必须处理的反应轴线。一条轴线的两端是怯懦和鲁莽，涉及一个人如何应对恐惧。还有另一条轴线的两端是应对恐惧时的过度自信和缺乏自信。每条轴线都有自己的中度：对它的恐惧或反应的适当程度，以及正确的自信程度。勇敢在于将这两种中道结合起来。

亚里士多德明确指出，他的中道概念不是一个数学概念。它没有外部标准。相反，他告诉我们，中道是由具有"实践智慧"的人确立的，而"实践智慧"本身是由正确的教养过程决定的，但个人也能够根据亚里士多德在《尼各马可伦理学》中提出的各种考虑来反思他的既有价值观。

学生们经常抱怨说，这在亚里士多德的伦理学中建立了一种精英主义，因为亚里士多德认为，不是每个人都能够获得正确的教养或有能力运用实践智慧的。（更糟糕的是，亚里士多德假定了一个父权制社会，并认为有些人天然就是奴隶。）然而，重要的是记住，亚里士多德并没有把我们的现代道德观及其相关的平等和责任要求理论化。（对我们现代人来说，）认为一个人有责任遵循他在认知上无法通达的道德要求，这是没有意义的。这绝对不是亚里士多德的计划。正如尼采所理解的那样，等级制度正是建立在高贵和卑下的观念之中，这是亚里士多德的德性和恶行概念的核心。

亚里士多德的目的论形而上学似乎是科学革命的受害者。然而，在他关于一个欣欣向荣的人类生活的观点中，有许多关于人类卓越性发展的思想，这些思想对当代读者仍然具有持久的吸引力。

最后，我们探讨了一种由关怀关系构成的伦理观，它始于20世纪80年代，首先由卡罗尔·吉利根在《不同的声音》一书中提出来。吉利根是一位道德发展心理学家，她的工作揭示了一些有趣的性别差异；在她的实验中，男童和男性倾向于从权利和正义的道义论道德术语中思考伦理问题，而女性和女童则认为这些问题涉及在关怀关系中要做什么。后来这种思想被称为"关怀伦理学"，并在哲学上获得进一步的发展，主要人物有安妮特·拜尔（Annette Baier）、内尔·诺丁斯（Nell Noddings）和劳伦斯·布鲁姆（Lawrence Blum）。关怀伦理学的标志是它关注处在特定的关怀关系中的个体。

《哲学伦理学》结束于对关怀伦理学的讨论，这也许是恰当的。首先，这是本书出版时最重要的伦理学发展之一。另一方面，它至少在某种程度上考虑了女性伦理哲学家的工作，她们不仅被统治了整个人类历史的普遍父权制所压制，而且还被我们可以称为哲学学科的哲学父权制所压制。

在这里，我衷心感谢西景出版社和上海人民出版社合力促成本书的中译本出版，并对译者黄素珍博士严谨的翻译工作表示感谢。本书于1998年第一次出版，后来在2018年再次出版时，仍然沿袭了初版的内容和框架。本书的宗旨不仅仅在于邀请读者"阅读"哲学伦理学，还在于"做"哲学伦理学。有鉴于此，希望中译本的出版能够激发更多的哲学初学者和青年学者对元伦理学和规范伦理学的整合进路感兴趣，并共同参与思考这些重要的伦理问题。

斯蒂芬·达沃尔

2024年5月1日

献给我过去、现在与未来的学生

目 录

前　言

　　本书旨在供本科伦理学课程使用，这些课程从一个哲学视角探讨这一学科。在过去的13年里，我已经在一门伦理学导论课程中面向具有一定哲学基础的学生教授了其中大部分内容。但对于修读过一门哲学强度不那么大的伦理学课程的学生来说，本书对他们继续修读另一门伦理学课程也是有益的。

　　我寻求把议题锚定在当代争论的语境之下，同时也锚定在西方伦理学哲学的不朽著作之中：亚里士多德的《尼各马可伦理学》（*Nicomachean Ethics*）、霍布斯的《利维坦》（*Leviathan*）、康德的《道德形而上学奠基》（*Groundwork of the Metaphysics of Morals*）、密尔的《功利主义》（*Utilitarianism*），以及尼采的《论道德的谱系》（*Genealogy of Morals*）。虽然对这些著作的援引不是至关重要的，但只有综合其中至少一些著作的大量精选论述，本书才最有可能是富有成效的。所有这些著作都提供了各种可用版本。电子版可通过我的网页访问：www.umich.edu/~sdarwall。

　　在这里我想表达一些想法，我从密歇根大学（University of Michigan）和北卡罗来纳大学教堂山分校（University of North Carolina at Chapel Hill）的许多学生和同事身上获益匪浅，包括伊丽莎白·安德森（Elizabeth Anderson）、理查德·布兰特（Richard Brandt）、莎拉·康利（Sarah Conly）、艾伦·吉巴德（Allan Gibbard）、亚瑟·库夫利克（Arthur Kuflik）、阿德里安·派珀（Adrian Piper）、杰里·波斯特玛（Jerry Postema）、彼得·雷尔顿（Peter Railton）、唐·里根（Don Regan）、劳伦斯·托马

斯（Laurence Thomas）、格雷戈里·维拉斯科伊·特里亚诺斯基（Gregory Velazcoy Trianosky）、大卫·韦勒曼（David Velleman）、尼古拉斯·怀特（Nicholas White），以及已故的简·英格利希（Jane English）、W. D. 福尔克（W. D. Falk）和威廉·弗兰肯纳（William Frankena）。我还要深深感激我以前的老师库尔特·拜尔（Kurt Baier）和 J. B. 施尼温德（J. B. Schneewind）。

迈克尔·斯洛特（Michael Slote）和唐·勒布（Don Loeb）从西景出版社（Westview）阅读了本书的手稿，并提供了许多有益的建议。西景出版社的莎拉·华纳（Sarah Warner）和梅勒妮·斯塔福德（Melanie Stafford）在本书的出版过程中给予了极大的帮助，克里斯汀·雅顿（Christine Arden）提供了宝贵的编辑建议。最后，我要感谢斯宾塞·卡尔（Spencer Carr）坚持不懈地说服我撰写这部书，并慷慨地给予我这么多时间来写作。

斯蒂芬·达沃尔

密歇根州，安娜堡市

第一部分　导论

第1章

什么是哲学伦理学？

伦理意见与人类生活

伦理思想和情感以我们很少觉察到的方式贯穿在我们整个生活中。无论我们知道与否，我们都持有某种隐含的伦理学——即使我们否认这一点。当然，我们偶尔未能承认或拒绝承认我们的价值观，或避免把这些价值发展为一套融贯的伦理观或哲学学说。但我们的生活离不开价值。那些认为我们可以这样生活的人应该考虑到，如果没有价值，我们将缺乏诸如骄傲（pride）、钦佩（admiration）、尊重（respect）、蔑视（contempt）、怨恨（resentment）、义愤（indignation）、内疚（guilt）、羞耻（shame）等情感，以及许多其他情感。如果完全没有这些，我们的生活还能被认为是属人（human）的生活吗？

以骄傲为例。对某物感到骄傲就是将其视为是值得骄傲的（*to be proud of*）。这就是一种伦理思维——也就是说，某物值得骄傲，它具有**优点**（**merit**）*或**应得价值**（**worth**）**。[1] 因此，当我们

---

* merit 一般有两个意思，一是表示事物或人所具备的优秀品质、品德或才能，二是表示人运用和展现其能力或技能而获得的成就。merit 在政治哲学和社会学理论中通常采用第二种含义，一般被译为"功绩"或"优绩"，如"按功绩分配"（distribution based on merit）或"功绩社会"（merit society），本书取第一种含义，即被认为具有价值的、值得欲求的品质，本书统一将其译为"优点"。（* 为译者注，下同）

** worth 也有价值（value）之意，但比 value 一词的意思更为确切，指因为什么而具有价值或配得上有价值，为了与 value 区分开来，本书统一将其译为"应得价值"。

[1] 加粗术语的定义在本书末尾的"术语表"中给出。

为一件事物感到骄傲，我们就承诺于（commit）它的价值。如果我们认为它是毫无价值的，那么我们就不再将其视为骄傲的恰当来源。

骄傲应该具有这种伦理维度，这似乎令人惊讶。然而，关键不在于骄傲具有价值，而在于它揭示了感到骄傲的人的价值观。如果一位虚无主义摇滚音乐的创作者否认他引以为豪的作品的所有价值，我们可以得出结论，他并不真正相信他的歌曲所宣扬的东西。或者，如果他这样做，他的**虚无主义**（nihilism）与我们为了理解他的骄傲情感而必须归于他的思想之间就存在某种冲突。

类似的观点也适用于我提到的其他情感，**内疚**和**羞耻**就是最明显的例子。这些情感的本质包含了通常与之伴随的思想或信念：分别而言，我们相信我们做了错事，或相信关于我们自己的某些事情合理担保了（warrants）*我们应该要为之感到羞耻。同样，怨恨是一种遭受了不应得之伤害的情感。钦佩是对某些具有价值或优点，或值得效仿的事物的反应。诸如此类。因此，那些声称自己缺乏伦理信念的人，很有可能被他们自己的情感证明是错的。

他们也会被他们的对话驳倒。与他人对话，正如内心的"自我对话"一样，充满着伦理范畴和伦理确信（ethical convictions）。传播流言蜚语提供了极好的例子。像"混蛋"或"讨厌鬼"这样的词汇，如果不是与基于合理理由的值得反对、鄙视、蔑视或谴责的观念关联在一起，我们就会对这些词汇失去兴趣。"酷"和其他正面的评价性词汇也是如此。设想一个人愤怒地喃喃自语。你认为他会说什么？我敢打赌，他说的是一些蕴含评价的话——像"我简直

---

* warrant 一般用于认识论范畴，指对某个信念之所以为真提供担保、合理理由或有效证明，本书根据语境一般译成"合理担保""合理证明"或"基于合理理由"。

不敢相信他们要我去做这些事”这句话蕴含了某种评价，比如一种不公平或不恰当的期望。

我们不只在情感性反应（emotional response）和对话中透露我们的价值观。任何一个阅读本书的人都是一个**能动者**（**agent**）：一个基于**理由**（**reasons**）而选择行动的人，并且她的选择让她承诺去审视哪些选择是值得做的。为了更清楚理解这一点，请考虑 18 世纪德国哲学家伊曼努尔·康德（1724—1804）对**行动**（**actions**）和其他事件（occurrences）所做的对比，事件并不涉及自我导向（self-directed）的思想和**能动性**（**agency**）。康德说道，虽然所有事件其发生都是有理由/原因的（happen for reasons），但只有行动是出于理由而为之（*done for reasons*）。只有行动可以通过援引**能动者的理由**而得到解释——也就是说，能动者在权衡她的选择偏向时采纳为**规范性理由**（**normative reasons**）的那些考虑。[1]

例如，假设你为了向一个孩子演示重力是如何运作的，扔下一个球。考虑这两个事件之间的区别：你放开球与球掉下来。这两个事件的发生都有理由/原因，但只有你放开球是出于一个理由而为之。只有你持有这样做的理由。而球没有。没有什么是它的理由，球掉下去也不是它出于任何理由而这样做的。

去行动，就是把一些考虑采纳为行动的规范性理由，并且出于那个理由而行动。再一次，这里涉及一种伦理思维——即该选择在某些方面是**值得欲求的**（**desirable**），或值得选择的。你出于理由而让球掉了下去，你一定认为这个事实可以帮助这个孩子去认识重力，并将其视为你去扔下球的理由，这就是这一选择项之所以值得选择的方面。否则，你就不会为了向那个孩子演示重力而扔下球。

---

[1] Immanuel Kant, *Groundwork of the Metaphysics of Morals*（1785），H. J. Paton, trans.（New York: Harper & Row, 1964），p. 80；参见《康德著作全集》，普鲁士科学院标准版本（standard *Preussische* Akademie edition），p. 412。

在慎思（deliberating）*要如何做方面，我们可以从**能动者视角**（agent's perspective）更清楚地理解这一点。想象一下你正在考虑如何度过晚上的时间。你会做什么？你寻求理由，在你可能会做的事情之间权衡利弊，希望找到值得做的事情，并在理想的情况下找到最佳选择。在慎思的过程中，我们试图下定决心，但不是任意地做出选择（例如通过抛硬币来决定）。相反，我们寻求理由或根据来确定我们的选择。当我们采取行动时，我们就对关于规范性理由的观点作出了承诺。所以，完全缺乏伦理意见的人不可能成为能动者。因此，任何宣称自己缺乏伦理观点或伦理态度的人，不管他选择做什么，都会被他自己的选择证明是错的。

伦理探究：规范伦理学

行文至此，我希望你已经准备好接受你具有伦理确信，或至少承认这是一个可行的假设（a working hypothesis）。然而，我还没有说是什么令一个信念或态度成为伦理的（*ethical*）[即与非伦理的（*non*ethical）信念或态度相对，而不是与反伦理的（*un*ethical）信念或态度相对]。我举过一些例子：认为某物是值得骄傲的，相信一个行动是错误的，一个伤害不应该被承受，或相信自己身上某

---

* 关于 deliberation（及其词形变化：deliberate, deliberating），国内一般有"慎思""考虑""熟思""深思熟虑""权衡""斟酌"等译法，如商务印书馆 1986 年版《利维坦》中译本将其译为"斟酌"（黎思复、黎廷弼译），商务印书馆 2003 年版《尼各马可伦理学》中译本把对应于 deliberation 的希腊术语译为"考虑"（廖申白译注）。目前学术著述和论文大多使用或译为"慎思"，参见徐向东《道德哲学与实践理性》（商务印书馆 2006 年版），[澳大利亚] 菲利普·佩迪特"论三种自由"[载《浙江大学学报（人文社会科学版）》2014 年第 5 期，张国清译]，乔纳森·沃尔夫《政治哲学》（中信出版集团 2019 年版，毛兴贵译）。本译著参照通行译法，统一把 deliberation 译为"慎思"，一般指我们在实践活动中确定行动理由或评价事物价值的考虑过程。

些事情是应该为之感到羞耻，或认为存在有做这件事而非另一件事的理由。贯穿在这些例子中的某个，也许是唯一的那个核心的伦理观念，就是哲学家所说的**规范性**（**normative**）观念，或**规范性**（**normativity**）。每一个例子都涉及一个人应该（*should*）或应当（*ought*）欲求什么、感受什么、成为什么样的人或如何行事。因此，让我们暂且把**伦理学**定义为对我们应当欲求什么、感受什么、成为什么样的人或如何行事的探究。

伦理分歧 vs. 非伦理分歧　假设有两个人对法律是否应该允许医生协助自杀持不同的意见。这似乎是一个明显的事关伦理分歧的例子。然而，它可能基于一个进一步的分歧，我们可能希望考虑到（尤其是在试图理解或解决这个议题的时候）进一步的争论是否涉及伦理。假设两人唯一不同意的相关事情是，如果有这样的法律，脆弱的个体是否更容易被利用。他们都同意，如果这项法律产生这种后果，那它就不应该被通过，这将是反对这项法律的唯一理由。此外，他们都同意"利用"意味着什么。事实上，他们唯一产生分歧的地方在于，如果存在这项法律，脆弱的个体是否更容易被利用。因此，他们关于法律的伦理分歧源于进一步的争论，而这种争论根本与伦理无关。他们只是针对一旦这项法律通过会产生什么结果存在意见分歧。那么，这里的两个人持有相同的伦理前提，但从中得出了不同的伦理结论，因为他们对案例中的非伦理事实（nonethical facts）产生了分歧。

　　现在设想，有第三个人也反对这项法律，但出于不同的理由。她认为协助自杀在道德上是错误的，法律不应该允许这种不道德的行为。虽然她同意前两个人中反对通过这项法律的那个，但她均不同意这两个人的理由，因为他们都不认为协助自杀本身（*in itself*）是不道德的。第三个人与前两个人之间存在更深刻的伦理分歧，尽管她同意其中一人反对通过这项法律。

最后，考虑第四个人，她同意第三个人反对通过这项法律，因为她认为协助自杀是不可容忍的不道德行为。然而，想象一下，这两个人在为什么协助自杀是不道德的这一问题上产生分歧。第三个人相信我们是上帝的造物，他对我们的生命具有一种所有权权益（proprietary interest），因此，让任何其他人决定终结他们的生命这一做法是错误的。第四个人则不持有这种观点。她认为人的生命具有内在价值，因此杀人总是错误的。这是伦理的抑或非伦理的分歧？

答案可能不会即刻显而易见。如果我们假设第四个人同意第三个人的观点，即假如上帝存在，那么我们将是他的财产，这一事实使得协助自杀是错误的，但若这两个人仅仅在上帝是否存在这一问题上存在分歧，那么他们之间就不存在根本的伦理分歧。他们之间真正的议题是神学方面的，而不是伦理方面的。然而，如果第四个人对于是否上帝创造和维持他的造物会使他们成为他的财产也有分歧，那么这将是一个伦理分歧，因为它将涉及这种创世行为所带来的权利和义务。或者，如果第四个人认为不管生命是否是被创造的，它都具有内在价值，而第三个人认为生命的价值完全根源于造物主，那么，我们在伦理信念上又一次出现了分歧。

理由和规范性伦理学理论　基于两个原因，我对这些问题进行了较为详细的探讨。首先，只有在边缘地带思考伦理考虑和非伦理考虑之间的分歧，我们才能直观地把握这种区别。其次，思考我们伦理确信之间的相互关系，有助于我们理解无论是在个人的思想中，还是在一个共同体的道德文化中，伦理确信如何一定要相互符合，才能构成一个融贯的结构（coherent structure）。我们的伦理确信不是简单地把一系列不相关的事项聚集在一起。有些伦理确信比其他信念更深刻，并提供理由以支持其他信念，正如第三个人确信我们的生命最终归上帝所有，这支持了她认为法律不应该允许协助自杀这一信念。

　　如何说明这一现象？ 17 世纪的英国哲学家约翰·洛克
（1632—1704）曾经说过，没有任何道德规则"在一提出来后，人
们都不可以合理地对此请问一个所以然的理由"[1]*。为什么会这
样？当有人说某些行动是错误的，或某个事物具有价值，为什么我
们会自然而然地认为自己有资格提出为什么的问题（即使只是对自
己默默地提出来）？[2]对这个问题的初步解答蕴含在这个洞见中，
即伦理命题涉及证成（justification），某事是否得到证成取决于它
是否获得理由（reasons）的支持。例如，如果我钦佩一位同事和她
学生的互动方式，并认为这是可贵的，那么我一定是把这种互动方
式的特征视为是值得**尊敬**（esteem）的，并将其作为它具有优点或
价值的理由。也许这些理由包括她对学生表现和流露出来的尊重，
她在表达和激励学生对她所教科目产生认真的兴趣时额外展现的幽
默感和松弛姿态，她在激发学生尽最大努力学习时所使用的方式，
等等。我认为这种互动方式的价值是根植于这些特征之上的。这些
理由合理担保或支持我的钦佩或尊敬之情，不仅因为它们是价值的
标志或证据，还因为这些特征使得（make）这种互动方式具有价
值。它的价值取决于此。同样，当一个人在道德上反对某事，并且
通过说出它是错误的来表达反对，她就承诺于存在理由使之是错误
的。因此，反对法律允许协助自杀的人就承诺于存在理由禁止这种
行为。

　　我可以用哲学家所称的**形而上学**术语，重申洛克要求背后的观

[1] John Locke, *An Essay Concerning Human Understanding*, P. H. Nidditch, ed.（Oxford：
　　Clarendon Press, 1985）, p. 68.
* 　译文来自［英］洛克：《人类理解论》，关文运译，商务印书馆 1983 年版，第
　　28 页。此处根据英文原文语境在译文基础上略作修改。
[2] 实际上，洛克的说法更加强硬——也就是说，我们总是可以要求对道德规则提
　　出证成。任何道德规则已经包含对普遍性特征的指涉，（它主张）这些普遍性特
　　征为具体行为的道德地位提供了理由。

点：没有任何特殊的事物可以单纯地（barely）是善的或恶的，正确的或错误的。如果一个特殊的事物具有某种伦理属性，那么它就必须凭借它所具有的其他属性而具有这一伦理属性——要么是"内在地"（就它属于此类事物而言），要么是"外在地"（就它与他物的关系而言，包括它的后果）。例如，如果你对我说"你不应该那样做"，这会让你承诺于我的所为中有一些事情是我本不应该做的——即存在我本不应该做的一个理由。

发现我们伦理情感和选择的依据，同时也是一个自我发现的过程，是一个对我们所相信的何谓真正的善恶、对错形成更深刻理解的过程。例如，我可能发现自己很钦佩同事的教学方式，但我一开始并不清楚自己钦佩的是什么，不清楚我认为它的哪些属性使之有价值。通过反思这一教学方式的各种品质并分析我的反应，我可能逐渐地对我认为它之所以值得钦佩的方面形成更清楚的理解。而且，通过这样做，我可能更明晰地理解优秀教学方式的价值。我对我的自我和某些价值也有所认识（至少在我看来是这样的）。同样，正如我们所说，有人可能对支持合法化协助自杀的观点感到"不舒服"，但并不确定他为何有这种感觉。只有通过详尽思考和分析自己的感受、观点和意见——尤其是在与他人的交谈中——他才能看清自己真正关心的是什么。

有一些案例，人们在其中持有一个伦理确信，但还想要理解支持它的理由。而在另外的情况下，人们可能对某些事情缺乏确信，或者拥有一个确信但怀疑或想知道其有效性。在这里，我们再次寻求理由。但现在，如果我们是心智开放的，且真诚地渴望取得一个可支持的确信，我们就不会把自己局限于我们已经持有的伦理确信。毕竟，目标不是找出我们已有的思考，而是我们应该思考什么。因此，我们不得不慎重对待这样一种可能性，即我们尚未想到某些理由，或我们已经意识到这些理由，但没有对此形成充分的认识。

探究具体的伦理学议题以及它们背后的一般理想和原则，这一伦理学分支被称为**规范伦理学**（**normative ethics**）。正如我们将看到，关于**规范性伦理学理论**（**normative ethical theory**）可以达到何种程度的普遍性和系统性，存在诸多分歧。在一端，我们发现有些哲学家相信可以用少量几个高度概括的命题来总结伦理真理。例如，根据**行为功利主义**（**act-utilitarianism**），正确的行动原则只有一个：一个行为是正确的，当且仅当它所产生的总体幸福不少于任何其他的可用选择项（available alternative）。而在另一端，我们发现有些思想家认为，善行与恶行、美德与恶习、义务与禁令存在如此不可还原的多样性，以至于阐明普遍的理想或原则这一做法是没有什么意义的。尽管如此，几乎每一个认真思考过规范伦理学的人都尊重洛克对某种形式的理由的要求。就其本质而言，规范伦理学的目标旨在对伦理问题给出全面和系统的解答，即使最可辩护的解答也极为复杂。

对理由的探寻为规范伦理学指明了方向。由于没有任何特殊的事物可以单纯地是有价值的或正确的，规范伦理学由此试图揭示价值和义务的依据（*grounds*）——**使之具有价值或正确性**（**value-or right-*making***）的特征。

对伦理学的哲学探究：元伦理学

我希望现在明显的一点是，伦理确信与规范伦理学都牢固地植根于普通人的生活，因此也植根于你的生活。我们都有某种动力去发现更普遍的伦理理由，不管是寻求理解我们自己的确信，还是试图回答我们面临的伦理问题。因此，我们不仅都有一些隐性的伦理，而且在某种程度上也是规范伦理学家。作为一门正式的学科，规范性伦理学理论只是延伸和发展了一种业已牢牢扎根于人类经验之中的冲动。它试图以一种最大程度的系统化、对真正复杂性最具敏感性的方式阐明价值和义务的基础。

通常，当我们提出规范伦理学的问题——"何物有价值？""我们有什么道德义务？"——我们或多或少认为产生这些问题的范畴是理所当然的。我们隐含地假定存在价值或善恶这样的东西，并且提问，什么事物具有这些属性。但我们可以从这些问题中退后一步，询问它们的预设。价值或道德义务就其自身是什么？确实有这样的东西吗？在这里，我们不再问规范伦理学的问题。我们的问题不是关于什么有价值或什么是道德上有义务做的。相反，我们问的是价值和善恶本身的本质。如果真的存在这样的东西，它是有价值的或是在道德上有义务做的意味着什么？不是"什么是有价值的（以及为什么）"，而是"价值是什么"；不是"什么是道德上有义务做的（和为什么）"，而是"道德义务是什么"。这些属于**元伦理学**的问题，而不是规范伦理学的问题。它们不在伦理学内部产生，而是当我们退后一步反思伦理学本身的性质和地位时产生的。元伦理学由关于伦理学的哲学问题构成。

做一个类比以阐明这一点，考虑我们可能会问的关于数字的两类问题的对比。如果我问："在 11 和 17 之间是否有质数？"我的问题是直接的数学问题。不过，如果我问："有数字吗？数字存在吗？"我还明确表示，像这样的答案"是的，有数字 1、2，等等"不能回答这个问题，那我的问题就不再是同类问题了。它不是一个数学问题，而是一个关于数学和数学对象的性质和地位的哲学问题。元伦理学是关于伦理学的哲学，它之于（规范）伦理学就相当于数学哲学之于数学一样。或者考虑一下在科学中出现的问题之间的类似区分——例如，"这个生物学理论比那个更可取吗？"——与关于科学的哲学问题——"什么是一个科学解释？""什么是一个理论？"

当我们有此类模式，涉及一个初级主题领域和对该主题的哲学思辨（关于……的哲学）时，哲学家有时将初级主题中出现的问题

称为**一阶问题**（first-order questions），而将涉及哲学探究的问题
称为**二阶问题**（second-order questions）。在伦理学中，一阶问题
与规范伦理学相关；而二阶问题则与元伦理学相关。

　　上文的论述可能表明，规范伦理学并不是哲学真正的一部分。
而且，如果规范伦理学完全脱离元伦理学，它就不会是哲学的一部
分。但这是不可能的。从哲学的进路对伦理学进行探究——我称之
为**哲学伦理学**（philosophical ethics）——其独特之处在于它整合
了对规范伦理学和元伦理学的研究。我稍后再作详细解释。

　　形而上学　　形而上学是哲学的一个分支，它关注实在的基本性
质，关注何物存在。像"什么是价值"这样的问题属于形而上学问
题。我们所有人在某个时候都会提出关于伦理学的形而上学问题。
例如，谁没有想过伦理学和宗教之间的关系呢？事实上，我们中有
些人宣扬关于伦理学的形而上学观点——例如，伦理学中唯一的真
理是"相对的"，或者伦理学只是关于品味（taste）问题。要理解
关于伦理学的形而上学议题是如何产生的，请回顾我们关于法律允
许医生协助自杀的例子。想象一下，有人之所以赞成这项法律，是
因为他相信每个人都有自主的权利（right），这种权利包括结束自
己生命的权利，而为了充分确立这种权利，社会不得禁止医生协助
自杀。我们可能就会问，什么是一项**权利**？

　　我假设本书的大部分读者都认为他们享有权利。诉诸经验可能
有助于证实这一假设。例如，当我们感到怨恨，我们会自然而然通
过如下的言说或思考来表达我们的情感："他不能那样对待我"或
"我有权不受那样的对待"。在这个语境中，"权利"不是指法律权
利，而是指道德权利（moral right）。毕竟，我们可以怨恨一个压
迫性的政治秩序，它缺乏相关法律权利从而产生侵害。但是，当我
们认为我们享有一项道德权利时，我们所相信的是什么？

　　首先，我们可以尝试把有关权利的伦理学命题转变为其他伦理

10

学命题。例如，我们可以提问，对一个享有一项反对侵犯的权利的人来说，任何侵犯她的人都是错误的，任何维护她免受侵犯的人都得到道德上的证成，以及倘若她受到侵犯，那么赔偿或惩罚都被证明是合理的。当我们相信我们对某物拥有权利，我们的信念就有可能采取这种复杂的形式。但我们的问题依然存在。如果有的话，是什么使得这套复杂的伦理命题为真？凭借现实的什么特征，某人对某物享有道德权利？在这里，我们追问的是一个关于权利的形而上学问题。

尤其是当我们面对那些看似棘手的伦理分歧，比如关于生命界限的问题（堕胎和协助自杀），我们很难避免提出更多关于伦理性质的哲学问题。伦理学中真的存在真理这样的东西吗？伦理真理在某种程度上是"相对的"吗？如果存在伦理真理，不管是相对的还是绝对的，它由什么构成？

语言哲学和心灵 在涉及伦理语言的意义（*meaning*）和我们在使用它时所表达的心灵状态（states of mind）上，这类形而上学问题与语言哲学和心灵哲学中的问题密切相关。当一个人说协助自杀是错误的，她说的是什么意思？表达了什么样的心灵状态？当然，我们可以重新表述她的伦理陈述——例如，说允许协助自杀的法律不应该通过。但真正的问题在于，这些任一伦理陈述意味着什么或表达了什么。这同样也是一个元伦理学的问题。这些陈述似乎断言，通过法律可以构成一个真正的属性（property），即错误性（wrongness）——在现存的事实中包含了一个伦理事实，即通过法律是错误的。然而，在本世纪，有些被称为**非认知主义者**（noncognitivists）的哲学家认为这种表述具有误导性。他们争论道，不存在伦理事实，当一个人做出伦理判断时，她并不是真的在表达存在伦理事实；她不是在做一个为真或为假的真正的陈述。相反，她是在表达一种与信念不同的、更像是感觉或欲望的心灵状态，我们不能凭借它与事物真正所是的方式（the way things actually are）相符或不相符来判断它的正确与否。

　　认识论　另一组元伦理学议题是**认识论的**（epistemological），这些问题是关于我们可以知道或有理由相信什么，如果存在的话。我说过，当我们考虑在某些伦理议题上可以相信什么，我们就会寻求理由。因此，当我们得出这个结论，存在不允许协助自杀的理由，我们当然就把这些视为不应该有这项法律的证据。但是这个过程是在规范伦理学内部进行的。我们现在提出的问题是一个更深层次的关于元伦理学议题的认识论问题：是什么让我们有资格将我们认为是反对这项法律的理由视为真正如此存在的理由？我们对此有什么证据？我们也可以这么说，我们有什么理由相信确实存在这样的理由反对这样的行动？

　　我从一开始就提到，我们的许多情感都与伦理思想和信念有关。那我们可以把这些情感作为这些信念之具有真值的证据吗？例如，我对我同事令人尊敬的、鼓舞人心的教学方式充满了钦佩之情，这能否作为这种教学方式具有优点的证据？正如你自然而然把你当下的感官经验作为你正在阅读本书的证据？如果是这样的话，优点与尊敬或钦佩的情感之间有什么关系？有没有可能在没有人意识到价值的情况下，价值仍然存在，就像一个物质实体（physical substance）似乎有可能在没有我们能够感知它的情况下仍然存在一样？

　　感官经验为我们提供了事物在世界上偶然存在之方式的证据。但伦理真理是否同样是**偶然的**（与必然真理相对，就像与看起来是必然真理的数学真理相对）？对无辜者滥用酷刑是否只是碰巧是错误的，就像物体碰巧受到重力的作用一样？世界可能没有重力。难道对无辜者滥用酷刑有可能不是错误的吗？这是一个形而上学的问题。但如果我们通过假设根本的道德真理是必然的而非偶然这一前提来作出回答，那么这种假设具有认识论的意涵。如果滥用酷刑不可能不是错误的——假如它必然是错误的——那么，我们似乎只能通过其他某种方式而不能通过经验来知道这一点，因为经验只是我们的感官与事物偶然存在方式之相遇的结果。如果伦理真理是必然的，而非偶然的，那么伦理知识何以可能？

12　哲学伦理学

　　规范伦理学和元伦理学是可以，并且经常作为彼此有别的事业来追求的。事实上，有些哲学家认为它们相互之间必须保持完全分离。例如，非认知主义者的元伦理学理论认为伦理确信表达的是缺乏真值（truth value）的非认知态度，这一理论没有提及我们可以坦诚地承认哪些伦理态度：它对规范伦理学完全没有影响。

　　规范性理论和元伦理学之间的分离也反映在伦理学通常呈现给学生的方式上。伦理学课程通常在这些领域间分散注意力，很少考虑到潜在的交互作用。但这种分离是不幸的，因为它忽略了对伦理学的哲学思考中最令人振奋的方面。在伦理学史上伟大思想家的著作中，我们很少发现这种分离。相反，亚里士多德、康德和约翰·斯图亚特·密尔等思想家都试图将元伦理学和规范性理论整合（integrate）到一个融贯的系统性观点中。他们关于什么是有价值的规范性理论总是取决于他们关于价值是什么的哲学理论。甚至连尼采对道德的激进批判，他的"重估一切价值"，也取决于他关于价值和价值评估可能是什么的哲学观点。所有这些哲学家都把他们对伦理学最彻底的哲学思考带入他们的规范性伦理思想中。对这些思想家来说，哲学具有伦理后果（ethical consequences）——它非常重要。

　　如前文所述，哲学伦理学就是我所说的整合规范伦理学和元伦理学的计划。尤其是，哲学伦理学旨在发现哪些规范伦理学主张和规范性理论得到最充分的哲学理解的支持，而这一哲学理解活动是关于伦理学本身的根本性质的。不可避免地，哲学家在这个问题上存在分歧。当这样的分歧发生，作为后果，他们通常是对他们的规范性理论产生分歧，这是哲学伦理学的一个标志。

作为哲学理论如何塑造规范性立场的一个例子，回想一下洛克的声明：我们可以要求每一个"道德规则"都有一个理由。我们把这句话解释为毫无争议的老生常谈，但洛克的实际意思曾经（一直到现在）备受争议。洛克认为，任何行动都不能仅仅因为它本身是那类行动而在道德上被要求或禁止。他认为，如果一个行动是错误的，仅仅是因为社会禁止这个行动会产生有益的后果。到目前为止，这是规范伦理学的一种论点（thesis）。这是一种被称为**规则后果主义**（**rule-consequentialism**）的规范性伦理学理论：一个行动是错误的，当且仅当禁止该行动的规则产生最佳后果。然而，对洛克来说，这种规范性理论的背后是一种元伦理学观点，即一种关于道德的哲学理论。

对洛克而言，道德只是上帝命令我们遵循的一套规则，因为如果我们不这样做，我们就会陷入对所有人而言都更糟糕的冲突。洛克相信上帝创造了人类存在者，给予我们一个普遍的追求自身利益的动机，并将我们置于物质相当稀缺的环境中，除非他也仁慈地命令我们按照一定的规则行事，并通过创造永恒的制裁给予我们遵守这些规则的理由，否则对人类存在者相互不利的冲突将不可避免地发生。那么，道德规则就在于那些普遍的规定和禁令中，这些规定和禁令具有这样一种属性，即普遍遵守它们会带来互惠的结果。这些规定和禁令的道德**权威**来自它们之被上帝命令，上帝有权让我们服从他的命令，因为我们是他的造物。（如果此时你问："是什么使得造物主有资格要求他所创造的对象的服从？"你正在掌握哲学伦理学的窍门！）

从洛克关于道德的元伦理学理论中，我们可以得出，任何行为本身不可能是正确或错误的。因此，洛克认为自己有资格否认这一规范性论点，例如，说谎内在是错误的。洛克认为，任何持有这种规范性信念的人只是对道德是什么感到困惑。因此，洛克的规范性规则后果主义是植根于他的道德形而上学理论的。

虽然从我们的角度来看，这个论点似乎很奇怪，但在17和18世纪，一些最早提出**后果主义的**（**consequentialist**）和**功利主义的**（**utilitarian**）规范性理论的尝试是建立在类似的元伦理学论证的基础之上的。许多作者认为，正确与错误完全取决于后果之善的规范性论点源于这一哲学思想，即上帝把道德创造为一种工具（有不同理论探讨这一点是何以可能的），以及这样一种思想，即既然上帝是全知（omniscient）和全善的（omnibenevolent），那么道德内在的和工具性的目标必须是为了他所有造物的最大善或幸福。在过去两个世纪里，后果主义者和功利主义者更不太可能是世俗思想家，而可能是非世俗思想家。但一般来说，他们的规范性后果主义仍然植根于一种关于道德本质的工具主义哲学理论，而这一理论现在则处在一个世俗的框架中。

反对后果主义的哲学伦理学者也经常试图在哲学上用元伦理学理论支持他们用以反对后果主义的观点。**理性直觉主义者**（**rational intuitionists**）基于认识论基础争辩说，对无辜者滥用酷刑的内在错误性（intrinsic wrongness）是必然的、不证自明的，就像7+5=12的算术事实一样，因此，这一伦理真理肯定能够被理性独立于感性经验，仅凭自身所知道。康德以其规范性学说而闻名，根据他的学说，说谎和违背承诺等行为即使会带来有益的结果也是错误的，他把自己对后果主义的拒斥建立在道德哲学理论的基础之上，这对于**自由的道德能动者**（**free moral agent**）的**慎思立场**（**deliberative standpoint**）是至关重要的。

学习计划

14

本书的主要目标是向读者介绍哲学伦理学。我们将从第二部分开始，首先了解元伦理学的基本问题，并简要讨论哲学家对这些问题的回应。然后，在第三部分和第四部分，我们将转向对哲学伦理学中一些主要的可供选择方案进行一个更广泛的审视。然而，与其考虑抽象的立场，我们将发现与真正做（*doing*）哲学伦理学的思想家相遇是一件更有启发性和更具吸引力的事情。因此，我们将能够把伦理学哲学化（philosophizing）视为一项活生生的活动（living activity），当一个人或一个群体以一种统一的方式，尝试彻底思考我们都面临的伦理和哲学问题时——简言之，试图看看哲学是否重要——这项活动就会发生。

道德 vs. 伦理学？ 第二部分涉及哲学伦理学和规范性道德理论。当我们把道德和伦理学作更一般的对比，**道德**（**morality**）指涉一种所有人都有义务遵守的关于正确与错误行为的普遍规范。如霍布斯、密尔和康德等**哲学道德学家**（**philosophical moralists**）寻求对这一观念发展出一个统一的规范性和哲学化的理解。为了支持一种道德要求的观念（规范性方面），他们都试图寻求理解道德是什么（元伦理学方面）。

但道德并没有穷尽所有的伦理学。事实上，普遍行为*法则*（*law*）的观念在一些思想家的伦理思想中没有起到任何重要作用，亚里士多德就是一个明显例子。而自从 19 世纪，从尼采以来的其他思想家，拒斥了从哲学上获得支持的道德这一观念。他们认为这种观念错误继承了哲学上有缺陷的犹太—基督教神学传统，而这一传统之所以继续存在，只是出于某些我们不愿承认的令人不安的原因。对后一种思想家来说，核心的伦理观念不是**正确**（**right**）与**错误**（**wrong**），而是一方面是应得价值、优点或卓越性

（excellence），另一方面则是**个人的善**（**person's good**）或利益。相应地，第三部分考察一些哲学伦理学的案例，这些案例提供了道德理论的对立论点和可供选择方案，包括对道德和道德理论的尼采式和后尼采式（post-Nietzschean）的批判，以及古希腊哲学伦理学，批评家经常从中寻找可供选择的模式。

最后，将所有这些思想家联合在一起的，是他们对我们所有人都参与其中的一项人类事业的不懈追求。他们把伦理学和哲学探究的过程推向了令人瞩目的结论，对关切这项事业的人类存在者而言，这在某种程度上是不可避免的。

第二部分　元伦理学

第2章

元伦理学：基础问题

本书的主要目的是向读者介绍重要的思想家试图在哲学上支持不同的规范性伦理观的一些方式。在寻求理解人类生活中什么是有价值的、什么是道德义务的过程中，他们试图掌握价值和义务的本质。后面这些问题是**元伦理学**方面的。首先，关于元伦理学是什么，我们需要一个更清楚的图景。元伦理学问题到底在提问什么？这些问题是如何产生的？

伦理确信的客观旨趣

首先从持有伦理确信的人的视角思考事物是如何呈现的，这将是有益的。为了使这个练习更生动，让我们假设那个人就是你，你强烈、稳定且自信地持有一个伦理确信。想象一下，你读到一篇关于一所儿童医院在内战中被交战双方袭击的报道。袭击者把儿童从医院病床上拖出来，对儿童和医院工作人员施以酷刑和残忍的屠杀，企图通过恐怖行径和胁迫手段从而在战争中获得战术优势。当你读到这些残忍的细节，你觉得你会有什么感觉？你大概会感到恐惧、厌恶、悲伤，可能会对人类的前景感到深深的沮丧，也有可能想转移视线，等等。在所有这些反应中，你也有可能感到义愤或愤怒——你会这样来表达这种感受："这是一件多么卑劣无耻的事情！"让我们假设你将会这样反应。

现在想象一下，你遇到另一个同样熟悉这个事件的人，但他对此却得出了非常不同的结论。此人认为，尽管有如此多无辜的、手无寸铁的人不得不遭受如此可怕的死亡，这当然令人遗憾，但这次袭击仍然是得到证成的（justified），因为它是正义一方在战争中获胜的必要手段。那么，你会如何看待你自己的确信与此人确信的关系呢？

你和这个人之间似乎有一个明确的争议。你认为这次袭击是卑劣的，但他认为这是得到证成的。你知道这一点，难道不会认为你们两者不可能都正确吗？你们各自的确信难道不是在争夺一个逻辑上最多只能有一个人是正确的空间吗？因此，如果你继续坚持你的确信，并听到了对方所提出的支持他确信的一切说法时，你难道不会认为是他错了吗？他大概对你也有类似的想法吧？

伦理意见 vs. 品味　把这一点与有时被称为一种"品味的纯粹差异"（brute difference of taste）相比较。有些人讨厌吃秋葵，有些人则非常喜欢，还有一些人可以接受吃或不吃。假设你在第一组，而我在第二组。我们会如何看待我们之间的分歧呢？好吧，我们可能会认为这里有一个真正的争议——关于这一点，我们当中只有一个人是正确的。或者，我们有可能把我们的不同反应仅仅视为品味的差异——不是那种借此一种品味可以被培养出来和一种价值会获得赞赏的差异，而是一种纯粹的差异。如果我们以这种方式看待事物，我们就不会把我们的分歧视为对某些客观事物的分歧。事实上，我们不再认为我们的反应是正确或不正确的。一旦我们将分歧视为一种纯粹差异，我们就会同意吃秋葵是一种我喜欢而你不喜欢的体验，这就是分歧的终结。

但是，当你对大屠杀感到义愤，这就是事情对你呈现的样子吗？最终，你倾向于认为你和一个认为大屠杀是得到证成的人之间果真不存在分歧吗？你会不会把你们的分歧看作是品味上的纯粹差异，认为你只是缺乏喜欢这种战术的胃口，而其他人的品味则显然与你不同？

我认为事物不太可能对你呈现出来是这样的。或许在一些（令人恼火的）争论之后，你可能会说："好吧，大屠杀对我来说是错误的，但显然对你来说没有错。"然而，尽管这看起来就像秋葵的例子，但实际上并非如此。你和我可能会得出结论，吃秋葵的体验对我是好的，但对你则不是，因为我们预备把我们的分歧理解为：我喜欢这种体验，而你不喜欢，仅此而已。但你愿意相信你只是比对方更不喜欢屠杀吗？在这种语境中，说这对你来说是错误的，但对他来说不是，就相当于说你认为这是错的，但他则没有——或者对你来说它似乎或看起来是错误的，但对他而言则不是。你的所想与他的所想之间仍然存在冲突；事物向你呈现的方式与向他呈现的方式仍然不一致。

"出自内部的"伦理意见　让我强调，这就是我从你的情感和伦理确信内部（*within*）认为事情对你是如此呈现的。当然，你也可以接受一种哲学理论，据此，伦理确信或伦理态度不能恰当地（*properly*）声称它们比偏好和品味更客观。我的要点是，在任何这样一种理论与哲学家所称的伦理经验和判断的**现象学**之间存在某种张力——这种现象学指当我们体验到义愤感或持有某些信念时，如相信某些事情是极端错误的，事物所呈现出来的方式（the way things seem）。因此，哲学理论将不得不把这种表象（appearance）解释为是有误导性的或含混的。听到人们在某一刻说伦理只不过是一堆意见、品味或偏好，在下一刻却表达一些强烈的伦理观点，这很常见。在后一种情况中，看起来他们仿佛承诺于他们观点的正确性。当然，对他们的对话者而言，事情看起来是这样的。

可错性和客观旨趣 在这一点上，我希望你准备得出这个结论：持有一个伦理意见，至少像我描述过的那样，就是把这个意见用于旨在（purport）*或渴望（aspire）客观性或真理性。这不是说某人持有伦理意见就是假定这个人是不可错的（infallible）。我也不认为，我们必须否定自己的主观性，即否定我们不受视角（perspective）或偏见的影响。相反，我们把自己视为是可错的，永远无法完全超越自身的主观立场，这本身就是伦理意见之**客观旨趣**（objective purport）的证据。如果我们认为伦理是我们不能免于错误的事物，我们就必须认为它是我们可以对此（about）犯错的事物。或者，如果我们认为在伦理判断中，我们的视角不可避免地受到偏见和癖好（idiosyncrasy）的影响，那么我们必须再次假设伦理学是一个让谈论偏见有意义的领域，在这个领域里，实际判断或多或少是主观的或客观的——或多或少反映了我们自己的主观视角或事物真正所是的方式。

如果我只是喜欢吃秋葵，而你不喜欢，我们不能说这里存在偏见或可错性。两者在那个语境中没有什么意义。然而，我们所思考的道德确信是一种旨在表征事物真正所是的方式的心灵状态——某些事情确实是正确或错误的。这一现象的标志在于，即便我们不在前一种情形，但仍然在后一种情形中自然而然地谈论持有一个观点、确信或信念。

同意、分歧和客观旨趣 我有意挑选了一个容易让你觉得没有争议的例子。我这样做是希望在你的情感和判断中找到共鸣，这样你就可以生动地思考自己拥有这种情感或确信时是什么样的。然而，你可能提出反驳，我这样做是偏向了自己的情形，还有可能低

---

* purport 用作动词，本书将其译为"旨在"，用作名词时，译为"旨趣"，意指伦理确信的目标旨在获得客观性。

估了相互冲突的观点，由此加重了问题的复杂性。如果"错误的一方"在这场冲突中获胜，后果可能是什么？我们是否可以假定每个人都相信不管恐怖主义带来的后果是什么，它都是错误的？抑或每个人经过反思后都持有这一信念？

　　然而，最重要的是要看到，就我目前的观点而言，这个信念是否会被普遍接受不会改变什么。相反：如果存在分歧，也将证明我的观点，因为分歧是关于某事是否确实如此——即关于大屠杀是否确实是错误的，或正如我们也可以这么说，关于大屠杀是错误的这一信念是否为真。即使考虑一个更有可能出现分歧的例子，我们仍然可以提出同样的观点，尽管可能许多读者必须付出一些努力，才能把自己代入任意一方的视角来思考。例如，从反对医生协助自杀合法化的人的角度来看，这项法律似乎确实是错误的。同样，这与那些赞成这项法律的人的分歧在于哪种观点是正确的。

　　我也有意挑选了一种道德确信——一种关于正确与错误的信念，而不是一种关于什么样的经验是可取的伦理确信——因为我认为读者会更容易同意这种道德确信的旨趣在于客观的事物。但对于其他伦理信念，也可以采用类似的思路。当我钦佩我同事的教学方式，认为这是优秀的，并将她与学生的互动视为是有价值的，我很难认为这种立场仅仅是品味或偏好的问题。如果有人不同意这种教学方式的优点，我可能会认为我们之间有一个争议，对此我们不能都正确。或者，举一个不那么学院化的例子，假设我头痛得很厉害，并认为这是吃止痛药的理由。如果有人否认疼痛是行动的理由，那么我们之间似乎存在一个真正的争议。也许这个人会说，就算我们的确信不存在直接的冲突，她也不会有疼痛是吃止痛药以减轻自己痛苦的理由。我们之间或我们的境况之间可能存在相关的差异。然而，如果她说疼痛不是我吃止痛药的理由，那么我们似乎不可能都是正确的。

伦理确信是关于什么的?

但如果伦理确信旨在反映客观的事物,我们就必须提问:它们所反映的客观的伦理现实(ethical reality)是什么?我们在这里必须谨慎,因为很容易忽略这个问题的真正力量。考虑一下认为医院大屠杀是卑劣的判断。似乎很清楚的是,从某种意义上说,这个判断是关于大屠杀和使之卑劣的性质(qualities),令人遗憾的是,这样的事件和性质确实在世界上真实存在。

但是,尽管对这些性质的一个完备描述包含我们伦理判断的依据或基础——即我们认为使之卑劣的性质——但这种描述本身不相当于伦理判断。只有当我们不仅判断大屠杀具有这些性质,并且这些性质使之卑劣(make it despicable)——即出于这些理由,该行动是卑劣的——我们才能做出看起来真正合乎伦理的判断。在此之前,我们只有对该事件的伦理评价持分歧意见的两个人何以达成共识的报告——其中一人认为该事件是卑劣的,另一人则认为这是一个令人遗憾但得到证成的战术策略。但如果是这样的话,那么伦理确信的独特旨趣在于关注和反映伦理属性,例如卑劣的,得到道德证成的——或许是更复杂的属性,例如使之卑劣的属性,道德证成的制定,等等。相信这次袭击使无辜的儿童和工作人员被卷入酷刑折磨和暴力横死似乎是一回事,但判断这些性质使得这次事件成为卑劣的则是另一回事。毕竟,认为这次袭击可以得到证成的人,也会同意它具有前一种性质。

但我们现在可以问,真的存在伦理确信所反映的那种卑劣属性吗?或许同样可以问,是什么使得认为这次袭击是卑劣的判断为真呢?这个判断的真理性由什么构成?除了我们判断所依据的所有事实,以及那些毫无疑问是真实的(即便令人深感沮丧)事实之外,还存在一种伦理事实(ethical fact)吗——也就是说,使得该行为是卑劣的其他事实,或者正如另一个人所认为的那样,使得该

行为得到道德证成的事实？还有关于卑劣性更进一步的伦理属性
（*property*）吗？

当我们思考大屠杀，我们会感到义愤，并通过把卑劣性这一
道德性质归于大屠杀来表达这种情感。那么，我们是否真的对这种
性质做出反应——就像我们对视觉形状的经验那样，是对事物实
际的物理形态做出反应一样？我们似乎不是这样的，我们对之做出
反应的只是我们伦理评价所依据的事实，即我们认为是卑劣的事
实——例如，无辜的儿童遭受酷刑，等等。但如果我们把这个更
进一步的属性归为卑劣性，那么是什么使得这种属性归因是正确的
呢？在现实中，卑劣性在哪里？伦理确信把卑劣性归于它所反映的
对象是什么？

大卫·休谟（1711—1776）在一段著名的文本中敏锐地提出
同样的问题：

> 就以公认为罪恶的故意杀人为例。你可以在一切观点下考
> 虑它，看看你能否发现你所谓恶的任何事实或实际存在。不论
> 你在哪个观点下观察它，你只发现一些情感、动机、意志和思
> 想。这里再没有任何其他事实。你如果只是继续考究对象，你
> 就完全看不到恶。[1] *

这个观点被称为"休谟的挑战"。我们所感知到的故意杀人的邪恶
性质是休谟所说的"任何其他事实"（ matter[s]of fact in the case ）。
这些事实包括了如罔顾他人的性命，意图把他人仅仅视为自己的目
的，等等——这些性质显然是客观情况的一部分。但是否有关于恶
的更进一步的属性呢？休谟写道，这种属性似乎不像那些我们归于

---

[1] David Hume，*A Treatise of Human Nature*（ 1740 ）. Second edition edited by L. A.
　　Selby-Bigge，文本的修订版和不同解读，参见 P. H. Nidditch（ Oxford：Clarendon
　　Press，1978 ），p. 468。

* 　译文来自休谟：《人性论》（下册），关文运、郑之骧译，商务印书馆 1996 年版，
　　第 508—509 页。

对象的性质那样，它们并不在对象之中。那么它"在哪里"？[1]

伦理学中一个与证据相关的问题

最近，吉尔伯特·哈曼（Gilbert Harman）也采用了类似的思路，他认为，当涉及伦理学，就有一个相关问题，即什么是我们可以合理视为支持自己信念的证据（evidence）。[2]

在科学中，以及更一般地说，当我们检验关于世界的一般经验推测时，我们会通过观察它们的预测是否与经验相符来证实理论。例如，目前的物理学理论预测，黑洞因其具有巨大的质量，会对在它周围区域运动的物体产生深远的引力效应。因此，当科学家使用由哈勃太空望远镜观察到的数据表明，M87 星系的核心边缘存在一种无法用其他方式解释的运动，他们认为这一观察结果证实了关于黑洞的理论预测的真实性。他们把他们的（由望远镜辅助的）经验作为对该理论真实性的证实。

现在，这个例子或许已经涉及与伦理学的对比。因为在伦理学中，似乎没有任何东西可以起到像经验在证实科学理论或关于事物所是的方式（the way things are）的常识信念上的作用。我们认为人们诚然有伦理情感和信念，但我们不能用这些作为支持或反对任何伦理学理论的证据，因为当人们产生这些情感时，他们可能已经预设了某种理论或其他前提。另一方面，在科学中，经验似乎为我

23

---

[1] 休谟继续说道："除非等到你反省自己的内心，感到自己心中对那种行为发生一种谴责的情绪，你永远也不能发现恶。……它就在你心中，而不在对象之内。"（译文参见休谟：《人性论》（下册），关文运、郑之骧译，商务印书馆1996年版，第509页。）从字面意思来看，这段话是说，在伦理经验和伦理确信中真正外在于人而呈现自身的事物——作为客观实在的一部分——实际上是主观的。

[2] Gilbert Harman, *The Nature of Morality* (New York: Oxford University Press, 1977), pp. 3—10.

们提供了一个完全没有偏见或"理论中立的"平台（forum）来评估理论。

然而，后一个主张暴露了一个关于经验与科学理论关系的错误看法。存在一个完全中立的经验法庭，科学理论在法庭上接受审判，这一想法不过是个神话——所谓的"被给予的神话"（myth of the given）。所有经验都是"理论负载的"（theory-laden），包括一系列丰富的隐性概念和范畴，其意义由它们所处的理论决定。再次引用康德的名言："没有理论的经验是盲目的。"（正如："没有经验的理论是空洞的。"）仅仅因为经验已经通过了假设理论（包括我们语言中隐含的理论）而被建构了起来，它才能证实信念。用威廉·詹姆斯（William James）生动的话来说，纯粹的口齿不清和无法阐释清楚的感官印象是一种"十足嗡嗡作响的混乱"，它不能成为支持或反对任何事物的证据。因此，如果伦理情感和确信是理论负载的，那么关于事物是其所是的方式的理论，我们用来证实其真实性的经验也是如此。

科学家认为他们的哈勃望远镜的观测结果证实了目前关于黑洞的理论，因为这个理论最好地解释（*explains*）了他们的观察结果。在伦理学中有什么类似之处？鉴于对个别和具体的现象的观察是科学中更一般和普遍的理论的证据，当（以及因为）后者解释了前者，那么问题就肯定在于，伦理学中是否存在任何与之类似的事物。我们能不能有意义地认为，更一般和普遍的伦理学理论可以解释对个别、具体的伦理现象的"观察"或"经验"？

至少在某个意义上，这看起来是可能的。当我们考虑大屠杀这一个别事件时，我们发现自己有一种义愤的伦理情感，以及持有关于这一行为是卑劣的，或单纯是错误的信念或"观察"。但正如我在第 1 章中提及的，当且仅当某物具有使之错误的特征或性质时，它才具有这样的伦理属性——这些特征是不做这件事的理由——因此，只有存在这样的理由，我们的感觉或确信才能是正确的。但这只有在满足以下条件时才会是真的，即在其他条件相同的情况下，存在某些普遍的真理，使得具有这些特征的任何东西都是错误的。尤其是，为了获得战术上的军事优势而对无辜者，或许是专门对那些最脆弱的人施以酷刑和暴力屠戮这一普遍主张是错误的，这似乎"解释"了更具体的观察，即这场大屠杀是错误的。如果前者是正确的，那么后者也应该如此，在这个意义上，理论概括解释了具体的观察。

如果我们可以把对个别现象的观察作为证实（更普遍）理论的证据，是因为后者解释了前者，那么我们就可以断言，同样的证实关系也适用于伦理学。因此，或许我们可以合理地把我们对个别案例的伦理情感和直觉确信视为伦理学概括的证据，或者更宏大地说，是伦理学理论的证据。

但是哈曼论证道，伦理学和科学之间仍然存在重要区别。科学家把他们的观察视为支持黑洞理论的证据，因为这个理论不仅可以解释他们所观察到的对象（*what*）——也就是黑洞周围物体的行为——还可以解释他们观察对象的行为（*their observing it*）。该理论有助于从更强健的（robust）意义上解释他们的经验，即解释当哈勃望远镜指向星系 M87 时，为什么他们有事实上所具有的经验，以及看到他们似乎所看到的星体运动。该理论假设存在一种普遍的物理现象，它启动了一个因果链，最终导致他们具有从望远镜审视经验资料时产生的经验。因此，他们恰当地将他们所拥有的经验、他们所观察到的对象作为证实理论真实性的证据，而如果该理论是正确的，他们就应该拥有他们所拥有的经验。

不过哈曼认为，在伦理学中没有与之类似的情形。当我们对大屠杀感到义愤并确信这是错误的，并且有理论认为对脆弱的无辜者施以酷刑和屠戮以获得军事优势总是错误的（在其他条件相同的情况下），那么该理论就能够解释我们所观察到的对象，在这个意义上，如果该理论为真，那么我们所观察到的对象——即这场大屠杀是错误的——也为真。但这能够解释我们观察到它是错误的吗？似乎只有当大屠杀的错误性是它真正的属性时，它才会引发类似因果链的东西，并终止于我们的伦理情感或确信。尽管我们通常认为，我们对事物呈现出来的物理属性的经验最好被解释为（感觉经验）与事物实际具有的物理属性之因果交互作用的结果，但我们是否应该相信我们的伦理确信和情感可以同样被解释为它们与伦理属性之间某种因果交互作用的结果？我们是否应该把我们的伦理感受性（ethical sensibilities）看作是探测伦理属性的机能（faculties），当我们把注意力转向伦理属性的方向时，就会触发这些机能——类似于我们探测物体大小和形状的感官能力一样？

我们经过反思，当然事情有可能并非如此。当我们把注意力转向大屠杀时，似乎它具有某些属性，我们将这些属性作为证成我们的反应和确信的依据，即大屠杀涉及罔顾人类生命、滥用酷刑和暴力屠戮无辜者等等。有倾向性地说，所有我们注意和作出反应的对象都是关于该情形是和曾经是什么样的事实（战斗人员的行为实际上具有什么属性），而不是该情形应该是什么样的，或者他们的行为应该具有什么属性。正如休谟论证道，在"是"和"应当"、事实和价值之间出现一道鸿沟。（我马上补充，似乎存在这道鸿沟。正如我们将要看到的，伦理自然主义者认为实际上没有这样的鸿沟，而且在伦理学中也存在哈曼所否认的那类解释。）

然而，如果哈曼是对的，那么一方面是经验和科学理论之间的关系，另一方面则是对个别情形的伦理情感和确信与伦理学理论之间的关系，这两者之间存在显著的区别。把经验作为证实科学理论的证据，在伦理情形中似乎并不成立。就其本身而言，这种争论引起了认识论上的忧虑（epistemological worry）；它涉及伦理知识的可能性和证实伦理信念之证据的可能性问题。然而，这种忧虑源自对形而上学的反思。特别是，它源自这种思想：尽管我们把伦理属性归于事物，并以这些事物的真实性质或关于它们的事实作为伦理属性归因的依据或证成基础，但伦理属性和伦理事实本身似乎不在事物的性质之中。正如休谟所说，故意谋杀的"恶"无法在"事实"之中找到。在那里，我们只发现那些用以证成故意谋杀是恶的这一信念的特征或事实（使之是恶的性质），而不是关于它的恶的更进一步的"事实"（也就是说，这些性质使之是恶的，并由此证成了我们认为该行为是恶的看法）。元伦理学的问题在于，我们将其视为证成根据的事实——把这些事实作为证成根据可以是恰当或不恰当的，正确或不正确的——是什么？

元伦理学的一个根本困境

因此，摆在我们面前的是人们有时所说的事实与价值之间的鸿沟。当我们沿着休谟和哈曼的思路思考时，在什么是（事实）与什么应该是（价值）之间似乎存在着根本的分裂。从这个角度来看，价值不是实在（reality）的一部分，而是我们通过价值评估（*valuation*）——即通过评价和持有价值——来增加或投射到实在的东西。但当我们对事物做出价值评估时，这个主张似乎与我们出自内部（from inside）看待事物呈现的方式（the way things seem）相冲突。我们对大屠杀感到义愤，并将其判断为卑劣的，这时我们认为我们的判断刻画了一个客观的事实。

伦理思维方式之间的这种分裂似乎来自出自内部和出自外部两种方式的区分，我们将其称为**元伦理学的根本困境**（**fundamental dilemma of metaethics**）。伦理思想和情感具有"客观旨趣"。从内部看，它们显然渴求真理或正确性，并预设某些东西可以为真或为假。但从外部看，伦理确信的真理性可能由什么构成，这一点并不清楚。伦理确信显然与经验信念不同，因为它们似乎不是通过这样一个过程产生的，该过程的功能是通过与事物特征的因果性交互作用来探测事物的真实特征。一个经验信念为真或为假，只取决于这个世界是否真的具有这个信念所表征的那些特征。当我们可以把信念解释为通过与那些特征经交互作用的过程而形成的，我们就认为自己拥有支持这种信念的证据（也由此认为世界确实具有这些特征）。但是，如果在伦理确信的情形中没有这样的过程发生，那么我们必须问，是什么使得这一信念为真，如果有的话？对我们的伦理确信来说，什么才可以算得上是证据？

因此，根据上文论述，元伦理学向我们提出了两个基本问题：

1. 伦理确信的真理性由什么构成？

2. 如果没有什么使得一个伦理确信在字面意思上确实为真，那么为什么我们思考和说话，就像它们可以那样？

这些问题导向了一个根本性困境：要么存在真正的伦理属性和伦理事实，要么没有。如果它们存在，问题就在于言说这些属性和事实可能是什么样的，何以存在这样的属性和事实。但是，如果不存在这样的属性和事实，那么问题在于解释为什么我们思考、言说和感觉，就好像它们必须存在那样，并且还需要解释伦理思想如何不会因缺乏这些属性而被削弱。我们的规范性伦理思想和情感似乎让我们承诺于伦理学中的客观性（objectivity）、正确性（correctness）和真理性（truth）。因此，关于伦理学的哲学必须解释伦理学如何容许客观性和真理性，并解释伦理思想和话语如何在缺乏客观性和真理性的情况下得到证成，或者以某种方式把伦理学解释得通。

推荐阅读

Frankena, William. *Ethics*, 2nd ed. Englewood Cliffs, N. J.: Prentice-Hall, 1973. 尤其参见 Chapter 1。

Harman, Gilbert. *The Nature of Morality.* New York: Oxford University Press, 1977. 尤其参见 Chapter 1。

Hume, David. *A Treatise of Human Nature*(1740). Second edition edited by L. A. Selby-Bigge, 文本修订和其他解读，参见 P. H. Nidditch. Oxford: Clarendon Press, 1978。尤其参见 pp. 455—476。

Mackie, John. *Ethics: Inventing Right and Wrong.* Harmondsworth: Penguin Books, 1977. 尤其参见 Chapter 1。

Moore, Ci. E. *Principia Ethica*, rev. ed. Thomas Baldwin, ed. Cambridge: Cambridge University Press, 1993. 尤其参见 Chapter 1。

第3章

自然主义

从第 3 章到第 8 章，我将简要讨论对第 2 章提出的基本元伦理问题的各种可能回应。通过这种方式，我希望为元伦理学其他可供选择的方案提供一个初步认识，进而在第三部分和第四部分开始考察不同哲学家如何发展和阐明这些观念，以及他们如何在一个综合的哲学伦理学中把他们的元伦理学与独特的规范性观点联系起来。在这一点上，我将勾勒出一些抽象的观点。不过稍后我们会更详细地看到，当哲学家试图以一种整合的方式彻底思考伦理学和哲学问题，试图发现哲学在伦理学意义上是否重要时，这些观念是如何开始具有生命力的。

形而上学自然主义与伦理学

自 17 世纪现代科学兴起以来，伦理学哲学的一个重大努力是渴求实现与经验科学世界观相一致的伦理学理解。**经验自然主义**（empirical naturalism）属于一种一般的形而上学学说，认为在实证研究的范围之外，不存在任何东西。它通常被简称为**自然主义**（naturalism）。我大体上遵循这种看法，除了在第 17 章和第 18 章讨论其他形式的自然主义，如亚里士多德的**目的论自然主义**（teleological naturalism）。对（经验）自然主义者来说，所有的事实都是"自然事实"（natural facts）——关于与我们的感官产生因果性交互作用的自然领域的事实——并且，所有实体和属性都是自然实体和属性。因此，自然主义否认任何超自然事物的存在，否认独立于物质身体的心灵或灵魂的存在，并否认形而上学的本质或形式，或亚里士多德式的目的或"终极因"是实在的部分。[1]

这个一般观点在我们这个时代尤其深具影响力。现代科学在理解世界上取得了令人印象深刻的进步，尽管人类心理和行为已被证明尤为复杂，但在当代，我们很难否认我们是自然和物质的生物。因此，我们生活的核心部分，如伦理确信、情感和选择，似乎也一定是人类境况（human condition）的自然方面，由此可以对此进行实证研究。然而，说我们是自然存在者（natural beings），我并不否定我们是社会性生物（social creatures），或者人类生活的大部分都取决于发明、技艺和惯例。虽然"自然"科学——物理学、生物学和化学——通常区别于经济学和社会学等"社会"科学，但所有这些学科都在我们当前感兴趣的意义上研究自然现象。

因此，**形而上学自然主义**（我们也可以称为一般观点）认为，在实证研究的范围之外，无物存在。因此，伦理思想和情感同样属于在经验上可探知的关于世界的事实。但伦理思想和情感的内容（*content*）或对象呢？这对关于伦理学的哲学而言极为重要。如果你读到一篇关于大屠杀的报道并感到义愤，认为这种行径是卑劣的，那么，你持有的这些想法和情感是关于你的自然事实，一个在特定的自然社会语境中的人类存在者。但是，当你感到义愤时，你所考虑的并不是这些事实；它们不是你的伦理感情和确信的内容。当你从内部观察这些情感，它们似乎向你展示一个根本与你无关的伦理事实（*ethical fact*）——即这场大屠杀是卑劣的。这一现象构

---

[1] 亚里士多德相信每一个自然存在者都有一个目的（end）或 *telos*，这是其存在的一部分；从中形成了目的论自然主义（*teleological naturalism*）这个术语。

成了元伦理学的形而上学问题。从内部来看，从涉及伦理情感或确信的视角来看，似乎存在伦理事实。但真是如此吗？形而上学自然主义本身没有对这个问题给出答案。

伦理自然主义　元伦理学自然主义者或伦理自然主义者都属于形而上学自然主义者，他相信存在伦理事实，这些事实是关于自然秩序的事实，并且它们都能够开放于实证研究，其程度不亚于那些心理学、生物学和人类学等其他更明显属于经验学科的研究对象。因此，准确表征（represent）自然秩序这些方面的伦理确信为真，就像你现在正在读一本书那样，毫无疑问是真的。我们现在将转向这一章的主要目标，即探讨这种可能性。但我首先想对伦理自然主义和形而上学自然主义之间的关系作一些初步说明。

虚无主义　形而上学自然主义并不蕴涵伦理自然主义。例如，存在这种可能：虽然伦理确信和情感是自然领域中熟知的方面，并且这种自然的心灵状态（natural states of mind）似乎以伦理事实作为对象，尽管如此，这些表象总是错的，因为并不存在伦理事实。也许那种义愤感涉及的是将卑劣的属性投射（projection）到某人愤怒的对象上，而不是某人对那种属性的反应。或许所有伦理信念都是如此。在情感性反应（emotional reactions）的影响之下，我们把（伦理）属性投射到实际上并不具有这些属性的对象上。

　　认为不存在伦理真理的立场有时被称为**伦理怀疑主义**（**ethical skepticism**）。但由于"怀疑主义"严格来说意味着缺乏知识（*knowledge*），并且由于即使存在伦理事实（我们不可能知道），伦理真理也有可能不存在，因此这种怀疑主义更好的名称是**虚无主义**（**nihilism**），或正如它有时被称作的**错误论**（**error theory**）。

　　假设你对自然领域穷尽实在的想法印象深刻，但你仍然无法理解伦理属性如何成为自然属性。在这种情况下，某种形式的虚无主义似乎是不可避免的结论。虽然休谟本人不是一个虚无主义者，但他的思想实验（在第 2 章讨论过）详细考察了故意杀人的自然属性，试图找到它的恶，但并没有成功，这表明了一种有时会导向虚无主义的思路。当然，虚无主义者必须接受我们拥有伦理思想和情感这一事实，但她认为，当我们拥有这些思想和情感时，事物呈现的方式（the way things seem）总是虚幻的。她认为所有的伦理信念都是虚假的。

非认知主义 有另外一种立场既接受形而上学自然主义，否认伦理自然主义，但同时拒斥虚无主义，即**非认知主义**（noncognitivism）。伦理自然主义者和虚无主义者均认为伦理确信是真正的信念——也就是说，旨在准确表征实在的心灵状态，一旦信念不能准确表征实在，那它们就是错误的。他们把伦理思想和情感的"客观旨趣"视为表面价值（face value）。然而，非认知主义者否定伦理确信确实是真正的信念，正如我们在第 8 章所见。他们认为，我们所谓的伦理信念实际上更像是根本没有真值（truth values）的情感或态度。伦理态度是赞成或反对事物的方式——或许比单纯的品味或偏好更复杂，但伦理态度与它们一样，无法区分真值和假值。它们不像关于世界的一般信念那样具有"客观旨趣"。

因此，非认知主义者同意伦理自然主义者和虚无主义者，同样持有形而上学自然主义。但是，因为他们相信伦理确信不可能在字面意义上为真，所以他们否定伦理自然主义。并且因为他们相信伦理确信不可能在字面意义上为假，所以他们也否定虚无主义。

其他的可能性？道德和自由？ 这些是唯一与形而上学自然主义相一致的元伦理立场吗？不一定。某人可以接受形而上学自然主义，并像萨特和康德那样论证，伦理视角与经验科学视角之间存在根本的差异（正如它有别于任何旨在理解事物实际是什么的学科），因为伦理视角是能动者慎思应该如何行事的**实践视角**（**practical perspective**）。康德认为，伦理规范是隐含在自由的理性能动者的慎思立场中的**实践理性**（**practical reason**）规范。因此，伦理判断为真或为假，并不取决于它们如何准确表征了某个独立的伦理事实秩序（自然或超自然的事实），而在于它们与能动者承诺于理性慎思活动的规范的关系。正如我们将在第 14 章和第 15 章中作出的最佳理解，就像康德的理论那样，一个**理想慎思判断理论**（**ideal deliberative judgment theory**）或**理想实践理性理论**（**ideal practical reason theory**）拒斥虚无主义和非认知主义，因为它坚持伦理判断可以具有客观性和真理性，它也否定伦理自然主义，尽管它可能与形而上学自然主义相一致。

伦理自然主义

伦理自然主义者与其他形而上学自然主义者的区别在于，前者相信价值是自然的一个方面。当我们第一次考虑你对大屠杀感到义愤的例子时，我们区分了你的确信所依据的关于杀人的事实，与你归于杀戮的伦理属性（卑劣性）。前者——在你看来"使之卑劣"（despicable-making）的事实——毫无疑问涉及自然现象（例如，受害者是儿童和其他手无寸铁的非战斗人员，等等）。伦理自然主义者还宣称，卑劣性也是一种自然属性（杀害和折磨无辜者这一事实"使该行为成为卑劣的"本身也是自然事实）。因此，伦理自然主义者相信，伦理确信是关于自然界的，而这不仅仅是在伦理确信是对自然事件的评价这一意义上说的。她还断言，如果这是真的，伦理确信所归于行为的伦理属性同样属于自然界的方面。并且，当伦理确信为真，是有关这些方面的自然事实使之为真的。但是，自然界的哪些方面是伦理属性呢?

善与值得欲求 许多伦理自然主义者的价值理论都从价值评估的(自然)属性那里得到启发。例如,认为某物是善的意味着什么? 相信某物是善的,与欲求(*desiring*)它,两者之间似乎存在一种密切关系。如果是这样,那么也许某物之所以是善的,是因为它是欲望的对象。这不是一个逻辑(*logical*)结果(确保你明白为什么),但它似乎依然是思想的自然发展过程。根据这个简化的自然主义理论,健康之所以是善的,只在于人们想要健康这一事实。不多也不少。

个人的善 但这是谁的欲望? 万一人们有不同的欲望呢(他们确实有)? 自然主义者通常回应道,这取决于讨论的是谁的善。自然主义者可以争辩道,存在一种价值,它对一个人而言**是善的**,或是**一个人的善**的一部分,这由他的欲望所决定。这就是我们所指涉的个人的福祉(welfare)、好处或利益。因此,这种类型的简化的自然主义理论可能会认为,某物对某人是善的,在于它是某人所欲求的事物。

当然,这只是一种非常粗糙的自然主义形式,即使就其本身作为一个福利理论(a theory of welfare)而言,它也似乎存在缺陷。我们所欲求的一切对象对我们都是善的吗? 难道没有我们不想要的、却对我们是善的事物吗? 考虑到这些反对意见,奉行这条思路的自然主义者通常认为,使得某物对一个人是善的,不仅仅在于他碰巧欲求它的事实,还在于倘若他在理想条件下(尽管从自然主义角度是可以具体详述的),他就会欲求它(或者他会希望他自己欲求它)。

也许对一个人来说,如果他具有对事物的经验和知识的话,事物之值得被欲求与那个人欲求它是一样的。在迈克尔·雷德福德（Michael Radford）导演的电影《邮差》（*Il Postino*）中，马里奥（Mario）一开始对诗歌一无所知或毫无经验，但在了解了诗歌是什么之后最终爱上了它。在这里，我们可以说，甚至在马里奥形成阅读诗歌的欲望之前，阅读诗歌对马里奥来说就已经是善的了，因为一旦他知道诗歌是什么，他就会产生这种欲望。显然，我们不能说价值在于一个人知道某物是有价值的，就欲求该物。这将是循环论证。相反，我们必须这么说，某物（对一个人而言）是有价值的，如果他知道、体验过并充分理解这个事物的所有非伦理方面，并且欲求它。

这种观点属于另一种一般元伦理学的进路——**理想判断理论**（**ideal judgment theory**），第 6 章将对此作详细讨论［这种进路也被称为**理想观察者理论**（**ideal observer theory**）］。我们在第 12 章和 13 章中探讨约翰·斯图亚特·密尔的哲学伦理学时，将看到这种自然主义观点是如何运作的。

另外，自然主义者可以争辩说，福祉要成为一种自然现象，并不需要根据价值评估或欲望来定义。当我们设想一株植物的欣欣向荣（*flourishing*）或繁荣兴盛（*prospering*），以及各种对它来说是善或恶的事物，我们归于有机体的属性当然是自然的，即便它们明显不依赖于任何诸如欲望等态度。这对一个人的善来说大致也是如此。人类福祉也可能在于关于个人境况和前景的自然事实中，尽管这些事实不能被还原为与她的欲望相关的任何事实，但却经常被用来解释这些欲望。这种进路可以将心理学、医学、精神分析理论等各种实证学科视为与对人类而言的好生活的各个方面相关。

优点与尊敬　或许一个自然主义者可以用其中一种方式对个人的善或福祉提供一个令人信服的论述，但是对于伦理学的其他方面呢？例如，我们如何理解我所说的（在第 1 章）我同事的教学方式所展现出来的价值？这种类型的价值与好处或福祉不同。我们可以假设我同事的教学方式对她和她的学生都带来好处，但这部分是由于他们意识到这种教学的内在优点（*merits*），将其视为与好处不同的价值。当我们为某事感到骄傲，为之钦佩或受到启发时，或在消极的方向上，当我们感到羞耻（*shame*）或空虚，或缺乏意义感，就会涉及这种价值。为了拥有这类优点或价值而持有某物，与其说是欲求它，不如说是尊敬（*esteem*）它。

然而，这种差异意味着一种关于值得尊敬之物（the *estimable*）的自然主义理论可能采取的形式。它可能把优点确认为受尊敬的心理属性。或者这样的属性：如果一个人是充分知情和富有经验的，那么这个属性就会受到尊敬。这些是关于值得尊敬之物的自然主义理论，类似我们前文已讨论过的关于值得欲求之物（the *desirable*）的自然主义理论。

但是，再一次，这是谁的尊敬呢？这个问题此次显得更有分量，因为优点这一观念并不像一个人的善或利益那样相对于个体。我钦佩我同事的教学方式并深受启发，这时我尊敬这种教学方式，并认为它具有优点。但是，虽然这当然是我对它的观点，但我的观点的内容不是它对我而言有优点，而是它事实上有优点。如何从自然主义的角度理解这种现象呢？

一种可能性是认为，尽管这些价值可能表现为绝对的，但它们并不是完全不可相对化的（unrelativized）。但它们两者也并非相对于个体，就像一个人的善是相对于个人那样。相反，应得价值（worth）可能被认为是一种**主体间性的**（intersubjective）价值。某物是否具有内在优点（intrinsic merit），可能取决于对它的尊敬是否在事实上被所有人（某个种类的群体？某个社会或共同体？）所认同。或者更看似合理地说，某物是否具有内在优点，取决于对某物的尊敬是否被所有人在理想条件下（再一次，自然主义所指明的条件）所认同。因此，当且仅当任何人（适当指明的）在理想条件下尊敬我同事的教学方式时，我认为她的教学方式具有优点的信念才是为真的。

道德　但对于认为某些行为在道德上是义务性的（morally obligatory），而另一些行为在道德上是错误的这一观点呢？我们如何能够指望在自然中找到这个观点的指涉对象（referent）呢？对自然主义者来说也存在多种可能性。尼采相信明智的自然主义应该断然拒斥道德这一观念，要将其视为犹太—基督教神学传统的残余遗留物，我们不能给予它任何经验自然主义的基础。然而，许多自然主义者反对尼采的看法。他们认为道德可以基于自然主义而得到有效证实。

试图这样做的一种通常方式是用一种独特的视角［**道德视角**（**moral point of view**）］——即平等、不偏不倚地对待所有人（或许是所有有感觉的生物）。一个自然主义者会认为，某事物是在**道德上值得欲求的**（**morally desirable**）或是**道德善的**（**morally good**），是指从道德视角来看值得欲求的——例如，假若任何一个人充分知情、且从道德视角看待事物，那么她就会欲求该事物。那么，关于道德正确与错误的观念呢？

道德义务　当我们认为或感到某事是错误的时候，我们通常会觉得我们受到约束（bound）——在某个义务或某种必然性之下——不能去做这件事。错误不仅仅在于在道德上不值得欲求。这是我们不应当（ought）或必须（must）不能做的事情。道德自身呈现为某种法律，即一种道德法则，我们不可避免地要遵守之，并且其**权威**（**authority**）是**绝对的**（**categorical**）——换言之，独立于我们的欲望和利益。如果对无辜者滥用酷刑是错误的，那么我们倾向于感到人们不应该去做，即使对无辜者滥用酷刑符合他们的利益，或是被当地习俗或当局要求而为之。如何基于自然主义说明这些观念？仅仅指出道德观点是一种平等对待所有人的观点，并不能解释道德的权威或**规范性**（**normativity**）。要如何解释这一点呢？

　　规范性和道德义务　实际上，对自然主义者来说，这里有几个不同的问题。一个问题完全内在于道德空间：这就是解释道德上不值得欲求与道德错误之区别的问题。与不值得欲求不同，某行为是错误的涉及它对某种规则或法则的违背。那么，这个差异如何基于自然主义而得到解释？描述性的（*descriptive*）法则是自然科学的基本内容。但是规约性的（*prescriptive*）自然法则如何存在呢？

　　在第 13 章，我们将看到密尔如何处理这个议题。密尔的理念是洛克观点的一个世俗版本，我在第 1 章已经提及过。与洛克一样，密尔认为道德是一套达到有益目标的规则；但密尔认为这些规则是我们的而非上帝的工具。我们在社会实践中施行道德规则，当这些规则的存在从道德的角度（也就是说，当它们促进了普遍幸福）来看是值得欲求的，那么它们就定义了正确与错误。因此，如果一个行动具有以下复杂的自然属性，那么它就是错误的：它违背了 [也许是假言的（hypothetical）] 规则，而这项规则一旦在我们的社会实践中被建构起来，将会促进最大的普遍幸福。毋庸置疑，我们需要对此进行复杂的实证研究，以发现任何给定的行为是否真的具有这种自然属性。

34　　然而，道德有别于任何一套规则，因为我们认为是否"参与"道德规则不是由我们自己决定的。国际象棋规则也定义了违规行为，但只有当一个人想玩这个游戏，它们才会对他提出要求。因此，第二个问题是要以自然主义的方法解释这个明显的事实：道德绝对地（*categorically*）约束着人们，无论它是否符合他们的利益或目标，也无论他们是否想参与。不过第三个问题是解释更进一步的（明显）事实：道德不仅对个人提出某种绝对的主张，而且似乎凌驾于（*override*）其他所有主张之上。如果我在所得税上作弊是错误的，那么我确实不应该这样做，即使我想这样做，且这样做符合我自己的利益，那么有什么自然事实可以证实这个想法呢，即如果我在所得税上作弊是错误的，那么我确实不应该这样做，即使我想这样做并且这符合我自己的利益？

　　当然，一个自然主义者可能不会认为她应该试图说明所有这些道德表象（moral appearances）。即使不像尼采那样全盘拒绝道德，她也可能相信，只有我们的常识道德观的某些方面才能被给予一个充分的哲学基础。与密尔一样，她可能会接受解释道德可欲性（moral undesirability）区别于道德错误的举证责任，但她同时认为，在建构道德规则的约束力方面，能够做和应该做的事情最多就是向人们展示，他们自己在由这些规则所建构起来的社会实践中获得多大利益。尽管道德义务从他们自己的目的或欲望来看是有条件的，不是真正绝对的，但它仍然相当坚牢和持久。

伦理自然主义的问题

　　摩尔的"开放问题"论证　　伦理自然主义在当前哲学舞台上有着支持它的强大论证和众多追随者。然而，在 20 世纪初，G. E. 摩尔（G. E. Moore，1873—1958）提出一个论证，令许多哲学家相信伦理自然主义的前景相当黯淡。摩尔断言，对于任何所提出来的自然主义属性 N，我们可能知道某物 X 具有 N，但 X 是否是善的，对我们而言仍然是一个**开放问题**（open question）。也就是说，具有 N 的 X 是否也是善的，在我们看来仍然是一个合情合理的问题。然而，如果善可以等同 N 这样的属性，并且如果我们知道 X 具有属性 N，那么我们就不应该明智地询问 X 是否是善的。我们应该通过知道 X 具有属性 N 来终结这个问题。

　　做一个类比以阐明这一点，考虑一个单身汉的属性。这与一个未婚的成年男性的属性是一样的。正因为如此，如果我们知道埃里克是一个未婚的成年男性，我们就不能明智地问："但埃里克是一个单身汉吗？"由于这两个属性是完全等同的，因此关于埃里克是一个未婚的成年男性的知识就能够终结这个问题。然而，当涉及善的属性时，摩尔提出了一个挑战，对于任何一个自然主义属性 N，具有 N 的 X 是否也是善的，仍然是一个开放问题。

35　　例如，考虑这样一种建议，对一个人来说，如果她经验丰富且充分知情，并且如果她想要某物，那么某物对她而言就是善的。我们可能知道——正如这个人她自己一样——某物具有这种属性，但我们仍然可以合情合理地问，它对她而言是否是善的。即便我对某物具备充分的经验和信息，我可能想要的某物不是我应该欲求的，这个想法并没有什么不融贯之处。因此，对我而言的善不可能等同于某物所具有的这种自然属性。摩尔还论证道，对于任何一对伦理属性／自然属性，我们都会得到相同的结果。我们总是能够合情合理地询问具有给定自然属性的某物是否具有伦理属性。因此，所有伦理属性都不能与任何自然属性相等同。

分析同一性 vs. 综合同一性　近几十年来，众所周知，摩尔的论证严格依赖于这个假设：只有当这两个词项"N"和"G"指涉同样一个属性，它们才具有相同的意义（meaning）。在单身汉的例子中，终结问题的是单身汉的同义词。"单身汉"的意义与"未婚的成年男性"相等同。正如哲学家给出的技术定义，"如果 X 是一个未婚的成年男性，那么 X 是一个单身汉"是一个**分析真理**（analytic truth）。这一命题的真理性被其词项的意义所保证（guaranteed）。"未婚的成年男性"被认为是"单身汉"的一个分析。它"解开了"后者的意义。

　　然而，自然主义哲学家经常对此发生争论，即使两个词项的意义不同，它们仍然可以指涉相同的属性。例如，"基因"一词在遗传论中被创造之时就获得了它的意义，指的是任何携带遗传信息的东西。在 19 世纪，孟德尔假设一定存在这样的东西能够解释性状的遗传性，当时他并不知道基因到底是什么。直到很久以后，在 20 世纪，人们才知道在自然界中，基因实际上是染色体中 DNA 分子片段。自然主义哲学家认为这相当于发现了一个对属性同一性（property identity）的一个特殊综合（**synthetic**，亦即不是分析的）主张是真的——也就是说，是一个基因和是一个 DNA 分子片段是等同的，它们的属性是相同的。然而，在这一发现被证实之前，我们完全可以设想如下问题：X 是染色体中一个 DNA 分子片段，但 X 是一个基因吗？显然，这个问题的开放性并没有排除之后科学家发现这是真的这一可能性。

因此，自然主义哲学家对摩尔的开放问题论证作出一个回应，对于任一自然属性 N，具有 N 的 X 是否是善的，仍然是一个开放问题，因为 "N" 和 "善" 的意义不同，但不能由此得出，"善" 不能指涉相同的属性。"是一个基因" 与 "是一个 DNA 分子片段" 在意义上有所不同，但它们都指向相同的属性。正如这曾经是一个经验发现，那么，对于某个 "N"，"N" 和 "善" 指涉同样的属性，也有可能是一个经验发现。在这种情况下，属性的识别（identification）是一个综合的而非分析的问题。

还原论自然主义 vs. 非还原论自然主义　作出这种回应的伦理自然主义者有时被称为**还原论伦理自然主义者**（**reductive ethical naturalists**），因为他们坚持 "善" 可以被 "还原" 为某些属性，而这些属性是我们可以用在自然科学和社会科学中已有的词项，或一个自然主义常识 "理论"（如 "欲望"）的词项去指涉的。另一种自然主义回应是论证道，即使实证理论的进步从未使我们能够使用在（其他）实证理论或常识中已经发展成熟的词项来指涉伦理属性——即便我们无法识别其他一些经验上适用的词项 "N" 所指涉的就是 "善" 所指涉的同样的属性——这个开放问题论证仍然

36

不能表明，"善"本身并不指涉一个自然属性。它只能表明，在任何其他实证理论中，没有任何其他词项与"善"所指涉的属性相等同。但是，尽管如此，"善"仍然可以指涉一种自然属性，伦理学本身也可以是一门经验学科。这就是**非还原论伦理自然主义者**（**nonreductive ethical naturalists**）所相信的。

规范性和开放问题　尽管这些回应具有可用性（availability），但开放问题论证继续发挥着强大的影响力。为什么会这样？为什么有许多哲学家认为它是一个反对伦理自然主义的有力理据，即使他们不会在其他领域对它多作考虑（例如证明遗传特性不能等同为分子特性）？我认为，这种解释与哲学家所说的伦理属性的规范性有关，也与理解任何自然属性何以具有规范性特征的困难有关。

当我们竭尽所能认识事物的自然属性，真正的伦理问题似乎仍然是开放的，这一原因在于，伦理问题关注的是什么恰当地调节（regulates）选择、欲望和情感——我们应当选择什么、欲求什么或感受什么。伦理是**规范性的**。任何自然属性如何具有这一特征可能难以令人理解。无论我们对值得欲求之物采用何种自然主义说明，一个人是否应当寻求或欲求具有这些自然特征的事物，这似乎是一个真正的开放问题。对值得尊敬之物，情况也是一样的。知道某事物实际上是受人尊敬的，或知道假如某人具备充分的知识和经验，那么他就会尊敬该事物，这两者似乎是一回事；但知道它应该受到尊敬，或对它的尊敬是得到合理担保的（warranted），则是另一回事。

这是另一个版本的开放问题论证的结果。[1] 我们似乎可以设想，比如说，两个人一致同意某个特定行动所具有的全部自然属

---

[1] 参见 Allan Gibbard, *Wise Choices, Apt Feelings* (Cambridge: Harvard University Press, 1990), pp. 12—18。

性，但对于是否应该实施该行动仍然存在分歧。关于应该做什么　37
的规范性分歧（normative disagreement）不可能是对该行动自然属
性的分歧，因为我们已经规定了两人在这一点是达成共识的。似
乎没有任何经验发现能够解决这类分歧。因此，在这种根本性的
规范性分歧中，仍然存在争议的不可能是关于自然属性或事实的问
题。如果这一点是对的，那么作为真正的伦理属性之本质方面的规
范性看上去不可能在于一个或多个自然属性之中。正如我们在第 8
章所见，为了支持非认知主义，开放问题论证有时以这种形式被提
出来。

　　解释和规范性　请回想我们在第 2 章中讨论的科学与伦理学之
间可能存在的区别。在科学情形中，我们很坦然地把我们的观察视
为对世界假设状态的证据，因为我们相信这些状态最能解释我们所
做的这些观察。如果伦理自然主义是对的，那么这种关系在伦理学
中也将会成立。假设"是善的"（对我而言）与"被我欲求的"是
相同的。据推测，我认为某事物会满足我的欲望，这往往是我实际
上欲求它的结果。因此，如果对我而言是善的，与被我欲求的是相
同的，那么我的"伦理观察"（我认为某事物对我是善的）将是获
得这个（伦理）事实——即我欲求它——的结果。
　　即使伦理属性不能被还原为某些经验科学或自然主义大众理
论（naturalistic folk theory）中的词项所指涉的属性，它们仍然可
能是自然属性。而且，如果是这样的话，科学观察和伦理观察之
间的类比仍然可以成立。在伦理学中，这一点很有可能也是真的，
即对我们所做的伦理"观察"的最佳解释是它们响应于（respond）
自然伦理事实。毕竟，自然主义者论证道，似乎存在这样一个导
向伦理思想的方向（direction），它与我们在科学中看到的聚合
（convergence）并非完全不同。尽管仍然存在各种各样的伦理分歧，
但几个世纪以来，有识之士似乎已经接近达到了某种共识，例如人

类的道德平等理念。我们要如何解释这一点呢？自然主义者的回答是，对伦理思想的聚合的解释方式与对科学思想的聚合的解释方式是一样的——也就是说，两者均作为与自然世界持续交互作用的结果，其中当然也包括人与人之间的交互活动。

而现在哈曼认为这个类比站不住脚，事实上，我们并不认为，我们可以通过持有一些（自然的）伦理事实为我们所相信的伦理确信提供最佳解释。如果你同意哈曼拒绝这个类比，那可能是因为你对伦理学之本质的规范性印象深刻。伦理命题就其本质而言，关注的是我们有理由去做什么、感受什么或欲求什么——即我们应该做什么、感受什么或欲求什么。

38   在科学的情形中，我们把我们的观察视为对我们假设的证据，因为我们相信我们的观察是**被世界纠正的**（**world-corrected**）。亦即说，我们把观察视为响应于世界，而观察的目标旨在表征这个世界。只有当我们能够把观察视为以这种"被世界纠正的"方式而产生时，我们才能合理地将它们视为是对世界假设状态的证据。然而，在伦理的情形中，我们的伦理确信不是关于事物是怎么样的，而是关于它们应该是怎么样的——我们应该如何渴望、行动或感受。伦理确信是规范性的，正因为如此，我们不把它们视为被世界纠正的，而是去纠正世界的（world-correct*ing*）。伦理确信的目标，正如列宁可能说过，不是理解或表征这个世界，而是改变这个世界。因此，我们对规范性伦理确信的信心，可能并不取决于我们将它们视为被世界纠正过程的结果。我们把伦理确信视为任何伦理事实之具有真理性的证据，似乎也不取决于任何这类被世界纠正过程的结果。相反，对伦理确信的信心可能在于将它们视为蕴含了纠正世界之恰当标准的事物——包括我们自己的行为、欲望和感受。

如果这个推理是健全的（sound），那么，开放问题论证之所以具有显著的持久影响力，以及哈曼声称科学有别于伦理学，背后的原因是一样的——即自然主义在说明伦理学之规范性方面所遭遇的困难。因此，自然主义面临的挑战要么是解释规范性，要么是把规范性给解释掉（explain it away）。我们将在第 13 章看到自然主义者约翰·斯图亚特·密尔努力解决这个问题。

推荐阅读

Boyd, Richard. "How To Be a Moral Realist." In *Essays on Moral Realism*. Geoffrey Sayre-McCord, ed. Ithaca, N. Y.: Cornell University Press, 1988.

Brink, David. *Moral Realism and the Foundations of Ethics.* Cambridge: Cambridge University Press, 1989.

Moore, G. E. *Principia Ethica*, rev. ed. Thomas Baldwin, ed. Cambridge: Cambridge University Press, 1993. 尤其参见 Chapters 2—3。

Railton, Peter. "Moral Realism." *Philosophical Review* 95（1986）: 163—207.

Sturgeon, Nicholas. "Moral Explanations." In *Morality*, *Reason*, *and Truth*. David Copp and David Zimmerman, eds. Totowa, N. J.: Rowman and Allanheld, 1985.

第4章

神学唯意志论

请允许我以一段简短的讲道辞开始这一章。读完上一章，你可能感到有些困惑和沮丧。正如我在那一章中所讨论的，存在强有力的理由支持任何一种可以展示伦理如何适应关于世界的自然主义图景的元伦理学；接着我指出有其他同样强有力的反对伦理自然主义的论证。当我们第一次遭遇元伦理学的问题，发现有吸引力的理论也面临强烈的反对意见，并且理据远不明晰时，我们会对此感到失望，这很正常。不耐烦是可理解的。毕竟，我们想知道究竟哪个理论是正确的！

然而，我希望说服你，这个领域之所以如此迷人，部分原因就在于它充满挑战的复杂性。从自然主义面临重要的反对意见这一事实来看，我们不能简单断定它是不正确的。任何对基本元伦理学问题的严肃回应都不可能完全避免反对意见。事实上，如果说有什么不同的话，那就是近年来伦理自然主义显示出新的生命力。

此外，元伦理学的基本问题必须有某些答案，即使我们不知道它们是什么。因此，某种理论——无论是我们将要考虑的，还是其他可能尚未被阐明的理论——必须是真的。如果不是伦理自然主义，那会是什么理论呢？最终，除了审慎地权衡支持和反对不同理论的理由，综合考虑何种理论会获得最大支持，我们别无选择。这是一项令人望而却步的任务，但不要因此而感到气馁。毕竟，你有余生来做这件事！讲道结束。

除了伦理自然主义之外，还有什么可供选择项呢？如果伦理命题不是由自然事实使之为真，那么它们就可能涉及一个**超自然**（**supernatural**）的领域。或许与形而上学自然主义相反，存在超自然事实，并且伦理事实与其中一些完全相等同。在这一章，我们将考虑这种可能性中的一种——即伦理事实与上帝的意志相关。

40   ## 还原论超自然主义 vs. 非还原论超自然主义

正如自然主义元伦理学，一种**伦理超自然主义**（**ethical supernaturalism**）可以采取还原论或非还原论的形式。**还原论伦理自然主义**（**reductive ethical naturalism**）认为，伦理属性和伦理事实是自然的，我们可以用自然科学和社会科学的词汇或其他常识性的描述性术语来识别。例如，某种理论认为有价值的事物即被欲求的事物，它就属于还原论自然主义理论。"欲望"一词的意义是通过它在心理学中的应用和关于人类行为的常识性概括而被确立起来的；它不是一个明确的伦理术语。这一理论由此被认为把善的属性"还原"为被欲求的（自然主义的）属性，就有点像基因的特性可以被还原为 DNA 分子片段。"善"和"欲望对象"这两个词项指向自然界中的相同属性，正如"基因"和"DNA 分子片段"一样。另一方面，**非还原论伦理自然主义**（**nonreductive ethical naturalism**）认为伦理属性和伦理事实区别于任何被非伦理词汇识别的属性和事实，但它们仍然是自然属性和自然事实。

做一个类比以阐明这一点，一种**还原论伦理超自然主义**（**reductive ethical supernaturalism**）也试图论证伦理属性和伦理事实可以被还原为伦理学以外的某些理论或知识体系中的术语所识别的属性和事实。然而，现在这种理论可能是某种超自然主义形而上学理论，比如神学，而不是自然主义科学。在本章中，我们将考察这种理论的一个主导范例：**神学唯意志论**（**theological voluntarism**）。根据这一理论［也被称为**神命论**（**divine command theory**）］，伦理属性涉及与上帝意志的关系。

　　但是，正如可以有非还原论自然主义一样，同样可以有**非还原论伦理超自然主义**（**nonreductive ethical supernaturalism**）。一个非还原论超自然主义者会同意还原论超自然主义者的观点，即存在伦理属性和伦理事实，并且它们涉及超自然领域。但她坚持认为，伦理属性和伦理事是自成一类的（*sui generis*）——具有自己独特的种类，不可被还原为任何其他的超自然属性。因此，她否定可以通过使用神学、形而上学或伦理学自身以外的任何术语来识别它们。在下一章，我们将考察这个观点的主导版本：**理性直觉主义**（**rational intuitionism**），它之所以被如此命名，是因为它认为非自然的伦理事实对理性来说是自明的（self-evident）。

神学唯意志论

　　神学唯意志论以不同方式反映了还原论自然主义的结构。毫不意外，它也遭到一些同样的反对意见。请回想一下，一种常见的还原论自然主义策略是假设价值的本质是由评价的本质决定的。价值是从被评价（*being valued*）的角度来得到理解的。然而，为了使由此产生的观点成为还原论自然主义，必须有某种识别评价的方式，这一方式不要求我们已经知道价值是什么。正如我们已经看到，还原论自然主义者可能会试图通过，例如把评价等同为欲望来满足这一要求。

　　正如我们所见，这种观点可能遇到一些反驳意见：（a）我们的欲望之间相互冲突，（b）并不是我们所欲求的一切都是善的，以及（c）有些善的事物不是我们欲求的。另一方面，也许这些反驳意见的产生，不是因为它们使善取决于欲望，而是因为它们使善取决于我们的欲望。我们不过是有限的存在者，受限于我们的能力、癖好和视角。然而，假设有人提出这样的论点：某物是善的，意味着它被上帝所欲求。

假设上帝存在，且他的欲望之间不会相互冲突，这种观点可以很容易地回应反驳意见（a）。但是，任何将善等同于被某些特定个体所欲求的观点可能也是如此。神学唯意志论有一个额外的优势，即它可以解释我们为什么要把价值视为超越于任何人偶然产生的欲望。价值超越于人类欲望，因为它是被一个超验的、超自然的欲望所决定的——即上帝的欲望。这一评论是对反驳意见（b）和（c）的回应。

此外，神学唯意志论可以说明哈曼关于被世界纠正的经验观察和伦理确信的生成之间的对比。如果伦理属性和伦理事实是超自然的，那么不足为奇的是，伦理确信不能用它们与自然的因果性互动关系来解释。

然而，神学唯意志论最大的可感知力量，可能在于它解释道德之独特性质的能力。道德在我们的经验中表现为一种我们不可避免对其负有义务或受其约束的法则。如果做某事是错误的，这并不仅仅意味着它在道德上是不值得欲求的或恶劣的。某事是错误的，意味着某人不应当去做，并且有责任（accountable）不去做。未经允许的错误做法会招致违法行为。但道德显然也不同于任何属于世俗管辖的法律，不论是民族国家的正式法典还是社会习俗，因为对于任何这样的实际法律，我们总是可以询问道德是否要求我们去遵循这些法律，有时则认为道德没有向我们提出这个要求。例如，在种族隔离制度下，道德可能要求人们无视或蔑视不道德的压迫性法律。

道德如何既是一种法则，同时又区别于任何实际的人类法律？神学唯意志论者可以回答这个问题。道德是一种不同于任何世俗法

律的法则，因为它具有超自然的根源：它不是由任何世俗立法机构
或司法系统制定的，而是由上帝的意志创立的。因此，"是错误的"
这一伦理属性与违背上帝所命令的意志的超自然属性是等同的。 42

　　根据神学唯意志论，如果上帝不存在，或者如果上帝存在，但
对人类事务没有明确的意志，那么就没有正确与错误之分。正如陀
思妥耶夫斯基的小说《卡拉马佐夫兄弟》中的伊万所说，如果上帝
不存在，那么"一切都是被允许的"。实际上，如果道德取决于上
帝的意志，并且没有上帝，那么说一切在道德上都是被允许的也是
虚假的。对于任何行为，说它在道德上是被要求的、被禁止的或被
允许的都是虚假的。

神学唯意志论不是什么

　　为了集中论述这些想法，我们发现提出两个假设是有帮助的：
（a）上帝存在，并且命令我们做一些事情，不做一些其他事情，与
（b）我们应该遵循上帝的命令。提出这些假设可以让我们集中在神
学唯意志论上——即道德是否存在于上帝的意志之中——而不是
把这个问题与（a）和（b）是否为真的这一独特问题混为一谈。神
学唯意志论是一种元伦理学理论，而（a）是一个形而上学论点，
（b）则是一个规范伦理学论点。区分神学唯意志论和（b）尤为重
要，因为人们可能相信（b）的各种理由实际上与神学唯意志论并
不一致。下面是我的论证。

　　上帝在伦理上是全知的　例如，假设有人认为她应该服从上帝
的命令，因为上帝知道什么是正确的，什么是错误的，并且只命令
我们做他知道是正确的事情，而不是做他知道是错误的事情。如果
有人出于这个理由认为她应该服从上帝的命令，那么她就会在逻辑

上承诺于否认神学唯意志论，因为她几乎不会认为上帝的伦理知识仅仅是关于他自己命令的知识，而她正认为上帝的伦理知识给予他的命令以权威。能够称得上是伦理知识的，只能是这些她应该要服从的命令。但根据目前的假设，只有当上帝的命令是建立在伦理知识的基础之上时，她才应该服从上帝的命令。要打破这个循环论证圈子，就必须假定给予上帝命令以权威的知识是伦理事实，而这些事实自身独立于他的命令。这个理据（rationale）正是神学唯意志论所要否定的。因此，任何认为她应该出于这个理由而服从上帝命令的人都必须否定神学唯意志论。

做一个类比以阐明这一点，假设在 1964 年巴里·戈德华特（Barry Goldwater）与林登·约翰逊（Lyndon Johnson）竞选总统时，我们想知道谁是共和党的副总统候选人。设想我们去问汤姆，我们认为他是这方面的权威。汤姆告诉我们共和党候选人是威廉·米勒。假设我们认为汤姆的一般政治知识是可信的，这是我们相信他的话的充分理由。因此，我们将汤姆视为权威，并且因为汤姆说威廉·米勒是共和党候选人，我们就应该相信他是。但我们当然不会认为汤姆以某种方式使米勒在 1964 年参选成为事实。相反，米勒是否在 1964 年参选，完全独立于关于汤姆的任何事情。即使汤姆从未存在过，这也是真的。在这里，我们给予汤姆的是认识论的权威（*epistemic authority*），而不是一个可以以某种方式"制定"事实的权威。

同样，我们可能认为我们应该遵循医生的叮嘱，因为我们认为她对哪些医疗措施最有可能起到作用，是充分知情且值得信赖的。但在这里，我们给予医生的那种权威是认识论方面的。医生不能仅仅凭借说她推荐的某些医疗措施是有效的，就能证明它们确实是有效的。所以，以此类推，如果一个人认为她应该服从上帝的命令，在于上帝是伦理学方面的**认识论**权威，那么她就承诺于否认神学唯意志论。

上帝作为理想的判断者或顾问　然而，假设有人认为我们应该服从上帝的命令，不是因为他在伦理上是全知的，而是因为他是一个理想的判断者或顾问。这个人认为，让上帝成为一个理想的顾问，其原因在于：（a）他对我们及我们的境况是全知的（他知道所有的自然事实）；（b）他是全善的（他平等关心所有人的福祉）。这里的观念不是说，存在一个独立的伦理事实领域，并且上帝对此具有完备无缺的知识。相反，我们应该做某事，使之为真的原因在于一位知识完备的、仁慈的存在者希望或建议我们去做这件事。因此，我们应该做上帝命令我们去做的事情，因为我们应该做任何一位理想的判断者可能会建议或希望我们去做的事情，而上帝就是一个理想的判断者。

这种观点目前来看可能像神学唯意志论，但事实上，这两者是相互矛盾的。这种观点实际上是**理想判断理论**（**ideal judgment theory**）的一个版本，我们在第 3 章提及过，并将在第 6 章作进一步探讨。理解这种区别的一种方式是注意到，根据神学唯意志论，上帝必须存在，才能存在任何道德事实。如果道德义务即上帝所意愿的（事实上），那么如果上帝不存在，道德义务也就不复存在。但是，如果有人认为我们应该遵从上帝的命令，因为我们应该做一个理想的判断者可能会希望我们做的任何事情，而上帝就是一个理想的判断者，那么从这个理据中我们可以得出，即便上帝或就此而言的任何理想的顾问实际上都不存在，道德事实也有可能存在。唯一必要的是，假如一个理想的顾问真的存在，他可能想要什么，这是确实为真的。并且，即使不存在理想的顾问，情况也可能是这样。

打一个类比，考虑经济学家关于一个完全自由竞争市场的理想。即便不存在实际的市场接近满足这一理想，这也不意味着不存在关于在理想的竞争条件下可能会发生什么的事实。同样，即使不 44

存在一个理想的顾问，也可能存在关于（被适当定义的）理想的顾问希望人类能动者做什么的事实。

神学唯意志论否定理想判断理论所肯定的。后者认为，只有上帝存在，才会有道德事实，因为道德事实是关于他实际命令的事实。因此，若有人认为我们应该服从上帝的命令，因为上帝是一个理想的顾问，那么她就必须否定神学唯意志论。

对上帝的感恩　或者假设有人认为她应该服从上帝，因为他创造并维持我们的生命以及其中一切有价值的事物。这与前两个理据有一个重要的区别，前者蕴含着如果上帝命令我们做某事，那么我们有充分的理由这样做，而这些理由完全独立于他的实际命令。然而，如果我们出于对某人的感恩之情，从而认为应该按照他的要求去做某事，那么只有出于巧合，我们才会认为无论他是否提出要求，我们都认为我们应该去做。在这种情况下，上帝通过命令我们去做某事来表明我们应该做某事，这似乎更接近于实情。

尽管如此，有人若认为我们应该出于感恩之情而服从上帝的命令，他就承诺于认为至少存在一个上帝没有通过他的命令而使之成立的道德事实——即不表达感恩之情是错误的。我们应该遵从上帝的命令，如果其理由完全是我们应该向他表达感恩，那么感恩的义务就不能取决于他的命令。即使上帝命令我们要表达感恩之情，但我们也只有在不表达感恩之情是错误的这一独立于上帝命令的情况下，才应该遵从这个命令。于是在这里再一次，一个认为她应该服从上帝命令的人，将承诺于否认神学唯意志论。她肯定认为，至少存在一个完全独立于上帝命令的道德事实。因此，她也不可能认为偷窃、杀人等此类恶行（正如上帝所命令的）之所以是错误的，仅仅在于上帝命令我们不要做这些事情的这个事实。缺乏感恩这一背景义务（background duty），上帝的任何命令都不具有道德力量

（moral force）。

此外，认为感恩是对仁慈的适当回应这一伦理事实独立于上帝的意志，而所有其他伦理事实都来自他的命令，尽管同时持有这两个信念并没有不一致之处，但这似乎是一个相当不稳定的立场。怎么可能只有一个独立的伦理事实，而没有其他的呢？如果存在任何独立于上帝的伦理事实，那么为什么不可能存在更多呢？允许存在一个独立的伦理事实，似乎就已经把马群从谷仓里放出来了。

上帝作为最高统治者　同样，有人可能认为我们应该服从上帝 45 的命令，因为他在权威结构中是我们的最高统治者（superior），在某种程度上就像军队中的中士是二等兵的上级一样。当一个中士向一个二等兵下达命令时，在其他条件同等的情况下，这个二等兵应该执行该特定命令。假设该中士命令这个二等兵做 10 个俯卧撑。那么后者就应该做 10 个俯卧撑，而若不是出自中士的命令，情况就不会是这样。因此，从某种意义上说，中士的命令使二等兵应该做 10 个俯卧撑成为事实。出于同样的原因，上帝命令我们勿偷窃、说谎、杀人，他的命令使得我们做这些事情是错误的。没有他的命令，这些行为都不可能成为错误的。

现在，在军人的例子中，应该清楚的是，中士可以通过命令二等兵，让后者应该做 10 个俯卧撑成为事实，这只有在权威结构已经有效实施的情况下才能实现。也就是说，只有当二等兵必须服从中士的命令已经成为事实，中士才能通过发布特定的命令来强制二等兵做特定的事情。如果这不是事实，那么中士尽可以随心所欲地"命令"二等兵，但二等兵并不由此而承担任何新的义务。

关于上帝的命令，这一点同样适用。除非我们应该履行上帝的一般命令是真的，并完全独立于他是否命令我们去做他所命令的事情，否则上帝的特定命令不能产生特定的义务。因此，根据遵从上帝命令的这一理据，必须至少存在一个道德事实，上帝不是通过他的命令而创造出来的——即我们应该服从他的命令。如果这是真的话，那么道德义务就不能等同为上帝颁布命令。即使杀人有可能不是错误的，只是因为上帝命令我们勿杀人，它才具有错误性，但杀人的错误性不能等同为上帝命令我们勿杀人，除非我们已经有了服从上帝命令的义务。由此推出，如果一个人接受这个服从上帝的理据，他就必须否认神学唯意志论。再一次，虽然只有一个道德事实是独立于上帝的意志的——即我们应该服从他的意志——这一立场并没有什么不一致之处，但仍然非常不稳定。如果存在这样一个道德事实，那为什么没有其他事实呢？

神命论的批评者经常指出，如果所有伦理事实都取决于上帝的意志，那么认为我们应该因上帝的良善性而服从他，这是不可能的，因为这要求我们认为上帝的良善性独立于他的命令。然而，我们可以争辩道，尽管这个伦理事实——神圣之爱的道德善——是独立于上帝的意志的，但所有关于道德义务、道德对错的事实，都源自上帝。根据这种观点，例如，正是因为我们被命令信守承诺，帮助有需要的人，所以不做这些事情是错误的。正确性和错误性源自一个仁爱上帝的命令。

46 **对上帝权威的一个还原论说明**

前面所有服从上帝的理据意味着，伦理事实不能被还原为关于上帝命令的事实。这种普遍现象之所以发生，在于我们接受服从上帝需要某种进一步的证成（justification），即便这一证成来自一个终极的道德事实，即我们应该做上帝所命令的事情。一旦我们接受了这种证成，我们就会认为上帝的命令从这一潜在的证成中获得了规范性力量（normative force），并且上帝的命令单凭自身是无法产生这种力量的。为了始终一致地（consistently）认为伦理可以被

还原为关于上帝命令的事实，我们将不得不认为，关于证成的事实
只不过是关于上帝神圣命令的事实。服从上帝不需要更进一步的理
由，因为做某事的理由本身正是关于上帝的命令。

神学唯意志论的问题

就算除了关于上帝存在或超自然领域的形而上学问题之外，这
种观点也面临着许多问题。首先，将道德品质（moral qualities）与
具有道德品质的事物的性质分离开来似乎是不可信的。例如，如果
对无辜者施以酷刑是错误的，那么这难道不是因为酷刑及其可能的
后果吗？然而，根据神学唯意志论，酷刑的错误性完全源自一个与
酷刑的性质及其后果完全无关的事实——即上帝禁止该行为。此
外，说上帝的全善和全知决定了他会禁止任何这类性质的行为，也
是无济于事的。因为如果这些事实使得上帝的禁令具有伦理分量
（ethical weight），那么我们就有一个独立于上帝命令这一事实的伦
理真理——就是说，我们应该做任何具有全善和全知这些性质的存
在者（一个理想的顾问）会命令的事情。

神学唯意志论面临的主要问题是任何不论是自然主义还
原论抑或超自然主义还原论都面临的一个问题——即**规范性**
（**normativity**）问题。关于自然事物和超自然事物如何所是的事实
何以构成了关于事物应该是什么或我们应该做什么的真理？反对还
原论自然主义的开放问题论证所具有的任何力量似乎也转移到这种
形式的还原论超自然主义上。两个人可能完全同意在给定情况下，
所有属性（自然的和超自然的）都可以用非伦理词项指涉，但对于
哪些伦理属性可以归于非伦理词项，他们仍然存在分歧或合情合理
的质疑。例如，两个人可能完全同意上帝命令亚伯拉罕杀死以撒的
事实，但对于亚伯拉罕是否应该服从这个命令仍然存在分歧，或者

认为这是一个开放问题。但如果是这样，如果他们之间的争论是亚
伯拉罕应该做什么的伦理问题，那么就很难理解这个伦理争论如何
可以被还原为关于上帝命令什么的形而上学问题，因为他们已经同
意了这一点。这里的总体教训是，超自然主义理论同样面临自然主
义理论所面临的规范性问题。

推荐阅读

Adams, Robert M. "A Modified Divine Command of Ethical Wrongdoing." In *Religion and Morality: A Collection of Essays*. Gene Outka, ed. Garden City, N. Y.: Anchor Press, 1973.

Cudworth, Ralph. *A Treatise Concerning Eternal and Immutable Morality* (1731). Cambridge: Cambridge University Press, 1996. 尤其参见 Book I, Chapters 2—3。

Plato, *Euthyphro*. (有多个版本可用。)

Quinn, Philip L. *Divine Commands and Moral Requirements*. Oxford: Clarendon Press, 1978.

第5章

理性直觉主义

　　试图将伦理学还原为神学或其他形式的超自然形而上学，这一做法同样面临着还原论伦理自然主义所面对的基本反驳意见。两者似乎都改变了主题。上帝是否命令某事与我们是否应该这样做，似乎是两个不同的问题。也许我们应该做上帝所命令的事情，因为他命令了这件事。然而，从这两个命题中，我们都不能得出这个结论，即将我们应该做什么等同为上帝的命令。似乎可以设想，有两个人可以完全同意上帝命令某事，并且也完全同意任意一方认为相关的所有神学命题，但仍然在我们是否应该服从上帝的命令这个问题上存在可理解的分歧。似乎也可以设想，例如，两个人可能在亚伯拉罕是否应该遵从上帝的命令杀死以撒上产生分歧。在这种情况下，两个人之间似乎仍然有一个显著的伦理争论，而它有别于任何神学问题。

　　正如我们所见，这一思路也可以被用来反对还原论伦理自然主义。伦理学和伦理问题不能被还原为神学，正如它们不能被还原为心理学、社会学或社会生物学。尽管同样的思路对还原论伦理自然主义和还原论超自然主义都构成一个强大的反驳，但我们目前还无法得出它是决定性的。伦理问题似乎不同于神学或科学问题，但这些表象本身可能具有欺骗性。或许它们源于我们自己的混淆。也许为了维持开放问题论证中隐含的伦理观或伦理思想和话语，我们可能必须相信某些事物，而经过反思后我们会发现，它们本身是我们不能或不应该相信的。在这一点上，要得出任何结论确实还为时过早。

不可还原性与客观旨趣

50

然而，假设伦理确实是不可还原的，并且伦理学问题不能转变为其他主题或学科的术语，无论是自然主义的还是形而上学的术语。我们仍然面临着我们在第 2 章中首次遇到的元伦理学困境。伦理命题要么在字面意义上为真，要么不能。如果我们认为字面意义上的真理在伦理学中是可能的，那么我们面临一个挑战，即是什么使得伦理学的主张为真：（不可还原的）伦理事实可能是什么？另一方面，如果我们认为伦理命题不可能在字面意义上为真，我们就必须解释为什么我们思考、言说和感受，就好像它们可以为真。我们必须调和我们的形而上学与关于伦理思想和伦理经验的**现象学**（ **phenomenology** ）。也许我们不应该相信我们道德经验的表面价值（ face value ）；但是，如果我们不这样做，我们仍然需要解释为什么事物会呈现出它们事实上的样子，以及我们将如何根据我们所确定的任何不带有幻想的分析展开论述。

假设我们认真对待我们所称的伦理思想和伦理经验的**客观旨趣**（ **objective purport** ）。与品味和偏好不同，伦理确信给我们的印象是关于客观事物的。当我们发现自己有一个强烈的伦理确信时——例如，为了战术上的军事优势而对脆弱的无辜者施以酷刑和屠戮是错误的——看起来我们似乎持有一个独立于任何与我们相关的事情的真理的观点。这就像我们看到了某个事物——它是错误的事实——不管我们是否能够看到它，也不管我们是否相信它，或我们的情绪是否被它所触动，这一事实都会"在那里"。

伦理知觉？

以这种方式，伦理确信似乎包含了对独立而客观的伦理事实领域的知觉（perception）。打一个类比，考虑对物理物体相对大小的普通感官知觉。通过检验，我们可以看出比目鱼比跳蚤大。在我们看来，我们经过反思后也将继续持有这一观点，即这一事实是否成立并不取决于我们。即便事物对我们而言看起来不同，即便我们以某种方式认为跳蚤更大，但比目鱼还是会比跳蚤大，等等。在这种情况下，我们持有这样的观念，即世界上的事物以某种独立于我们的方式存在，我们可以感知到（至少部分）这些事物：我们可以看到比目鱼比跳蚤大。

现在，如果伦理学不能被还原为实证科学或其他非正式的自然主义描述性理论，那么就不可能有伦理感官经验（ethical sense experience）。我们所称的感官（senses），只是通过与自然其他部分的因果性交互过程来接收经验的自然官能（natural faculties）。它们正是所有实证研究的基础。尽管如此，可能存在类似伦理知觉（ethical perception）的事物。当我们相信人们具有智慧和伦理洞察力时，我们确实似乎认为他们有能力理解和感知到什么是重要的，或他们的道德义务是什么（当然，不是用他们的眼睛）。此外，当我们自己开始看重一个伦理真理时——例如，友谊比奉承更重要——这种"经验"似乎也是一种吸引我们去理解的洞察力。这种能力将自己呈现为一种知觉——不是关于事物如何在自然界中以一种特定方式存在，而是关于事物在伦理上如何存在。

理性直觉主义的本质

理性直觉主义（**rational intuitionism**）是认真对待这种类比而

形成的哲学立场，理性直觉主义一贯坚持伦理的不可还原性：无论在古希腊，如柏拉图（前 427?—前 347）为了反驳智者派把价值等同为快乐的做法，提出理性直觉主义；还是在 17 世纪和 18 世纪，理性直觉主义被提出来以应对约翰·加尔文（Jean Calvin，1509—1564）的神学唯意志论与托马斯·霍布斯（Thomas Hobbes，1588—1679）的世俗唯意志论；以及在 19 世纪末和 20 世纪初，G. E. 摩尔等哲学家进一步发展理性直觉主义，以针对把伦理学还原为进化论生物学、心理学或经济学等做法。摩尔用巴特勒主教（Bishop Butler）的这句话作为《伦理学原理》(*Principia Ethica*）一书的口号："凡物是什么就是什么，而不是别的什么。"[*] 自然主义实证科学或超自然主义神学的属性和命题是一类事物；而伦理学的属性和命题则是另外一类事物。

对直觉主义者来说，伦理确信的真假取决于它们如何符合一个伦理事实的客观秩序。例如，为了战术优势而对脆弱的无辜者施以酷刑和屠戮是错误的，这一观点为真，并独立于与我们相关的任何事情。即使我们对此有不同的想法或情感，这一行为也是错误的。

必然性与理性知觉

理性直觉主义者同样为伦理真理的明显必然性感到震惊——这一方面与关于事物（碰巧）在自然中何以存在的真理形成重要的对比。比目鱼事实上比跳蚤大。这是一个**偶然真理**（contingent truth）；事情本来可能是不一样的。也许在另一个完全不同的进化环境中，跳

---

[*]　译文来自乔治·摩尔：《伦理学原理》，长河译，上海人民出版社 2005 年版，第 188 页。

蚤可能通过大幅增大体型而获得竞争优势；而比目鱼则通过缩小体型而获得竞争优势。又或者，如果自然法则发生了本质上的不同，比目鱼可能出于其他原因而变得比跳蚤小。但这些似乎不可能在伦理命题的情况中发生，例如，为了获得战术优势而对无辜者施以酷刑和屠戮是错误的。理性直觉主义者坚持认为，我们根本无法想象，事物在自然界中发生的任何偶然变化能够改变这一伦理真理。当然，免除各种形式的酷刑本来是可能的。但是在这种变化了的环境下，这些行为不再成为酷刑。没有什么能改变战术性酷刑是错误的这个事实。他们论证道，基本的道德真理是**必然真理**（ **necessary truths** ）。它们不可能是另外的一个样子。

　　在这一点，也许伦理真理更像是数学真理。5+7=12 是正确的，无论事物在自然中如何存在。出于这个原因，对数学真理的认识似乎是**先天的**（ **a priori** ），或独立于经验。当然，没有经验，人类就无法发展他们的理性能力，但数学知识并不是以任何明显的方式建立在经验的基础之上。数学知识除了理性思维和洞察力之外，什么都不需要。实证检验在这里并不切题。

　　理性直觉主义者认为，基本的伦理事实也是必然真理，可以通过理性的洞察力或直觉而被先天地知道。虽然我们只能通过经验才能了解，例如，为了战术优势而对无辜者施以酷刑和屠戮实际上涉及什么，但判断任何这样的行为必须具有错误性的伦理属性，本身不是经验判断，而是一种我们可以通过反思和思索直接把握的属性之间的（必然）关系的判断。

　　与数学洞察力一样，伦理洞察力大概不是平均分布的。有些人可能比其他人拥有更敏锐的伦理感知能力。有些人可能在伦理上是盲目的，至少在某些情况下是这样。理性直觉主义宣称，在这两种情况下所涉及的是相同的东西——即一种对必然事实之独立秩序的纯粹理性洞察力或直觉。

理性直觉主义的问题

直觉主义源于把关于伦理思想和伦理"经验"的现象学当做表面价值来理解。伦理确信把自身呈现为事关一种伦理事实之客观秩序,因为它本然就是如此。直觉主义者没有进一步说明这种秩序,但这种拒绝是基于原则的,因为他们认为任何这样的说明都不可避免地会改变主题。只有伦理事实本身才能阐明其本质。他们坚持认为,若作出别的假设,就是试图把伦理还原为其他事物。

尽管如此,我们仍然会感到,这种立场就相当于在黑暗中吹口哨。在形而上学方面,它似乎相当于对一个属性和事实的领域作出蛮横的断言,宣称这些属性和事实可以从我们关于实在的图景中被消除,而不会产生什么涟漪。例如,考虑如果事物没有了形状或质量这些基本的自然属性,它们会是什么样子。改变实在的这些方面,你也就随之改变其他方面。比如,没有质量,就不可能有引力;没有形状,就没有位移。但如果没有价值和规范性,似乎所有(其他)事物都可以维持原样(当然,除非它们有赖于对这种秩序的意识)。

当然,许多哲学家——尤其是形而上学自然主义者——已经注意到,认为可能存在这样一个在形而上学意义上自成一类的(*sui generis*)属性和事实领域的这一观点是非常神秘和令人费解的。[摩尔本人坚持认为,与其说伦理属性是存在的(exist),不如说是持存的(subsist)。]尽管他们不得不尊重直觉主义者拒绝提供任何更进一步的原则性说明,但这样做并没有减轻他们的疑虑。

在认识论上,理性直觉主义要求我们相信一种知觉——直接的理性知觉——与普通知觉不同,它不能被解释为与其对象的自然因果性交互作用。当我看到盘子里的比目鱼比猫身上的跳蚤大时,这是一个因果性过程的结果,这个过程源于世界的真实特征——比目鱼和跳蚤的相对大小(当然,还有其他的视觉条件)。但如果伦理事实具有直觉主义者所假定的先天、必然的特征，那它们就不可能产生任何这样的过程。既然普通知觉是一个偶然的因果性过程，直觉主义者对知觉的类比恰恰在这一点上崩塌了。

　　最后，正如休谟反对 18 世纪初的直觉主义者那样，理性直觉主义似乎无法对规范性或规范性确信与动机或意志这两者的关系提供任何解释。最重要的是，直觉主义坚持伦理的不可还原性。然而，我曾经提过，伦理表面上的不可还原性似乎最好建立在它的**规范性**基础上——也就是说，伦理属性和伦理事实恰当地调节行动和情感，因为它们关系到我们应该做什么和感受什么。不过，很多哲学家，尤其是很多理性直觉主义者，都认为思考一个人应该做某事与他被驱动做这件事之间存在某种必然关系——或在一个人确实应该做某事与他如果经过适当的慎思就会确实被驱动做这件事之间存在某种必然的关系。换言之，这些哲学家认为，真正的规范性确信或规范性事实与意志之间存在必然关系［这种立场被称为**内在主义**（**internalism**）］。当然，他们承认，一个人完全有可能对自己说她应该做某事，或者思考她认为她应该做这件事，却没有被驱动去做。他们也承认，她也有可能相信其他人，或整个社会，会判断她应该做某事，但他们的判断并没有驱动她去做。他们否定的是，这个人可以自己相信她应该做某事，或者她确实应该这样做，却不会受此驱动，或者没有能力以任何方式被驱动去做这件事。

　　但是，尽管理性直觉主义者一直是内在主义最坦率的支持者，但他们的理论似乎完全没有解释为什么伦理确信与动机之间应该有一种必然关系。对他们来说，伦理知觉的官能与数学洞察力没有什么不同；两者都涉及纯粹的理智能力。那么，这种知觉或从中产生的确信，何以会必然地在意志中引起某种变化呢？

　　当论及关于道德经验的现象学，似乎没有比直觉主义更吸引人的立场了，因为它符合我们对伦理的认识，即伦理是客观的、必然的和开放于审查的（open to view）。然而，当我们从伦理嵌入的视

54

角往后退一步，试图以哲学的方式思考伦理和伦理判断时，我们与许多哲学家一样，可能会发现直觉主义基本是不可信的。

推荐阅读

McNaughton, David. *Moral Vision: An Introduction to Ethics.* Oxford: Blackwell Publishers, 1988.（虽然这本书没有真正推进理性直觉主义的发展，但它提出了一些直觉主义的主题。）

Moore, G. E. *Principia Ethica*, rev. ed. Thomas Baldwin, ed. Cambridge: Cambridge University Press, 1993. 尤其参见 Chapter 6。

Ross, W. D. *The Right and the Good.* Oxford: Clarendon Press, 1967.

Sidgwick, Henry. *The Methods of Ethics*, 7th ed. Indianapolis, Ind.: Hackett Publishing Company, 1981. 尤其参见 Book III, Chapters 13—14。

第6章

理想判断理论

理性直觉主义假定这样一个领域，它是关于不可还原的、独立于观察者的非自然的伦理属性和伦理事实，这些属性和事实可以通过纯粹的理智知觉（intellectual perception）而被知道。虽然它表达了伦理思想的某些核心特征，但也面临着严重的形而上学和认识论的问题。我们的伦理确信可能呈现为仿佛事关客观的、不可还原的伦理事实。但当我们试图思考这样一个领域的存在可能涉及什么，或者这样一个领域对理性的"直觉"来说是可通达的（accessible）意味着什么，我们很有可能最终陷入困惑。正如我们所考虑的其他立场一样，这不能构成对直觉主义的决定性反驳。然而，它确实表明，我们应该看看其他的可替代方案。

再一次，休谟的挑战

在这一点上，我们最好回顾一下休谟的挑战，即"在一切观点下"检查我们所认为的具有某种伦理属性的事物，以识别该伦理属性所包含的"事实"。休谟所说的"事实"指的是我们正在思考的事物的某些自然特征，包括**内在**特征（使其成其所是）和任何**外在**特征（关于它与其他事物的关系），我们把这些特征视为我们归于它的伦理属性的基础。回想一下，他举了一个故意杀人的例子，我们把邪恶的伦理属性归于这个行为。休谟声称，无论我们关注"对象"（杀人）的自然特征是什么，伦理属性（它的邪恶）都会"完全逃离"我们。我们最多只能找到杀人的一些特征，我们认为这是该行为之所以是邪恶的原因——它涉及了故意造成死亡，等等。但这些与邪恶的伦理属性不同，或者我们认为这些特征是该行为之所以成为邪恶的原因［由是，这些特征使之是邪恶的（vicious-making）］。

56　　　这是我们在前面几章中论及的关于伦理和伦理属性之不可还原性持同样主张的一个版本。然而，我们应该注意到，休谟将其限制在他所称的那个对象的自然特征上。他接着认为，我们唯一能找到杀人具有邪恶性的地方就在于作为伦理观察者的我们自己身上，在于我们对该行为的反对。这确实是一种自然属性，但不是我们视为反对的理由或根据的对象身上的一个特征。然而，我们可能想知道"认为邪恶性这一自然属性不在于对象"这个建议如何提供帮助，因为反对是对杀人作为一桩恶行的反应。反对包括对邪恶性的归属，因此难以成为那个伦理属性本身。我们反对杀人，同时也是在判断它（杀人行为）是邪恶的。这不同于判断我们自己持有这种反应。

　　理性直觉主义的一个优势在于，它能够解释伦理反应和伦理确信的这种**客观旨趣**：它将自己呈现为事关客观的（伦理）特征。此外，它还可以解释休谟挑战背后的思想。如果伦理属性是不可还原的、独立于观察者的和非自然的，那么我们就不太可能遭遇如何识别对象的哪些自然特征能够被等同为伦理属性的这一挑战。直觉主义也可以解释为什么休谟挑战的"超自然"版本会产生类似的结果。如果伦理属性不能被还原为类似被上帝命令的超自然特征，那么它们也不能被等同为这些特征中的任何一个。尽管如此，理性直觉主义在形而上学和认识论根据上仍然是有问题的，我们应该询问是否有不存在这些问题的可替代方案，并且这些方案还可以解释休谟挑战背后的洞察力和客观旨趣。

　　理想判断理论（**ideal judgment theory**）旨在做到这一点。它认同休谟的洞察力，即伦理属性不能被等同为伦理判断对象的任何特征。当我们做一个伦理判断时，基于我们认为某事物所具有的特征，我们将一个伦理属性归于它。因此，举例来说，当我判断我同事的教学方式是令人钦佩的，我把她教学的特征——比如它激发了学生尽最大努力发挥自己的潜力——作为这个判断的理由。但我所评价的这些特征（对象）与我根据我的评价所归于它的属性（令人钦佩）并不相等同。

　　那么，这种更进一步的伦理属性的本质是什么呢？理性直觉主义者声称它是自成一类的，完全独立于观察者的任何特征或伦理判断的过程。另一个极端是**主观主义**（**subjectivism**），休谟在提出他的挑战后紧接着做出了一些评论，其中就隐含了这一观点——即我所归于对象的属性不是别的，正是我带着偏好认为它所具有的属性。对于这两种提议，人们可能做出一种合理的反应，那就是它们都太极端了。主观主义似乎使得伦理属性过于主观，因为我在判断我同事的教学方式令人赞赏时，我判断的不是我赞赏它，而是它值得我赞赏。而在另一个极端，直觉主义可能使得伦理属性看起来比实际上更客观。

57

伦理判断的三种模式

　　对有这种反应的人来说，理想判断理论看来是一个有吸引力的折衷方案。假设我们将伦理判断视为一个过程，该过程把评价或判断的对象的特征作为输入（inputs），把伦理判断的形成［伦理属性的归因（attribution）］作为输出（outputs）。当我们从伦理的角度评价某事物时，我们会以各种方式考虑它，并基于这种考虑形成判断。现在请考虑构思这个过程的三种不同方式。

主观主义　根据主观主义，伦理属性是观察者的判断或反应的特征。我判断杀人是邪恶的，此时我归于这个行为的伦理属性是它被我以随心所欲的方式所看待的属性。作为一种伦理判断的模式，这使得输出过于独立于输入或评价过程。当我把邪恶这一属性归于杀人行为时，我所断言的不仅仅是我碰巧感到愤怒，而是得到证成（*justified*）的反应，其证成基于我对这一杀人行为意味着什么的严谨审查和正确评估（我的反应是这个过程的输出）。在我事实上作出什么样的评价性反应与评价对象合理担保（*warrant*）我的反应之间，主观主义缺乏任何对比。

理性直觉主义　另一方面，对直觉主义来说，伦理判断试图将对象的伦理属性带入视野，以便它们可以通过某种知觉来把握。由于事物不能单纯地具有伦理属性，伦理知觉只有凭借其他使之具有伦理性（使之是善或恶的，正确或错误的）的特征，并且必须通过理解事物的其他属性（输入）才能得以进行。因此，感知到杀人是邪恶的，就必须包含对其之所以成为邪恶的特征的把握，例如，杀人是无缘无故地故意剥夺他人生命。不过，根据直觉主义，伦理判断的输出是对更进一步的伦理属性的明显知觉，而这一伦理属性必然与对象的其他（输入）特征有关，尽管不同于它们。再一次，问题在于，这个被必然关联的更进一步的属性是什么，对该属性的知觉可以是什么样的，以及它与输入的关系的本质是什么。

与主观主义模型不同，直觉主义者区分了判断者的事实（*de facto*）反应与她归因于对象的伦理属性——即这种反应得到合理担保。这是伦理属性的"表象"（appearance）——某人把某物视为具有那个属性——与它实际所具有的特征的差异。因此，当伦理判断的过程发挥作用，以把这一属性真正带入视野——即当判断者的伦理知觉是真实的，那么伦理判断的过程就是"有序的"（in order）。而这由表象是否符合实在所决定——一种在形而上学意义上独立的、非自然的伦理事实的秩序。

　　理想判断理论　从直觉主义的视角来看，伦理判断的标准完全是由外部决定的，由任何导向关于伦理事实的正确观点决定。如果你愿意的话，伦理事实是独立的变元（independent variable），决定了伦理判断的哪些程序是理想的或可靠的。正如观察一个难以看清的光学现象的"正确"方法，是任何一种将其带入视野的方法，因此直觉主义者认为，伦理慎思（ethical deliberation）和伦理反思的正确形式，是使人们能够瞥见伦理属性和伦理事实的任何方式。然而，正如我们已发现的，将视觉类比扩展到伦理案例会带来难以克服的形而上学和认识论难题。

　　理想判断理论颠倒了直觉主义者的图景。他们认为，一个伦理判断的理想实际上是独立的变元，而伦理真理是由从中产生的任何判决（输出）构成的。因此，他们必须论证，判断的标准可以由内部（internally）取得，就像是直接源自伦理判断的观念本身。

理想判断的诸方面

　　知情性　令人惊讶的是，人们可以就一个出色的伦理判断或伦理慎思过程需要什么样的品质达成极大程度的共识，即便他们对伦理判断要判定什么，或伦理慎思过程应该做出或导向哪些内容存在严重分歧。例如，一个判断是否可信，在某种程度上取决于做出判断的人对被判断之物（对象或输入）的知情（informed）程度，这是毫无争议的。例如，当我们评价一种教学方式时，似乎很明显的是，我们应该寻求发现任何与该教学方式相关的事实——例如，它对学生、课堂学习氛围的影响等等。我们很有可能或多或少相信我们随之得出的评价性判断，因为它们是基于对这些事实的认识。

有些这样的认识是关于事实的知识——例如，对于影响学生获得技能和能力的效果的知识。但同样毫无争议的是，良好的伦理判断所需要的信息也来自一种非命题的（nonpropositional）、基于经验的知识（*experientially based knowledge*），这些知识是关于人们（或其他有感觉存在者）的生活在体验它时会受到什么影响，关于他们作为有意识的存在者从各种视角来看体验它"是怎么样的"。因此，我们还想知道学生如何体验这些教学风格，它们要培养学生获得的智性互动是什么样的，等等。而且，再一次，在其他条件相同的情况下，我们有可能对那些从基于经验的知识而获得信息的判断给予更大信任。

不偏私　因此，伦理判断可以或多或少是充分知情的。但是，无论这种判断获得的信息多么充分，也会被各种无关因素的影响所扭曲。例如，在评价我的同事的教学方式时，我可能受到如下因素的影响：嫉妒她的成功，愤怒，想要给予她良好评价的友善愿望，渴望是自己而不是她获得利害攸关的教学奖励的自私愿望，等等。当我们尝试把各种扭曲的影响因素涵盖在内，我们可能会说，就伦理判断是**不偏私的**（dispassionate）而言，它们是可信的。这并不意味着伦理判断应该是超然而冷静的（它们不可能是这样，并且还依然能够通过正确的方式熟知经验而获得充分的信息），相反，这意味着伦理判断不应该受到情绪的影响，而这些情绪指向评价对象以外的事物。例如，如果我嫉妒我同事的教学技巧，这与其说是对她教学的反应，不如说是针对她比我们优秀的地方。或者，如果我希望评价结果良好，这与其说是针对她的教学方式，不如说是针对关于它的评价。

不偏不倚　最后，人们通常认为，伦理判断必须是不偏不倚的（impartial），也就是说，如果对某些人的利益和关切给予一定重视，那么对其他人与之相同或相似的利益也必须给予同样的重视，除非存在一些相关的差异。只有对所有相似的利益和关切都给予同等考虑，考虑自己的利益或自己所在群体或同类的利益才能获得合理的证明。

我们可以说，理想道德判断是完全知情、不偏私和不偏不倚的。我们可以把这些条件看作是对判断程序的约束条件，判断程序将评价对象的特征作为输入，将伦理判断（评价）的生成作为输出。此外，假设这些**理想判断**的约束条件如此限制判断过程，以至于它们成为决定输出的唯一因素。这实际上意味着，如果任何人对某物作出理想的判断——亦即她是完全知情、不偏私且不偏不倚的——那么她的判断属于一个事实问题（a fact of the matter）。根据理想判断理论，如果事实是这样的话，那么这个伦理判断为真。使之为真的事实就在于，这就是一个理想的伦理判断过程的结果。

理想判断理论的问题

对理想判断理论而言，或许最明显的问题在于，理想考虑的程序约束条件（procedural constraints）可能无法单一决定判断的输出。例如，我们可以想象两个来自完全不同文化的人——比如说，一个来自重视男子气概的（machismo）文化，其主导价值包含男性荣誉准则；另一个来自重视和谐关系和不主张报复的文化。当谈及如何应对侮辱的问题时，我们可以想象，他们两人会作出相互冲突的判断，即使这些判断并不受到任何自我利益或（特别是）群体利益的影响，也不受到令人不安的情绪或激情的影响，两人还尽可能做到了充分知情。如果是这样，那么就不存在关于**一个理想的判**断者会对该问题作出什么样的判断的事实。在理想道德判断的条件下，来自第一种文化的人会作出一种判断，而来自第二种文化的人则会作出另外一种判断。也许一个理想判断理论最多只能说，相对于伦理判断的一种文化背景，第一个判断为真；而相对于另外一种文化背景，第二个判断为真。

但也许这是不对的。有可能在这些情况下，他们各自的文化价值至少有一种只能作为**意识形态**（ideology）得到维护——换言之，只有通过对真实社会条件，包括对那些支持文化价值本身的条件的无知（甚至可能是故意的无知），才能维持这种意识形态。这有可能是真的，即如果任何一个人类个体在真正理想的条件下作出这种判断，那么他或她就会判断什么才是对侮辱的适当反应。

但这似乎仍然不太可能。即使这是真的，其结果也可能是以使伦理真理取决于人的本性的**偶然性**（contingencies）为代价，而以这种方式，人们可能难以相信根本的伦理事实有可能为真。酷刑和说谎的错误性确实可以取决于人类在理想判断的条件下思考这些恶行时所作出的任何反应吗？正如事实所发生的那样，人类会被**同情**（sympathy）所触动，情感真挚地关切他人的福祉。正因为如此，我们可以论证道，理想的人类伦理判断不赞同说谎和酷刑，因为根据不偏不倚条件的设想，它们典型地违背所有人的福祉。但是，同情对于理解说谎和酷刑的错误性是必要的（甚至是充分的）吗？难道这些之所以被视为是错误的不就是因为违背了**互惠**原则（principle of **reciprocity**）吗（即己所不欲，勿施于人，而这一原则完全独立于任何为了他人自身而关心他们困境的能力）？

理想判断理论的另一种版本？理想实践判断或能动性理论

我所描述的理想判断理论版本有时被称为理想观察者理

论（*ideal observer* theories）或公正旁观者理论（*impartial spectator theories*）。它们认为，伦理思维和伦理反思的视角是出自一个旁观者的视角，她毫无偏私地思考道德场景，正如一个人在阅读小说，或一个法官在评估她没有参与其中的案情所具有的视角那样。一种极为不同的进路是从实践的视角考虑伦理判断，即从**能动者**（**agent**）的视角去慎思（*deliberating*）该做什么。我们将在第 15 章探讨康德伦理学时，审视这种进路的主要例子。

　　康德试图与理想观察者理论中固有的偶然性斗争，他认为，任何自由的能动者都是通过慎思立场（deliberative standpoint）的逻辑而承诺于行为的普遍规范——换言之，能动者仅仅凭借自由慎思该做什么。因此，他的理论是**理想实践判断理论**［**ideal *practical* judgment theory**，或**理想能动者理论**（**ideal agent theory**）］。

　　理想能动者理论和理想观察者理论均面临着艰巨的挑战，但挑战的类型截然不同。经验主义的理想观察者理论面临的挑战在于，他们提供的理想并不能决定一套非相对的伦理事实。因此，这种理论可能不得不接受某种形式的伦理相对主义——或许在不同的文化层面或不同的物种层面上。后一种相对性就实践目标而言，可能不会令人不安，然而，它仍然与高度普遍的伦理确信似乎所具有的那种必然性不一致。康德的能动者理想判断理论就是考虑到这一挑战而构思出来的，他论证道，存在某些规范，任何能动者都可以通过慎思的实践思想形式而承诺于遵守这些规范。以这种方式，这一理论的野心就远远超出经验主义的理想判断理论。康德主义面临的担忧是，它过于野心勃勃，且没有任何理论能够兑现它的承诺。

推荐阅读

Firth, Roderick. "Ethical Absolutism and the Ideal Observer." *Philosophy and Phenomenological*

Research 12（1952）：317—345.

Hume, David. *A Treatise of Human Nature*（1740）. Second edition edited by L. A. Selby-Bigge, 修订版和不同的解读, 参见 P. H. Nidditch. Oxford：Clarendon Press, 1978。尤其参见 pp. 470—476, 574—587。

Rawls, John. "Outline of a Decision Procedure for Ethics." *The Philosophical Review*（60）（1951）：177—197.

Smith, Adam. *The Theory of Moral Sentiments*（1759）. D. D. Raphael and A. L. Macfie, eds. Indianapolis, Ind.：Liberty Classics, 1982. 尤其参见 Part 1。

第7章

错误论与伦理相对主义

~~~~~~~~~~~~~~~~~~~~

我们在上述四章讨论的进路都试图以某种方式解释伦理思想和伦理情感的**客观旨趣**。由于这些进路都面临严重问题，我们必须考虑这样一种可能性：人们根深蒂固地持有伦理信念，它们似乎对持有它们的人来说为真，但这种表象是一种幻觉。最认真看待这种可能性的元伦理学理论是**虚无主义**（**nihilism**），或者说是**错误论**（**error theory**）。根据错误论，所有的伦理信念均为假。

错误论

请回想我在上一章中讨论的伦理判断的简单图景和休谟的主张，他认为伦理判断就是把一个与对象的自然特征不同的属性归于该对象上。错误论与休谟式图景相符；但它补充了一点，由于不存在这样的伦理属性，因此伦理判断总是虚假的。

错误论学者认为，当我们做出伦理判断时，我们不可避免地将伦理属性投射（*project*）到世界上。例如，在思考故意杀人涉及什么时，我们就会形成一个反应——比如愤怒或谴责。这种反应就在我们的心中，但我们倾向于把它客体化（*objectify*）或具体化（*reify*），将其视为存在于世界中的一种伦理属性（杀人行为的残暴性或卑劣性）。我们把我们的反应看作是对某种独立于反应的更进一步的属性的辨识，并且它把这种属性记录了下来（就像对形状的视觉经验一样）。

错误论似乎具有相当极端的含义。我们何以能够相信所有的伦理判断都是错误的，同时却在严肃参与到伦理话语和实践中？那些自称虚无主义者的人（如一些存在主义者）已经接受我们是不能的。他们相信，在作出伦理判断的人看来，没有什么是表面看起来的那样的，这一事实破坏了伦理思想的基础。然而，有一些错误论学者抵制这一结论，并论证他们的理论是二阶的（*second-order*）元伦理学理论，不必与一阶的（*first-order*）伦理思想和伦理信念相冲突。虽然他们从元伦理学意义上断言不存在价值或义务这样的东西，但他们相信他们仍然可以推进实质性的规范伦理学观点。

但是，真的有可能以这种方式把元伦理学和规范伦理学分离开来吗？简言之，我们怎么能连贯地相信故意杀人是邪恶的，同时相信故意杀人是邪恶的这一信念是虚假的？我们不需要质疑是否有可能将这两种信念结合在一起，只需要质疑这样做是否是理性的。

我们可以这样表述这种担忧。与非认知主义（见第 8 章）不同，错误论并不否认伦理确信是真正的信念。事实上，要成为一个错误论，它必须接受伦理确信是真正的信念这一论点。然而，信念的本质受到真理的范导作用。这就是我们把信念作为一种心灵状态与我们对命题（例如假设、托辞或欲望）的其他态度区分开来的原因。我可以非常理性地假设某个事物为真，而我知道它是虚假的——例如，为了考虑它的含义——或假装它是真的，或欲求它是真的。然而，我不能理性地相信我所知道的是虚假的事物（尽管出于实用的理由，我可能会尝试这样做）。因此，似乎可以推出这个结论：人们不可能理性地相信错误论，同时却继续持有伦理确信。当然，人们可能继续有这个虚幻的反应，即认为伦理思想和伦理确信被错误地客体化了，就像一根笔直的棍子可以一直在池塘里看上去弯折一样，就算对一个知道这种表象是错误的人也是如此。

但人们不能继续理性地相信任何事物有价值或无价值，或任何事物
是正确的或错误的，同时却相信这些信念是虚假的，就像一个人不
能连贯地认为棍子的弯折只是一种幻觉，却继续相信棍子真的弯折
一样。

　　当然，这些都不能证明错误论是错的。关键在于，除非如此，
否则我们所知道的伦理思想和实践就会被严重误导。如果我们相信
错误论，我们就不能再理性地持有关于价值与无价值、善与恶、是
与非的信念（除了相信不存在这样的事物），或参与到显然是以这
些信念为前提的实践中，例如人们要承担对相互之间的道德责任。

伦理相对主义

　　然而，也许伦理思想和伦理确信可以追求一种有效性（validity），
这种有效性缺乏它旨在追求的充分的客观性（而根据错误论，它不
可能具有这种客观性）。也许伦理命题可以具有某种程度上相对于
判断语境（ *context of judgment* ）的有效性。让我们把断言这种可能
性的论点称为**伦理相对主义**（ **ethical relativism** ）。伦理相对主义认
为，表面上相互冲突的伦理判断可能都是正确的，因为它们在不同
的语境中形成（比如，从不同的文化角度来看，或者由持有不同基
本原则的人作出判断）。举个例子，设想一个人来自一种崇尚男子
气概价值观的文化，另一个人则来自一种崇尚和谐关系和包容价值
观的文化。假设双方都接受各自文化的主导价值观，并且当他们考
虑在该文化背景中，当一个人受到他人侮辱时应该怎么做，他们
就会产生分歧。他们两人都是正确的吗？伦理相对主义认为可以
如此。

　　为了避免拿苹果与橙子进行比较，我们必须确保两人都在考虑
相同的情境。所以我们需要问，侮辱是在什么样的社会背景下发生

65

的？我们要设想我们的两位判断者在考虑一个人在应对发生在男子气概文化中的侮辱时应该怎么做吗？还是为了应对发生在反男子气概文化中的侮辱时应该怎么做？细节在这里极为重要；否则，判断就有可能涉及不同的对象。在缺乏任何关于相对有效性或真理性的空想理论的情况下，一个人的行为是正确抑或错误的（非相对地），可能仅仅取决于该情境的特征，包括它发生于其中的文化普遍接受哪些价值观，作出判断的人是否接受它们，等等。因此，我们必须区分（被评价）对象语境和判断语境。伦理相对主义断言，关于同一对象语境的两种不同的伦理判断可以同样有效，因为它们是在不同的判断语境中形成的。因此，我们必须想象我们的两个判断者在各自的判断语境中，考虑相同的对象语境——比如说，一个人如果在男子气概文化中受到侮辱，应该怎么做。

我们还必须谨慎地把这个伦理问题与不同的人类学议题区分开来，后者是关于男子气概文化的规范如何规定情境，或者与判断者自己所持有的规范相关的心理学问题。我们要求判断者考虑的问题是，当普遍流行的规范规定了某种反应时，一个人应该怎么做——比如，该规范要求判断者为了捍卫自己的荣誉而迎战侮辱。对于我们的伦理问题，人类学和心理学事实被假定是客观背景的一部分。那么，让我们设想，判断者是在男子气概文化中进行判断，这一文化支持男子气概规范所规定的防御性反应。他判断这个人应该对侮辱以牙还牙。想象一下，反男子气概的判断者作了相反的判断——尽管侮辱发生在男子气概文化中，但人们不应该以反击作为应对（即使是身处该文化中的某个人），因为防御性较低的反应本身更恰当，并且可能有助于形成防御性较低的文化。

伦理相对主义断言，这两种（关于相同情境）的不同判断可以同等真实或有效，因为两者相对各自的判断语境是同等有效的。然而，这样的断言究竟意味着什么？

我发现很多人相信并认为他们自己是伦理相对主义者，在某种意义上这与我刚才所讨论的是一样的。但经过质疑，逐渐明朗的是，他们所相信的其实不是伦理相对主义，而是他们尚未将其区分开来的其他观点。在下一节中我们将考虑，伦理相对主义不是那些它经常与之相混淆的各种观点。

这给我们带来了一个有趣的问题：为什么这么多人相信并说他们是相对主义者。其中一个原因很简单，人们很容易把相对主义与其他观点混淆起来。但我认为，更能说明问题的是，人们有可能将相对主义视为一种礼貌回避的策略。当伦理思维和伦理讨论变得越发困难，当关于习惯和习俗的合理分歧遭到压力（就像我们当前的社会状况一样），此时同意有分歧的各方都是正确的（相对于他们各自的判断语境），似乎是避免冲突的一种便利方法。

伦理相对主义不是什么

情境相对主义　现在让我们巩固一下刚才所做的两个区别。首先，伦理相对主义不同于任何这种观点，根据这种观点，某事物所具有的伦理属性取决于该事物的特征（对象语境的特征）。在我们目前意义上的伦理相对主义甚至也不同于这种观点，它认为一个人应该做什么完全由她（该能动者）所处文化的主导性规范所决定。假设对于这个问题，即"在这种情境下，该文化的主导性规范会要求什么？"（一个大胆的假设！）总有一个确定的答案，那么，对于任何情境，这种观点也将决定一个人在那种情境下应该如何行事的非相对事实，这一伦理事实完全独立于判断语境的任何特征。对于一个人在该情境下应该如何行事，如果两个人对此发生分歧，那么这种观点同样会决定这两个人中哪一个是正确的。此外，这将完全独立于他们据此各自做出判断的立场。

文化相对主义　第二，伦理相对主义不同于任何关于文化之间或文化内部存在伦理信念实际差异的假设。也许只有当伦理信念存在根本性的差异，并且就算所有的非伦理分歧都被消除，这些差异也无法被移除，伦理相对主义是否正确才会成为一个令人感兴趣的问题。然而，是否存在这些根本性的差异，这一问题有别于这些相异的伦理观点是否同等真实或有效。前者是关于心理学、社会学或人类学的经验问题；后者则是关于元伦理学的哲学问题。

宽容　伦理相对主义也不同于文化宽容或个人宽容的原则，根据这些原则，干涉、表达反对，甚至沉默地评判其他文化或个人都是错误的。后者是有关规范伦理学的原则，告诉我们应该做什么或不应该做什么。关于伦理确信的真理性或有效性的元伦理学主张——不管是个人自己抑或其他人的，这些规范伦理学的原则既不与之相冲突，也不蕴涵之。"不要审判人，免得被审判"（Judge not lest ye be judged）这句话训诫人们要关心自己的言行，而非他人的言行，要反思自己眼中的梁木，而非他人眼中的刺。它没有断言关于伦理确信的任何真理性或有效性。但事实上，接受这一训诫显然是要承诺于它的（非相对）真理。

思想自由　同样，伦理相对主义既不等同于任何关于思想自由的观点，也不遵循之——例如，思想自由观点认为，所有人都有权持有他们所选择的任何伦理信念。思想自由还规定，所有人都可以自由地相信他们所选择的任何数学、物理学或生物学理论。但这并不意味着，关于数学，或关于黑洞的存在和性质，或关于生物物种起源的相互冲突的观点都是同样正确的。

同等的认识论证成　最后，伦理相对主义不同于这一论点，它认为不同的人可以同等地证成他们所持有的相互冲突的伦理确信。

当一个人持有确信或信念时，一方面是她所相信的内容，另一方面则是她相信这一事实。例如，如果我认为演奏爵士乐是一种具有内在价值的活动，那么就有我相信或接受的事物，即爵士乐是有价值的，以及我相信它这一事实。两个人可能会同等证成他们所相信的相互冲突的命题，这是关于他们心灵状态的认识论证成的事实。它不倾向于表明他们的不同信念（即每个人所相信的内容）可能是同等正确的。

由于可得证据的差异，两个人可以同等证成他们所持有的相互冲突的信念，即使他们的信念中只有一个是正确的，这是很常见的。鉴于琼所掌握的证据，她可能会证成威廉·斯克兰顿是 1964 年的共和党副总统候选人，而鉴于汤姆的证据，他可能会证成共和党副总统候选人是威廉·米勒。尽管他们都同等证成了各自持有的信念，但他们的信念中只有一个是正确的。汤姆所相信的为真；而琼所相信的则为假。

任何一种有趣的伦理相对主义都不可能简单地认为，人们可以同等证成他们所持有的相互冲突的伦理确信。这有可能是正确的，即使伦理学容纳与普通经验主义主张相同的真理性和客观性。（当然，对于后一种主张，有人可能也是相对主义者，但那是另一回事。）从两个人可以同等证成所持有的不同伦理确信这一事实来看，我们无法推出他们各自的确信（他们所接受的命题）在某种程度上是否同样有效或正确。

与之有些类似，人们有时会这样说，每个人的伦理信念对他们来说（或相对于他们而言）都是同等正确的，但是，当被要求澄清这些信念的含义时，他们则答复道，每个人都（平等地）认为他或她各自的伦理信念是正确的。确实如此，但后一种观察并没有倾向于表明每个人所相信的内容都同等正确。相反，如果每个人都承诺于他或她自己信念的真理性，每个人也必须承诺于与它们真正冲突的所有信念的谬误。

伦理相对主义有可能为真吗？

我把伦理相对主义定义为这样一种观点，即不同的伦理判断在各自的判断语境中可以同等为真或有效。但这难道没有模糊我刚才所说的区别吗？从表面上看，主张判断的有效性可能在某种程度上取决于判断语境，似乎使有效性不取决于被判断对象（所断言的命题）的特征，而是取决于判断或相信这一行为自身的方面。假设被判断事物的真理性或有效性，在某种程度上取决于它与其所处的被判断或被接受的语境的关系，这难道不是不融贯的吗？这难道不就像认为威廉·米勒是1964年共和党副总统候选人这一命题的真理性，可能在某种程度上取决于该命题被断言的语境吗？但这有可能是哪一个语境？回到伦理的情形中，如果相同的伦理判断可以在不同的语境中作出，我们如何把判断（被判断的对象）与它的判断语境关联起来？

似乎解决这个难题的唯一方式在于伦理判断本身以某种方式涉及（关于）作出判断的语境。例如，主观主义认为，伦理判断以某种方式（由我或我们）把被视为某个对象的属性归于该对象。如果是这样的话，那么当我说演奏爵士乐是一项有价值的人类活动，而你说不是，演奏古典音乐才是，我们实际上是在说我们对于爵士乐有各自的态度。我们不是真的在评判爵士乐本身，而是报告我们各自对它的态度（或者我们各自的判断语境，如果你愿意的话）。因此，在相信相互矛盾的命题这一意义上，我们之间并不存在真正的分歧。我对爵士乐有我的态度，你也有你的态度，这同时都可以为真。

如果伦理相对主义最终得出这样的结论，那么有三点评论看起来是适宜的。首先，伦理命题最终会承认严格意义上的真假。只有在它们是关于判断语境的命题的情况下，它们的真理性才是相对于判断语境的，所以，当且仅当某命题在那个语境中（非相对地）为真时，它们才是真的。

其次，以这种方式理解，伦理相对主义把伦理命题还原为关于伦理判断者的心理学命题，或关于伦理判断语境的社会学或人类学命题。但正如我们所见，后一种命题可能缺乏任何独特的伦理内容。伦理判断关切的似乎不是人或文化实际拥有的态度，而是他们应该拥有的态度，或者是关于某事物值得采用某种态度对待之。

最后，如果伦理判断确实与判断语境有关，那么它们就不会发生真正的冲突。让我们回到第 2 章的例子：如果一个人认为，为了战术优势而折磨和屠杀无辜者在道德上是不可饶恕的，而另一个人却认为，这种做法能够得到道德上的证成。那么他们之间似乎存在一个真正的争议，而他们的观点不可能同时是正确的。但如果伦理判断真正归于对象的是某些特定的判断语境的属性，那么这些判断就不再处于相互竞争中。这将是真的，即一个人在她的语境中持有一种态度，而另一个人在他的语境中持有另一种态度。这些态度彼此相异，但只有当每个人各自的判断对象能够从她或他作出判断的语境中分离出来，这些判断才会发生真正的冲突。否则，我们就面临无法对比伦理信念和确信与纯粹的偏好或品味之差异的风险。

因此，伦理相对主义面临着一个两难困境。如果我们按照我所建议的方式来理解它——相对主义是作为主观主义这一"种"下面的一个"属"——那么它就会面临与主观主义相同的强烈反驳，既有所有还原论元伦理学理论所面临的，也有专门针对主观主义的反驳意见。然而，如果我们采用伦理相对主义断言道，尽管伦理判断不是关于判断语境的（语境不进入被判断的对象），但伦理判断（被判断的对象）的有效性或真理性在某种程度上却是相对于判断语境的，那么我们就搞不清楚伦理相对主义究竟在说什么了。

70 **推荐阅读**

Harman, Gilbert. "Moral Relativism Defended." *The Philosophical Review* 84(1975): 3—22.

Harman, Gilbert, and Judith Jarvis Thomson. *Moral Relativism and Moral Objectivity.* Oxford: Blackwell Publishers, 1996.

Lyons, David. "Ethical Relativism and the Problem of Incoherence." *Ethics* 86 (1976): 107—121.

Mackie, J. L. *Ethics: Inventing Right and Wrong.* Harmondsworth, Middlesex: Penguin, 1977.

Williams, Bernard. "The Truth in Relativism." In *Moral Luck.* Bernard Williams, ed. Cambridge: Cambridge University Press, 1981.

第8章

非认知主义

在目前为止，我们在很大程度上理所当然地认为，如果不存在伦理事实，那么所有伦理确信一定都是错误的，正如错误论所断言的那样。我们在这样做时，已经在语言哲学和心灵哲学中对伦理确信的性质和内容隐含了一些假设。我们一直默认，伦理确信就像日常信念一样——确切地说，正如信念那样，一旦实在具有伦理确信所表征的性质，那么它们就是真的，否则就是虚假的。伦理确信以这种方式承认真值和假值，这一论题被称为**认知主义**（**cognitivism**）。认知主义者相信，用伦理语言提出的主张，以及我们称之为伦理确信或伦理信念的心灵状态，具有**命题性或认知性内容**（**propositional or cognitive content**），这些内容承认字面上的真值或假值，伦理主张或伦理确信是正确或不正确的，当且仅当它们所断言的命题分别为真或为假。

假设你有一个确信，你可能会用这些术语来表达："出于恐怖主义的目的，对无辜者施以酷刑和屠戮，这在道德上是令人发指的。"根据认知主义，你的确信有一个真正的命题性内容——即这种酷刑和屠杀是令人发指的。正如任何一个信念是正确的，当且仅当所相信的命题为真，同样，只要你的伦理确信的内容命题（content proposition）为真，它就是正确的。

非认知主义否认认知主义，也由此否认伦理主张和伦理确信具有真正的命题性（认知性）内容和容许具有真值或假值。它同意错误论，即不存在可以使伦理主张为真的那种伦理事实，但它也否认任何伦理主张在严格意义上都是虚假的。伦理主张并不"适用于"真值或假值。它们不断言任何命题。因此与普通信念和断言不同，它们不会因为没有事实来证明它们所断言命题的真值而变得是虚假的。

打一个粗略的类比，假设一个孩子对着一盘菠菜惊呼："呸！"她这样做，是表达了对菠菜的厌恶，但没有断言任何命题。当然，她本可以说："我不喜欢菠菜。"这个论断可以为真。但当她说"呸"，她不是在说自己不喜欢菠菜，而是在表达（*express*）她的厌恶。尽管"我不喜欢菠菜"有命题性内容，但它所归于此的反应并非如此。对菠菜的厌恶反应本身既非为真，也非为假。由于"呸"表达了这种心灵状态，所以它表达的是一种没有命题性内容的心灵状态。因此，它本身也缺乏此类内容。

简言之，非认知主义认为，伦理主张和伦理确信各自就像"呸"和它所表达的心灵状态。伦理主张表达缺乏命题性内容的心灵状态（mental states），因此不具有真值。因此，即使不存在伦理事实，伦理思想和伦理实践也不会受到责难，因为如果非认知主义是对的，那么伦理话语就不会断言这些事实。

非认知主义的变种

情绪主义　作为非认知主义的一种形式，**情绪主义**（emotivism）认为伦理判断表达的是做判断之人的情感或态度。"读取他人的计算机文件，借此侵犯他人的隐私，这是错误的"，诸如这样的判断表达了判断者的消极情感或态度，而不是任何命题性信念（propositional belief）。就像"呸"的反应一样，所表达的情感不具有真值。它们是对一种预期情况的反应，而不是（旨在）对某一情况的表征（representations）。这就好像作出判断的人说："读取他人的计算机文件的人：啧啧。"这个"啧啧"并没有增加命题性内容，因此这句完整的话不能表达某些独特的伦理命题（或以命题形式表达的信念）可能为真或为假。它的功能是表达性的，而非描述性或表征性的。

与主观主义相比，情绪主义的一个优势在于，它可以在某种程度上解释伦理判断发生真正冲突的方式。如果一个人说读取他人的计算机文件是错误的，而另一个人却认为没有错，他们似乎作出了相互冲突的判断。然而，根据主观主义，这里不存在冲突。主观主义意味着，前者实际上只不过在说她反对窥私别人的计算机，而另一个人则说他不反对这一点。但这两个判断可能都为真。因此，双方都没有说出任何对方不同意的话。另一方面，情绪主义坚持认为，在作出这些伦理判断时，双方都表达了相互冲突的态度。他们不会说自己都具有这些态度。因为这些态度是相互冲突的，所以表达这些态度的判断也是相互冲突的。

此外，与其他形式的非认知主义一样，情绪主义可以解释许多哲学家所认为的伦理判断与动机（motivation）之间存在紧密联系。尤其是，它蕴涵了一种**内在主义**（internalism）的形式，即如果一个人判断她应该做某事，那么，她将必然产生某个动机去做。对内在主义者来说，伦理判断似乎本质上是实践性的（practical）。认为某事是正确或错误的，与支持或反对做这件事有关，而这种联系以某种方式促使人们采取行动，这看起来不仅仅是一个偶然事实。情绪主义可以解释为何如此，因为它指出，认为某事是正确或错误的，就是以一种动机上非中立的方式支持或反对它。当然，如果**外在主义**（externalism）的支持者是正确的，如果伦理判断与动机或实践理由之间不存在必然的联系，那么就没有什么可解释的了。

73

规约主义　一些非认知主义者论证道，伦理判断和意志之间的联系要比情绪主义所假定的更紧密。**规约主义**（prescriptivism）认为，伦理判断表达的不是一种情感或态度，而是判断者的意志状态，后者更像是一种意图（intention）或规约（prescription）。尤其是，一个人真诚地宣称"窥私计算机的行为是错误的"，她表达的不是对窥私计算机行为的反应，而是她的意志（will），即人们不能做这种事，包括她自己不去做的决心。她的心灵状态不妨用一个普遍的命令式去表达："任何人都不能窥私其他人的计算机文件！"

规范表达主义　情绪主义和规约主义的一个问题在于，一个人似乎很有可能作出伦理判断，但缺乏这些理论认为的伦理判断所表达的情感或意图。特别是，一个人有可能区分他对某事的实际反应和他应该具有的反应——后者是他认为他对正在考虑之事的得到合理担保（warrants）的反应。规约和意图亦是如此。

假设你结束了漫长的一天，情绪上处在超载状态，此时读到了一篇报道恐怖分子实施屠杀的新闻。在这种情况下，你的反应不是愤怒，而是一个难以抑制的哈欠。这让你认为屠杀行径是无聊的，而不是令人发指的吗？情况看起来不是这样的。你可能会认为，屠杀行径合理担保了一种与你在目前状态下实际被引发的反应截然不同的反应。

当然，一个人应该对此作出一定的反应，这本身是一种伦理判断。因此，如果非认知主义是对的，那么这种判断必定缺乏认知性内容，并且也表达了某种非认知性的心灵状态。但是，如果排除了情绪主义与规约主义（情感和意图）的可能性，那么问题就出现了：这个判断表达了什么样的状态？**规范表达主义**（norm expressivism）认为，它所表达的心灵状态是接受一个规范的状态。当一个人接受一个规范时，她处于一种独特的、以各种方式表达自身的心灵状态，包括遵守规范的倾向，在思想和讨论活动中承认规

范的倾向。尤其是，一个人判断屠杀是令人发指的，她同时表达了 74
对某个规范的接受，这一规范担保了愤怒是对这些行径的合理反
应。即使她实际上没有产生愤怒感，她也可以做出这样的判断，因
为她的判断表达的不是愤怒，而是表达她接受了一个担保愤怒反应
是合理的规范。

非认知主义的根源

非认知主义是把语言哲学和心灵哲学中的某些思想应用于
伦理话语和道德心理学的结果。一些 20 世纪早期的非认知主义
者持有一种彻底的经验主义的意义理论，即意义的**可验证性标准**
（**verifiability criterion**），根据该标准，一个句子或话语必须能够获
得经验上的验证，才能断言一个有意义的命题。这些哲学家被称为
逻辑实证主义者（**logical positivists**），他们同意摩尔对自然主义的
批判。但是，由于他们认为所有有意义的词项都必须指涉在经验上
可验证的自然界的方面，因此他们从摩尔的批判推论出，伦理词项
根本不能被用于断言任何命题。很少有哲学家仍然接受可验证性标
准。甚至科学理论的命题，也远远超出了可观察的范围，这首先是
因为，它们对某种类型的所有情形都作出了断言，包括未被观察到
的情形。

然而，非认知主义背后所蕴含的不仅仅是实证主义。一个人在
不持有可验证性标准的情况下，可能仍然认为我们的语言和心灵状
态（mentality）的不同片段具有不同的*功能*（*functions*），而许多话
语和心灵生活（mental life）的功能是表征或描述实在，而伦理话
语和道德心理的功能则不是。例如，考虑一篇关于尼古丁成瘾性的
报告（*report*）与一个把香烟归类为药物并要求对此实行监管的命
令之间的区别。报告和命令具有不同的**符合世界的方向**（**directions**

of fit to the world）。报告的目的旨在表征事物所是的方式（the way things are），如果事物不是报告所表征的那样，那么报告肯定有什么地方出错了。它是**被世界纠正的**（world-corrected）。然而，命令的目的不是为了表征世界，而是注入（inform）对世界的改变。如果世界不符合命令，是世界中的某些方面出错了，而不是命令出错了。命令是**去纠正世界的**（world-correcting）。报告的功能是符合世界，而命令的功能是让世界符合它。

可以用这样的语言表达的心灵状态也是如此。认为尼古丁会上瘾的信念以某种方式表征了实在，并承诺于这种表征的真理性。信念具有命题性内容，因此与表达它们的陈述（例如：“尼古丁会成瘾。”）具有相同的符合方向。与之相比，一个意图（intention）——比如，除非尼古丁被证明是安全的，否则就禁止销售尼古丁——属于一种心灵状态，其符合方向更像是一种命令，而非信念。如果世界未能与意图相符，那么错误在于世界之中。

根据非认知主义，伦理话语和道德心理的功能和符合方向类似于命令或意图，而非信念。在某种程度上，非认知主义可能会提出人类学或社会生物学的假设。例如，我们可以论证，接受一个规范的规范性话语和心灵状态，不是演化为我们认知系统中表征现实的一种方式，而是演化为促进人类合作与协调的一种方式。

然而，这里需要谨慎处理，因为根据对“实在”的理解，认知主义者至少在某种程度上会同意上述论证。伦理主张和心灵状态可能有规约性功能（prescriptive functions），并且仍然具有真正的命题性内容。此外，伦理语言具有命题性的“事实陈述”话语的所有标志。一端是命令或要求某人做某事，另一端则说她这样做对她有好处，或者说她应该这样做，这两端是有区别的。后者似乎涉及言说一些可能是为真或为假的话语。毕竟，我们会这样说：“我确实应该多锻炼，我知道这是真的，但我好像找不出时间。”与从真正的命题中进行推理一样，我们也可以用同样的方式从伦理主张中作这样的推理："如果我应该吃更多有营养的食物，那么我最好不要吃糖霜甜甜圈。"

不过，对非认知主义来说，最有力的论据也许是摩尔的"开放问题论证"的某个版本。我们可以设想两个人，他们对任意一方所认为的所有与某个伦理议题相关的事实都达成了一致，但他们仍然在伦理判断上产生分歧。那么，如果双方就任意一方所认为的相关事实达成了一致，依然不能解决他们在伦理判断上的分歧，那么他们争议的是什么呢？非认知主义可以解释这个现象，因为它认为伦理分歧所争议的根本不是事实问题，而是非认知问题。尽管在事实上他们可以完全达成一致，但伦理分歧仍然可能持存，因为相互冲突的伦理判断表达的不是不同的信念，而是相互冲突的非认知性的心灵状态。因此，如果这种极端的伦理分歧是可能的，那么这个现象就有可能成为支持非认知主义的证据。

非认知主义的问题和可能的回应

非认知主义面临的最大障碍是，它显然与伦理话语和伦理思想的外在表象不一致。伦理主张是从明显的陈述事实的命题话语中提出的，与命令和要求形成对比。我们把真值和假值归于伦理确信和伦理主张。我们还用反事实的方式用它们进行推理，而我们在处理语言的非认知片段时，就无法做到这一点，例如我们用来表达命令的命令式（imperatives）。思考这一点是有意义的："如果我们不应该禁止销售尼古丁，那么也许我们应该加强监管尼古丁广告。"但是，如果命令没有表达任何与之相反的命题，那么如何从命令的对立面中（例如禁止销售尼古丁的命令）进行推理呢？

为了回应这些反驳意见，非认知主义者必须力图论证，在（非认知的）伦理话语之中，谈论真理或推论是有意义的，即便严格来

76

说，当我们从外部以哲学的方式思考伦理主张或信念时，把真理或推论用于伦理主张或信念是错误的。例如，说一个伦理主张为真，可能比提出同样的伦理主张更为有力。对于折磨无辜者确实是错误的这一"断言"，一个规约主义者认为我们可以这样去理解，即这一断言只不过颁布了一个普遍命令："不要折磨无辜的人！"或再一次，一个规范表达主义者可能这样理解有条件的反事实伦理思维，即我们可以从中推出人们虽不接受、但很有可能接受的规范的意涵。当我们仔细考虑如果我们不应该禁止销售尼古丁，我们应该怎么做时，有人可能会问自己，当一个禁止非法销售尼古丁的规范（她自己可能不接受该规范）与该案例的事实，以及其他她所接受的规范结合在一起时，从这一规范中可以推导出什么。

在提出这类论证时，非认知主义者肯定认为，规范性伦理思想与元伦理学的反思是完全分离的。当被问及我们是否真的不应该折磨无辜者时，非认知主义者会如此回应：这个问题是模棱两可的，因为它介于规范性解释和元伦理学解释之间。她认为，真理和推论的范畴在规范性伦理思想内部具有恰当的非认知用途，尽管当我们从我们的规范性伦理思想中退后一步，并试图从外部将其应用到我们的伦理思想时，这一用途就不复存在了。

除了伦理语言的表面逻辑结构外，人与人之间和个人内部的伦理话语还具有理性（*rational*）活动的表象。关于价值和义务问题的讨论涉及为伦理主张提供理由（*reasons*）。此外，我们还区分了在伦理问题上改变他人想法的理性和非理性方式。然而，根据非认知主义的观点，伦理论证是对非认知态度的表达，并且伦理论证的目标是劝诱他人形成类似的态度。但这个说明似乎为了施加某种说服力而减少理由的给出，从而消除了对改变人们思想的理性和非理性方法进行任何对比的基础。

针对这些反驳意见，非认知主义者指出，人们对任何给定议题的态度在一定程度上取决于他们对该议题的非伦理信念。正如我们在第 1 章所举的例子，有两个人可能对一项在拟议中的允许医生协助自杀的法律提出相互冲突的伦理主张，这是因为他们在经验的非伦理问题上存在分歧，即如果存在这样的法律，脆弱的人是否更有可能被利用。因此，赞成该项法律的人可能通过对其他人给出理由，让她认为她所忧虑的后果实际上不会发生，来论证它是一件好事，或至少不是一件坏事。

当然，赞成通过这项法律的人不仅认为他所给出的是相信某些事情会或不会发生的理由，而且认为这些理由是支持他伦理主张的理由——赞成或至少不反对该项法律。既然非认知主义的全部要义在于区分信念（在其中证据因其本质而使之得到证成）与伦理主张和态度（在其中没有理由被给出），那么它如何把关于伦理判断的理由建立在关于信念的理由的基础之上呢？此外，非认知主义如何区分改变人们对这些问题的想法的理性和非理性方式？

为回应这些反驳意见，非认知主义者指出，关于规范性理由和理性的问题本身最终是伦理议题。一个行为以某种方式试图改变某人想法，判断这个行为是非理性和操纵性的，本身就是一种伦理判断。因此，作出该判断的人并没有断言任何可能具有真值的命题，而是表达了她反对这种说服技巧的（非认知性）态度。同样，她在判断某个事实是做某事或感受某事的规范性理由时，她表达的不是字面意义上的信念（超出作为个人据以作出判断的基础的信念），而是表达某种态度、情感或其他非认知的心灵状态，这些状态赞成在该事实获得的情况下，这些心灵状态赞成去做某事或感受某事。例如，如果你判断屠杀给无辜者带来痛苦这一事实是使人感到愤怒的理由，那你就是在表达你支持在这些情况下作出这些情感性反应。

当伦理确信已经形成，对伦理语言的表达性或指示性的说明似乎最为适当。但伦理探究要如何进行呢？非认知主义如何解释人们试图决定持有哪些伦理确信的现象？例如，如果你想知道是否要投票给允许医生协助自杀的法律，你的伦理思想就难以表达你已经形成的态度或情感，因为你仍然想知道在这个议题上要采取什么样的态度。从你不确定的视角来看，你很可能试图决定哪个伦理主张为真。

在这里，再一次，非认知主义者必须试图解释这种探究是如何在规范性伦理思维的内部发生的，同时坚持认为，当我们从规范性思想中退后一步时，我们必须意识到，严格来说，不存在可探究的伦理真理。例如，规范表达主义者会指出，即使是接受各种规范的人，也不可避免地会遇到全新的情境，就算只在思想内亦是如此。当思考在这种情境下应该做什么时，他可能只是在考虑他已经接受的规范应对这种情况的意涵。或者，也许他持有的规范对特定的情境导向了相互冲突的方向。在这里，他可能试图发现在他所接受的整个规范系统中，哪种解决方案最为融贯。

但对于那些没有这样的解决方案可规定的情形呢？当然，有些人可能面临这些情况，仍然想知道应该怎么做。事实上，一个人甚至可能处在这样的境况中：他的一般规范和态度确实规定了一个独特的解决方案，但仍然想知道这个解决方案是否正确。他可能会怀疑是否应该继续持有这些规范和态度。非认知主义如何解释超越（transcends）一个人目前所接受的规范或态度的探究？

非认知主义有各种可能的回应，但都坚持认为伦理探究，即使是这种极端的伦理探究，也完全发生在（非认知的）伦理思想和话语之内，因此，它与伦理学中不存在真理的元伦理学立场完全分离开来，也由此保持一致。例如，非认知主义者可以说，在我们看来，探究实际上是一种内在化的人际话语，在这种话语中，我们交替地使用各种熟知的伦理"声音"，并以一种"自我对话"的方式与我们自己交谈，希望通过这种内在对话来建立稳定的态度。或者规范表达主义者可以说，虽然我们考虑要接受哪些规范，这不亚于考虑我们已经接受的规范的意涵，但对前者的思考仍然不可避免地发生在我们已经接受的其他的"高阶"（higher-order）规范的背景下，这些高阶规范即关于接受规范的规范。而接受高阶规范与接受低阶（lower-order）规范一样，都是非认知性的。

非认知主义把规范伦理学与元伦理学截然分离开来，背后的论点是认为（规范性）伦理主张表达的是缺乏认知内容的心灵状态。然而，要做到这一点，我们必须有能力识别伦理主张通过某种方式所表达的心灵状态，而不是通过与它们相关联的伦理确信及其表面内容。然而，非认知主义能否做到这一点，目前还远远不清楚。

有些情绪和态度似乎在其本质上需要某些信念的存在。例如，某人要处在恐惧的状态，他必须认为一些可能的危险即将发生。类似这个信念的东西似乎构成了使某些感觉（胃部不适或心悸的体验）成为恐惧感的一部分原因，并使这种感觉与预期或别的什么东西区分开来。按照这些思路，我们可以论证，伦理情感也具有构成性的信念（constituent beliefs）。例如，是什么构成了内疚感？如果一个人对自己某个行为的（可能的）错误性缺乏任何思想或信念，他会感到内疚吗（而不是害怕受到惩罚）？或者考虑一下接受规范的状态。如果缺乏相关联的规范性信念，我们真的能够理解处在这种状态是什么样的吗？

这些问题对非认知主义造成了某种困境。一种心灵状态越是具有不可争议的非认知性，断言伦理主张和伦理确信表达的是那种心灵状态的非认知主义立场就越不可信。说服我们相信一个孩子对菠菜的"呸"的反应不具有真值的理据，也很有可能让我们相信它不能表达任何伦理确信。同样，在某种程度上，指导某人做某事和说这是她应该做的事情，这两者之间似乎存在明显的直觉性差异，因此规约主义也有可能看起来不可信。另一方面，在某种程度上，如果某种特定的心灵状态（比如赞成或接受一个规范）是由伦理主张来表达的，那么心灵状态是否是真正非认知性的，就开始显得十分可疑。一旦我们质疑这一点，那么元伦理学和规范伦理学能否像非

认知主义者所说的那样必须被截然分离开来，看起来肯定是值得怀
疑的。

推荐阅读

Ayer, J. *Language*, *Truth*, *and Logic*. New York: Dover Publications, 1952. 尤其参见 Chapter 6。

Gibbard, Allan. *Wise Choices*, *Apt Feelings*. Cambridge, Mass.: Harvard University Press, 1990.

Hare, R. M. *The Language of Morals*. Oxford: Clarendon Press, 1991.

Stevenson, Charles. *Ethics and Language*. New Haven, Conn.: Yale University Press, 1965.

第9章

过渡

在整个第二部分，我们已经把元伦理学从规范伦理学中抽象出来。我们这样进行探讨，就好像可以确定价值和义务是什么，而无需知道何物有价值，或我们在道德上应该做什么。我们忽略了不同的元伦理学立场能否具有不同的规范性意涵这一问题。

这是常见的做法。元伦理学和规范伦理学经常被认为是可以完全分离和相互独立的，正如根据一些元伦理学立场（如非认知主义），它们必须如此。但是，没有元伦理学立场严格蕴涵任何规范性立场，反之亦然，尽管如此，但粗略浏览伦理学思想的历史，我们就会发现它们之间存在各种天然的亲和力。

例如，规范伦理学的一个重要划分是**后果主义**（consequentialism）和**道义论**（deontology）。后果主义理论认为，行为的正确性总是取决于行为结果的善；而道义论理论则认为，除了行为结果的好坏之外，还有关于使行为成为正确的或错误的考虑。例如，一个道义论理论可能会说，折磨无辜者的结果即便带来长远的利益，它本身也是错误的。

当然，大量的澄清和限定工作是必要的。基于一个棘手的循环论证，后果主义者认为，决定行为之正确性或错误性的价值必须是非道德的价值，这些价值并不取决于哪些行为本身已经是正确的。尽管后果主义者可能是行为后果主义者（act-consequentialist），并认为什么是正确的总是取决于哪一个行为能够带来最大的善，但她也有可能否认这一点，并仍然是一个后果主义者。或者她可能是一个规则后果主义者（rule-consequentialist），并且认为行为的正确性取决于哪些规则产生最好的后果（以及这些规则要求实施哪些行为）。或者她还有可能是一个品格后果主义者（character-consequentialist），并坚持认为哪种行为是正确的取决于哪些品格特质能够促进最大的善（以及这些特质会导致哪些行为）。

82 后果主义和道义论是规范伦理学两种截然不同的进路。他们宣称什么是善的，什么是正确的（以及是什么特质使之成为善的和正确的），而不是谈论善和正确性本身是什么的元伦理问题。尽管存在这种差异，但伦理学的历史揭示了这些分歧极大的规范性进路与相关的元伦理学立场之间令人着迷的亲和力。虽然并没有出现像一一对应那样简洁明了的关系，但仍然存在一些惊人的发展趋势。

例如，作为元伦理自然主义者的哲学家几乎总是后果主义者，尽管并非所有后果主义者都是自然主义者。（关于一个不是自然主义者的后果主义者，G. E. 摩尔就是一个很好的例子。）正如我们在第3章所见，自然主义者可能会发现，为非道德形式的价值（值得欲求的或可尊敬的）的自然主义基础作出辩护，要比为确定正确性和错误性之规范的自然主义基础作出辩护更容易。因此，许多自然主义者被引导去论证，道德必须以某种方式还原为非道德价值——例如，还原为支持后果主义的工具价值。

另一方面，道义论者要求对道德义务进行元伦理学的解释，以阐明正确与有益、错误与有害之间的区别。有些道义论者是神学唯意志论者，他们的道义论建立在上帝命令的非后果主义特征之上。[1]有些道义论者则是理性直觉主义者，他们认为，诸如酷刑的错误性既是先天的，也是必然的。有些道义论者追随康德，坚持

---

[1] 但神学唯意志论绝不意味着道义论。正如我在第2章中提及的，洛克只是神学唯意志论者中同时作为后果主义者的例子之一。

认为规定正确与错误的原则是建立在自由的理性能动者的慎思结构基础上的。

这些关联绝非偶然。同样，当我们审视亚里士多德、康德、密尔或尼采等伟大伦理哲学家的思想时，我们会发现他们的规范性理论和元伦理学理论之间存在着动态的交互作用。这些思想家每一位都创立了一种特有的哲学伦理学——一种融合了其元伦理学与规范性思想的独特进路。他们没有把元伦理学和规范伦理学看作是完全分离和彼此独立的。相反，他们把他们关于何物具有价值的观点建立在对价值本身的某种哲学理解上。

第三和第四部分将集中讨论历史上杰出的、且在当今仍然有影响力的哲学伦理学典范。总体来说，我们将研究个别思想家的思想，而不是抽象的立场。以这种方式，我们能够将哲学伦理学视为一种活生生的人类活动，这种活动尝试以某种整合的方式去理解我们作为人类所面临的根本的伦理和哲学问题。正如我在第 1 章中试图说服你的那样，对于一个深思熟虑的（thoughtful）人类生活中几乎无法根除的方面，哲学伦理学只是一个更训练有素、更系统的版本。我相信，这是你自己对此有所承诺的事情。

第三部分介绍了三种道德哲学理论。当我们把道德的理念与伦理学更一般地区分开来时，前者与普遍的规范或法则的观念有关，这些规范或法则约束所有的（人类）道德能动者，它们的要求有时与能动者的利益相互冲突（或可能因为规范的存在而相互冲突）。由于这一理念在现代（大约从 17 世纪开始）尤为突出，因此它有时被称为现代道德观（modern conception of morality）。当然，事实上，至少在犹太—基督教和伊斯兰教的宗教传统中，它有着悠久的历史。现代道德观的独特之处在于，它给予道德观念以一个世俗的哲学基础，这个计划与现代科学的形而上学观是一致的。

这一思想的背景是，随着 17 世纪现代科学的兴起，人们普遍拒绝亚里士多德关于自然的目的论形而上学（teleological

83

metaphysics），根据这种形而上学，每个自然存在者都有一个内在的目的或"终极因"（final cause），使之适合参与到一个和谐的自然秩序中。根据这种目的论，利益的根本一致性得到形而上学的保证，与这一观点相反，17世纪以来的伦理学哲学往往建构这样的假设，即人类利益会相互冲突，有时甚至相当重要，如果每个人肆无忌惮地追求自我利益（不管是多么开明的自我利益），并将其视为人类唯一的指导目标，那么每个人的境况都会变得更糟。那么，按照这个现代道德观念，道德是一种约束自我利益的规范体系，集体遵守这一体系对每个人都是互惠互利的。

托马斯·霍布斯、伊曼努尔·康德和约翰·斯图亚特·密尔都是哲学道德学家。他们以不同的方式、对道德作不同的修正和强调，试图定义和捍卫现代道德观念，这一观念肇始于17世纪中叶的霍布斯，发展至18世纪的康德和19世纪的密尔。实际上，在我们这个时代的哲学争论中，具有代表性的每一个重要的道德理论都源自这三种理论中的一种或多种。

然而，并非所有的当代哲学伦理学都属于道德理论。当前争论场景的一个显著特点是，兴起了各种对霍布斯、密尔和康德的道德理论以及现代道德观本身的批判。第四部分介绍了三个不属于道德理论的哲学伦理学的例子：弗里德里希·尼采的哲学伦理学，亚里士多德的哲学伦理学，以及当代的"关怀伦理学"。尼采在《论道德的谱系》（1887）中对道德提出一种激进批判。特别是尼采认为道德是一种意识形态：一套只有通过故意的无知才能维持其真正起源的观念。他进一步宣称，道德善恶的范畴是弱者用来控制强者的一种枷锁，因为他们怨恨强者的天然优势。尼采的当代追随者并不总是接受这种对道德存在的解释，但他们同意尼采的这一观点，即道德是一个不健康的观念，因此，一种更令人满意的哲学伦理学必须超越道德善恶的范畴。

当代伦理学还有另一个丰富的源泉，那就是亚里士多德的伦理学。亚里士多德基于德性和品格，而非普遍原则或规范来建构伦理学，从而提出现代道德理论的另一重要的可替代方案。对他来说，核心的伦理学问题是：什么是值得过的生活方式，是什么构成了一个欣欣向荣的人类生活（a flourishing human life）？而不是这类问题：我的道德义务是什么？

最后，一些新近的思想家，其中许多是女性主义哲学家，主张将特殊个体之间的关系置于我们理解伦理学的中心。根据卡罗尔·吉利根（Carol Gilligan）所称作的"关怀伦理学"，伦理问题根本上是特殊主义的（particularistic），而不是普遍的。[1] 他们问：我可以为简做什么？我对她有什么责任？而不是：在这种情况下，一个人应该怎么做？

因此，在整个第三和第四部分，我们将处理各种哲学伦理学——试图为我们在伦理思想中不可避免遭遇的规范性问题寻找令人满意的答案，而当我们退后一步，并批判性地反思伦理学和伦理思想时，这些答案也能够符合我们对哲学和元伦理学问题最令人满意的反应。至少从柏拉图和亚里士多德开始，这项事业就吸引了哲学伦理学家投身其中，任何认真对待伦理学和哲学问题的人都会与这项事业相遇。

---

[1] Carol Gilligan, *In a Different Voice*，再版并附有一篇新的 "Letter to Readers"（Cambridge, Mass.: Harvard University Press, 1993）。

第三部分　哲学道德学家

第10章

霍布斯 I

托马斯·霍布斯（1588—1679）以**社会契约理论**闻名，该理论认为政治合法性源于一个相互性的契约或承诺。霍布斯在《利维坦》（1651）一书中对（没有政治权威的）**自然状态**（state of nature）作了一个著名论证：在自然状态中，人们"不断处于暴力死亡的恐惧和危险中，人的生活孤独、贫困、卑污、残忍而短寿"（L. XIII.9）。[1]* 为了摆脱这种境况，公民必须承诺服从一个主权者。他们这样做就确立了主权者的权威和公民的服从义务。

霍布斯论证的结论是一个关于政治理论的主张——即政治义务建立在个体同意的基础上。但他的论证隐含了一种道德观念及其**规范性**，自那时起，这种观念就极大影响了后世道德哲学家。对霍布斯而言，政治义务取决于遵守"契约"（covenants）的道德义务。但这种道德义务的基础是什么？正如霍布斯所说，是什么使得"人所订信约必须履行"**成为一项道德性质的"自然法"？（L.XIV.l）为了回答这个问题，霍布斯必须建构一种哲学伦理学，包括一种可以合理地为信守承诺的义务提供基础的元伦理学。

---

[1] Thomas Hobbes, *Leviathan* (1651). Edwin Curley, ed. Indianapolis, Ind.: Hackett Publishing Company, 1994. 文中的引文标记原文的章节和段落编号，"L"表示书名 *Leviathan*。

* 译文来自［英］霍布斯：《利维坦》，黎思复、黎廷弼译，商务印书馆 1986 年版，第 95 页。

** 同上书，第 109 页。

霍布斯的语境

为了了解霍布斯所面对的问题，我们需要理解他身处的历史语境。让我们从霍布斯撰写《利维坦》之前的 400 多年里普遍流行的哲学观开始，但在 17 世纪中期，霍布斯和他的许多同时代人发现他们再也无法接受这种哲学观了。

从人造物品（artifact）的观念说起，一个人造物品是为了某个特定目标而被制作出来的——比如说一把刀。一把刀是为了用手拿着切割东西这个目标或目的而被制造出来的。它可以由各种材料制成：木材、金属、塑料等等。它可以由任何适合刀的目的或功能的东西制成。使某物成为刀的不是它的材料，而是它的定义性功能（defining function）。而这个目的或功能对刀而言是规范性的。仅仅凭借刀何以成为一把刀——刀的目的，某事物只要切割功能良好，它就能够成为一把好刀，完成了刀所应该发挥的功能。

现在假设所有自然种类的事物都像刀一样，具有一个定义性的目的。换句话说，假设包含在万物的"本质"或本性中的（使它成为是其所是）是事物要做什么或成为什么。仅仅假设自然及其部分是被创造的，甚至它们是为了某些特定目的而被创造的，是不够的。我们必须设想，自然界的各类事物就像刀一样，本质上是为了某些目的而存在。因此，例如想某物要成为橡子，至关重要的一点是它要以某种方式发挥功能——比如说长成一棵繁茂的橡树。

把事物的定义性目的称为它的善。在每一个自然种类中，它的善对它来说是规范性的。假如某类事物实现了它的善，它就会做它应该做的事情，或成为它应该成为的样子。因此，它的善是它的一种"法则"。同时假设每一个自然事物的定义性目的或功能与其他事物的目的或功能相适应，共同构成了一个和谐的秩序。"法则"规定了每一个生命体要做什么与其他所有自然存在者是相协调的，让我们把这一整套目的称为"永恒法"（eternal law）。接下来，假设这些生命体中某些存在者，即人类，能够发现他们的目的或法则，他们由此可以根据对目的和法则的认识而采取行动。让我们把永恒法中与这些人类存在者有关的部分称为"自然法"（natural law）。那么，自然法是独特的，它可以被服从，也会遭到违抗，而只有人类才会以这种方式受制于法则。最后，假设所有的这些现象都是上帝创世的结果。

这些是圣托马斯·阿奎那（1224—1274）提出的**古典自然法理论**（**classical natural law theory**）的基本要义，并在之后的几个世纪内被广泛接受。道德即自然法，全人类因其本性而受制于自然法。自然法的内容和规范性是人类本性中固有的，因为服从自然法就是我们的目的。

阿奎那的理论是亚里士多德的目的论形而上学与犹太—基督教将道德视为上帝律法的观念的综合。然而，这不是一个神学唯意志论的观念。事实上，阿奎那和他的追随者与唯意志论的自然法学家之间有过激烈的争论。他们都同意道德是上帝所命令的，但他们在是什么赋予了这个神圣律法以权威或规范性力量这个问题上产生了分歧。对唯意志论者来说，遵守自然法的道德义务完全来自上帝的命令。但对阿奎那和他的追随者来说，我们之所以应该遵守自然法，是因为去遵守自然法对我们成为是其所是是必不可少的。正如刀是被用来切东西一样，我们的目的是为了实现由自然法（道德）所规定的德性活动。

现在让我们回到霍布斯。回想一下我们留给霍布斯的问题，即如何解释信守承诺的义务，他认为信守承诺是遵守国家法律的义务的基础。霍布斯与古典自然法学家一样，将道德及其规范性与他所称的自然法联系起来。但是，是什么赋予了"人所订信约必须履行"这一法则的规范性力量呢？为什么人们应该遵守他们的契约呢？任何"应当"或规范性"法则"包含哪些内容？这就是霍布斯面临的问题。

现在，根据古典自然法理论，人们应该遵守自然法，因为它把内在于服从者本性中的目的法典化（codifies）了。一把刀做它应当做的，那就是切割良好。对我们而言亦是如此。我们做我们应该做的事情，就是卓越地实现我们的目的——即自然法所要求的德性活动性（virtuous activities）。如果自然法要求我们信守承诺，那么我们就应该信守承诺。

霍布斯有两个理由无法接受这幅图景。其一与它的目的论形而上学有关。到了17世纪中期，越来越多思想家抛弃亚里士多德式的科学观以及维持它所需的认识论和形而上学框架，并以伽利略和惠更斯（以及后来的波义耳和牛顿）新兴的现代科学方法和世界观取而代之。新科学强调实证的经验方法，它对现象的解释不是通过诉诸内在目标或目的，而是诉诸潜在的物理机制。新科学所发现的自然定律（natural laws）完全是描述性的，而非规范性的。例如，对于物体运动，人们开始用普遍化概括或"定律"来解释物体为何总是如此运动，以及导致它们这样运动的机制和力量，而不用任何关于它们的"目的"或目标去解释。

霍布斯认为，目的论的图景不仅是错误的，而且是不可理解的。他认为，要使得语词不成为空洞的符号或声音，它们必须最终指涉我们通过感官经验可以知道是真实的事物（L.IV.14—18）。这一范畴包括物质事物、它们的物理属性，以及涉及有意识思想和经验的身体事件。霍布斯特别蔑视那些他在"基督教世界各大学哲学学派"发现的"无意义的说法"，而这些说法的根据是"亚里士多德的某些文句"，例如阿奎那的自然法理论（L.I.5）。

其二，霍布斯拒绝了古典自然法的论点，即所有人的善品（goods）都是和谐有序的，自然法和自我利益之间的一致性具有一个形而上学的保证。相反，霍布斯认为，道德和政治社会之必要的意义在于，人们的利益经常发生冲突，因此，如果每个人只追求自己的利益，那么集体的结果将是"所有人反对所有人"的战争状态。

　　霍布斯试图解释信守承诺的道德义务并不依赖于目的论形而
上学（以及自我利益与集体利益必然相符合的假设），并且可以与　90
新兴的经验科学的世界观保持一致，以此为道德义务作出辩护。因
此，他是一个（形而上学意义上的）**经验自然主义者**（**empirical
naturalist**），实际上是最早将伦理学本身视为一门经验科学的人之
一。他告诉我们，伦理学是一门把"人诸多激情的结果"（L.IX.3）
理论化的科学。因此，霍布斯面临我们在第 3 章所论的任何自然主
义者都必须面对的问题：如何在自然主义的框架中为规范性提供一
个说明——如何将价值和应当放置在事实的世界中。

欲望、慎思与价值

　　在 17 世纪 30 年代，霍布斯在他撰写《利维坦》的 10 年前，
就已经开始被有关光学的科学实验和伽利略的颜色理论深深吸引。
从字面意义上理解，伽利略的理论认为世界上不存在颜色——至少
不是像我们所经验的颜色。当然，存在颜色经验这样的事物，这种
经验具有一个**客观旨趣**。我们经验的物体是有颜色的，就好像物体
具有"真实存在"的颜色属性。但是，与形状和大小不同，这些是
物体的真实属性，而我们经验到的物体所具有的颜色属性实际上并
不存在。就"客观存在"的意思而言，颜色语词是"仅仅存在于我
们有感觉身体内的事物的纯粹名称"[1]*。

　　看看一个成熟的西红柿。它看起来是红色的，而它对你看起
来是红色的，在于你对某物确实是红色的拥有一种经验。红色看起

---

[1] Galileo, *The Assayer*（由 A. C. Danto 翻译）。

* 　译文来自 ［英］霍布斯：《利维坦》，黎思复、黎廷弼译，商务印书馆 1986 年
　　版，第 5、6 页。

来是西红柿的真实属性，而不是你或你观看它的条件的属性。但伽利略说，并不存在这样的属性。自然界中只有西红柿的物理属性，它使你产生某些感觉，而这种感觉是对某物似乎具有红色属性的经验。

这与伦理学有什么关系呢？当撰写《利维坦》时，霍布斯已经发展了一个以伽利略的颜色理论为模型的价值理论。他开始相信，价值判断和价值体验涉及一种**投射**（projection），类似于伽利略认为在颜色情形中所涉及的投射。霍布斯认为，理解价值判断的关键是看到它在慎思、欲望和行动中的作用。正如颜色缺乏客观存在，而我们经验到颜色就好像它们存在一样，同样，世界上不存在真正的价值，尽管每当我们被价值激发欲望并被它们所驱动时，价值似乎不可避免地存在。

霍布斯对人类行动持有一个机械图景。作为一个唯物主义者，他相信一切存在的事物只不过是"运动中的物体"（matter in motion）。人类行为也不例外。人类行为是由其他身体运动引起的身体运动。霍布斯是一个决定论者，但他并不认为决定论意味着缺乏自由。他不相信自由意志，但后来他认为这个想法无论如何是无法理解的，有点像"无意义的说法"。只有人才有自由，而非意志。一旦不存在妨碍人们做自己想要的事情的障碍，他们就是自由的（L.XXI）。

霍布斯的行动理论如下。所有行动都是出于欲望或厌恶。一个欲望（从字面意思上看）即拥有该欲望的人"朝向"欲望对象的身体运动。厌恶则是同样运动的"避离"（L.VI.2）。天气炎热，你想喝一杯冰茶。你对冰茶形成了一个欲望，这是你身体内部朝向喝冰茶的一个运动（一个倾向）。假如你被驱动去喝点冰茶，于是你便开始喝冰茶。如果你在喝的时候，对冰茶继续持有同样的态度，你便会喜欢它。用霍布斯的话来说，你将会"爱"它。然而，如果它不像你所期望的那样，你可能会"嫌恶"它，并不愿意继续喝下去。你可能体验到一些远离这杯冰茶的运动。

霍布斯说，爱和欲望属于同一种心理状态（psychological state）。当我们认为对象不存在时，我们称对这个对象的心理状态为欲望；当对象存在时，我们称之为爱。同样，嫌恶和憎也是如此。你想要茶（在你喝这杯之前），现在你喜欢上了它（喝它）。或者现在你讨厌它（喝它），并且不愿意继续喝它（在下一刻，而不是现在）。

因此，欲望和嫌恶是心理的（实际上即物质的）力量，它们使我们朝向和远离行动。当然，事情并不像欲望直接引发行动那么简单。但那只是因为我们同时受制于不同的欲望，这反过来又导致我们慎思要做什么。事实上，对霍布斯来说，欲望和嫌恶的接连出现就是慎思过程的全部。慎思不过是欲望和嫌恶的"交替出现"，直至某件事完成。能动者的意志只是"最后一个欲望或嫌恶"*（L.VI.49，53）。

但这何以可能呢？我在第 1 章中说过，慎思必然涉及价值判断或规范性判断。能动者在慎思过程中试图解决的问题是："我应该做什么？"（"我最有理由做什么？"）交替出现的欲望如何能够相当于思考和确定理由和价值呢？

理解霍布斯对这个问题的解决方案，关键在于理解他在颜色经验和"价值经验"（experience of value，是我的而不是霍布斯的术语）之间的类比。当我们体验颜色经验时，真正发生的只是我们身体内部的某些物质性运动，这些运动是由对象和媒介物质中的某些运动引起的。然而，这似乎不是事情的全部。当运动发生在我们身体内部时，我们会体验到一种"表象"（appearance），好像是对象中的某种颜色属性。

---

* 　译文参见［英］霍布斯：《利维坦》，黎思复、黎廷弼译，商务印书馆 1986 年版，第 43、44 页。

我们可以说，这种表象同时包含了一个主体和一个对象。它的对象是它看起来具有的颜色属性——比如说，西红柿的红色。霍布斯认为，它的主体，即真正"制造一个表象"的事物，是一个身体运动。

正如产生颜色表象的身体运动一样，欲望／爱和嫌恶／憎的运动也会产生它们特有的经验状态。霍布斯认为，对伦理学来说，正是这些表象意义重大。霍布斯分别称它们为"愉快"和"不愉快心理"*（L.VI.9）。当你在天气炎热时想喝一杯冰茶，并且想到了喝冰茶的可能性，你就会体验到这种"愉快"。或当你想到午后不可能喝到冰茶，你就会感到"不愉快心理"。

欲望／爱和嫌恶／憎的运动分别是"愉快"和"不愉快心理"之表象的主体。但它们的对象是什么？这些表象好像是关于什么的表象？霍布斯的回答如下："愉快或高兴便是善的表象或感觉，不高兴或烦恼便是恶的表象或感觉。"**（L.VI.10；强调是后来所加）。对霍布斯来说，欲望和嫌恶是让我们思考伦理学的首要原因。欲求某个事物就是把它看作是善的，嫌恶它就是把它看作是恶的。

上文解释了为什么霍布斯会说："任何人的欲望的对象就他本人说来，他都称为善，而憎恶或嫌恶的对象则称为恶。"***（L.VI.7）你对冰茶有一个欲望。这是发生在你内部的运动，但它产生了一种"表象"，就好像是一个对象中的一种属性——即喝冰茶的价值。你认为这种可能性是善的。或者，在另一种情形里，你对即将要度过一个口干舌燥的午后感到嫌恶，这产生了另一种情形好像是（ as of）"恶"的表象。

但是，与颜色表象一样，霍布斯认为，"对象本身的性质"实

---

* 译文参见［英］霍布斯：《利维坦》，黎思复、黎廷弼译，商务印书馆1986年版，第38页。
** 同上。
*** 同上书，第37页。

际上不存在任何属性可以解释我们关于善恶的表象。对象中所具有的只有物质运动，当它们与我们的物质本性发生交互作用时，就会在我们内部产生朝向或远离的运动，我们称之为欲望和嫌恶。我们欲求某些事物也不是因为我们认为它们是善的，或者我们厌恶其他事物也不因为我们认为它们是恶的。相反，出于我们的欲望和嫌恶，我们才会认为事物是善的和恶的。价值体验是欲望的投射效应。

这个论证让人想起关于伦理判断的**错误论**。伦理判断旨在主张某些事物是客观的，但是，由于实际上并没有任何伦理属性能够符合伦理表象，它们总是虚假的。但霍布斯的其他陈述却指向了某种版本的非认知主义，而不是指向错误论。他写道，"欲望和嫌恶所用的语言是命令式的。如'做这个'、'不许做那个'等等"*（L.VI.55）。如果依照这句话的意思，我们便会得出结论，一个人在欲望或嫌恶中所做的判断——某样事物分别是善的或恶的——缺乏认知性内容，因此，严格来说，这些判断不可能为真或为假。最终，询问霍布斯是否确实是一个非认知主义者或错误论学者，是没有什么意义的。在霍布斯所处的时代，这些区分根本无从谈起，也就没有理由假定霍布斯清楚看到了这两种元伦理学替代方案之间的差异。

此外，如果霍布斯是一个错误论学者，他当然不认为他的元伦理学对实质的规范性伦理思想带来任何妨碍，或者它消解我们面临的伦理问题。理由在于，霍布斯相信我们是作为慎思的能动者（*deliberating agents*）面临价值问题的。对伦理学来说，重要的是从**能动者视角**（**agent's perspective**）来看待事物呈现的方式。严格地说，就算我们所有的伦理判断都是错误的，也不会有损于规范伦理学，正如颜色判断的严重错误也不会损坏艺术批判和室内设计一样。

---

*　译文参见［英］霍布斯：《利维坦》，黎思复、黎廷弼译，商务印书馆 1986 年版，第 44 页。

自然法与规范性

霍布斯将"自然法"定义为"理性所发现的诫条或一般法则。这种诫条或一般法则禁止人们去做损毁自己的生命或剥夺保存自己生命的手段的事情，并禁止人们不去做自己认为最有利于生命保存的事情"*（L.XIV.3）。他接着列举并解释了大约十九个例子（包括一个遵守圣约的例子），并在一个总结里补充道，这些都可以用黄金律（golden rule）来概括："己所不欲，勿施于人。"（L.XV.35）最后，他评论这些"理性的规定"只是"不恰当地"被称为法则。实际上，它们是"有关哪些事物有助于人们的自我保存和自卫"**（L.XV.41）。

这种区分提出了两个大问题。我们将在下一章处理其中一个：霍布斯何以认为道德规则，如黄金律和信守承诺的要求，相当于促进自我保存和自我利益的"规定"？毕竟，难道霍布斯不是拒绝了古典自然法理论把道德和自我利益在形而上学意义上等同起来的做法吗？难道他不是认为利益冲突是政治制度和实践推理形式成为必要的原因吗，而个体在其中不仅仅是以自己的利益作为行为指导？他确实是这么做的。但是，正如我们在下一章的论述，他也认为道德和政治最终建立在自我利益的基础之上。

然而，一个先天（a prior）问题出现了：霍布斯何以认为关于哪些事物够促进自我保存和自我利益的命题相当于规范性法则。关于哪些事物有助于我们的自我保存和自卫的规定，仍然只是关于事实的陈述，是对世界上的事物如何发生的正确表征。那么是什么给予它以权威或规范性力量呢？它何以构成或蕴涵"禁止"一个人不这么做的"命令"呢？

---

* 译文参见［英］霍布斯：《利维坦》，黎思复、黎廷弼译，商务印书馆 1986 年版，第 97 页。

** 同上书，第 122 页。

举一个非常简单的例子。假设你知道，除非你服用某种特定的药物，否则你将会死亡。知道这一点，你也就知道了关于世界的一个事实。但你如何从这一事实中推出任何规范？是什么让你得出结论，你应该服用这种药？请注意，我不是要你怀疑你应该吃药。我相信我们都认为，如果服用这种药物对你继续过一个你想要的生活是必要的，你应该服用它。但这难道不是因为我们都认为维系生命对你有好处吗？或者，也许是因为我们认为你有理由保存自己的生命？我们似乎需要一些这样的规范性前提作为这里一些前提的补充，即除非你服药，否则你会死亡，以便得出你应该服药的结论。而我们从哪里得到这个前提呢？

现在，霍布斯认为每个人都已经接受，且不得不接受额外的规范性前提，即他们继续保存生命是善的。他认为，每个人都欲求保存生命，恐惧死亡，尤其是暴力死亡，这就是人类境况的一个不可避免的特征。这一特征内在于我们的物质构成本性中。此外，正如我们所见的，霍布斯还认为，我们天生就把我们欲求的对象视为是善的，把我们嫌恶的对象视为是恶的。因此，在不可避免地欲求保存我们自己时，我们就不得不把我们的自我保存视为是善的。在嫌恶（暴力）死亡时，我们就不可避免地认为这是恶的。

这种推理补充了一个额外前提，没有这个额外前提，那么原先的前提仅仅是关于为了我们继续保存生命，什么是必要手段的事实。接下来，我们可以作出以下的实践论证：

1. 我保存自己的生命是善的。

（或：我应该保存自己的生命。或：活下去！）

2. 我将保存自己的生命，当且仅当我做 X。

因此，

3. 做 X 是善的。

（或：我应该做 X。或：做 X！）

自然法之所以具有规范性力量，是因为它们涉及我们不可避免地共同想要的目的的必要手段，而由于想要这个目的，作为慎思的能动者，我们不可避免地将其视为善的，是我们应该实现的目标。

重要的是要认识这个想法和另一个容易（并且经常）与之混淆的想法的区别。霍布斯不是说如果我们遵循自然法，就会得到我们想要的东西，甚至是我们不可避免想要的东西，所以我们应该遵循自然法。比较前面的论证和以下的论证：

1′. 我欲求保存自己的生命。

（或：我欲求，并且不得不欲求保存自己的生命。或：我的目的是保存自己的生命。）

2′. 我将得到我所欲求的（保存自己的生命），当且仅当我做 X。

3′. 做 X 是善的。

（或：我应该做 X。）

这个论证同样面临相同的问题：当我们询问是什么给予关于促进自我保存的事物的命题以规范性力量，这个问题就出现了。与（1）不同，但与（2）和（2′）一样，（1′）只是关于事物在世界上如何发生的陈述。为了从（1′）和（2′）推出（3），我们需要假设一些更进一步的规范性前提，例如一个人得到他想要的东西是善的，或者一个人应该寻求达到自己目的的手段。但是我们从哪里得到这个前提呢？

霍布斯是否应该认为得到自己想要的东西是善的？这要视情况而定。霍布斯坚持认为，一个人在欲求某些东西时，他会认为有可能满足自己欲望的东西是善的。但从这个事实来看，这并不意味着人们认为欲望的满足（desire-satisfaction）是善的。也就是说，一个人不必由于自我欲望的满足而认为自我保存是善的。毕竟，我们有时希望自己没有这些欲望。这些欲望会引发另一种希望我们的一阶欲望（first-order desire）得不到满足的**二阶欲望**（**second-order desire**）。在拥有一阶欲望时，我们会认为它的对象是善的；因此，同样地，当拥有不满足我们一阶欲望的二阶欲望时，我们会认为它的（二阶欲望）对象是善的。我们会认为一阶欲望的满足是恶的。

一个很好的例子是我们后悔拥有某些习惯或成瘾性嗜好。假设我有一个令人烦恼的习惯，大约每十五分钟就得掰一次指关节。我可能会发现自己被一种渴望指关节很好掰的欲望所困扰，同时又欲求我自己不满足这种欲望。在形成第一个欲望时，我认为掰手指关节是善的；在拥有第二个欲望时，我认为不满足我掰它们的欲望是善的。我不仅不坚持认为我的欲望得到满足是善的，而且在这里我认为满足我的欲望是恶的。

因此，尽管霍布斯依赖人类欲求自我保存的事实，但这并不是说他认为这一事实本身为我们提供了一个理由，让我们去做必要的事情来自我保存。一个人欲求某些事物的事实并不是我们在慎思性实践推理（deliberative practical reasoning）中所诉诸的前提。（或更谨慎地说，如果是这样，那是因为我们有另一个二阶欲望：满足我们一阶欲望的欲望，或满足这个一阶欲望，或者类似的其他欲望。）我们欲求某个事物（无论是作为一阶还是二阶的欲望对象），这只是关于我们自己的一个事实，而这个事实可以从观察者的角度被充分记录下来，而无需任何特定的规范性伦理意涵。

霍布斯的立场是，在具有欲望时，我们就具有了规范性伦理思想。我们认为可选择项是善的。如果这个欲望是不可避免的，就像霍布斯所认为的人类对自我保存的欲望一样，那么我们就不得不把它的对象视为是善的。这就是自然法对人类具有规范性力量的原因。我们被导向这个结论：一旦我们看到自然法与自我保存的关系，我们就应该按照自然法所规定的去做，因为我们不可避免地将自我保存，以及促进自我保存的必要条件，视为是善的。

因此，霍布斯在《利维坦》中的论证是针对人类能动者而说的，他们的慎思过程是根据自己的欲望和嫌恶所提供的视角，而不是基于他们拥有这些欲望的事实。因此，霍布斯主张政治义务及其基础是建立在信守承诺的道德义务之上的，他的这一主张最终旨在激发他的读者和所有听闻他论证的人（比如你）进行慎思活动。他认为他可以依靠这样一个事实，即你和任何人类个体一样，不由自主地渴望自我保存，因此必须把自我保存视为是善的，正是因为这一点，他认为，如果他能说服你相信某些特定的决策和行动对你能够和平地自我保存是必要的，那么他也可以说服你，你应该采纳这些决策和行动。

第11章

霍布斯 II

在第 10 章，我们看到霍布斯如何试图解决任何一个**形而上学自然主义者**（**metaphysical naturalist**）所面临的规范性问题：在一个事实世界中，价值占据什么位置？与**伦理自然主义者**（**ethical naturalist**）的解决方案不同，霍布斯的方案是将价值与经验上可发现的自然界的方面联系起来。只有作为具有欲望的能动者，我们才能进行价值归因（attribute value）。因此，严格来说，我们所归因的价值并不存在于任何我们可能发现的能够将价值归于其上的事物（也不在关于我们欲望的事物之中）。

但是，如果经验研究不能为推动伦理思想和伦理话语的基本价值奠定基础，这并不意味伦理学在很大程度上不是一个经验主题（empirical subject）。相反，霍布斯认为，最有趣和最有争议性的伦理问题不是关于基本价值的，而是关于如何最佳实现这些价值的经验议题。

免于对暴力死亡之恐惧的和平生活的价值，是一个共识议题。没有人需要被说服，让他相信自己的和平与安全是有价值的。人们产生分歧的是实现这种善的手段。然而，如果经验研究能够确定某些普遍的决策和行动对于实现和平生活是必要的，这就会让人类能动者得出他们应该追求这些决策和行动的伦理结论。

集体行动问题

但是，可能促进自我保存的策略与道德之间是什么关系呢？我们为什么认为信守承诺和遵守黄金律的道德义务在某种程度上有助于促进自我保存？

通过考虑霍布斯对自然状态的分析，我们可以开始理解这些问题的意义，以及霍布斯如何提出处理这些问题。按照指向这个意义的论证逻辑，每个能动者在逻辑上都承诺于判断她应该做必要的事情来保存自己的生命。但是，尽管这显然对每个人来说都很合理，但同样真实的是，如果每一个能动者都遵循这种策略，并最大限度地提高她自己的个体生存机会，那么每个人的集体结果都将会更糟糕，这是一场"所有人反对所有人的战争"。在霍布斯看来，处于自然状态的个体面临当代理论家所说的**集体行动问题**（collective action problem）。如果每个人都做最有利于自己的事情，那么集体结果对所有人来说都变得更糟。

集体行动问题的一个简单版本是被称为"囚徒困境"的博弈论情境。假设两个人因涉嫌抢劫而被判入狱，地方检察官分别对每个人提出如下建议：

> 我没有足够的证据给你和你的搭档判处抢劫罪，但我可以判你们非法入侵他人住宅罪，刑期为一年。但如果你供认抢劫，并提供反对你搭档的证据，而如果他（她）不认罪，你将被释放而不会受到惩罚。如果他（她）也认罪，你们都会被处以五年刑期。如果你不认罪，而你的搭档认罪，那么你被处以二十年刑期，而他（她）会被释放。

此外，假设两个囚徒之间不可能有交流，每个人都只关心获得刑期最少的惩罚，而且特别是，他们都不关心对方身上发生什么，除非对方的做法影响到对他（她）的判决。每个人应该怎么做？

这种情境的结构可以用图 11-1 来说明，该图在左侧显示了囚犯 A 的可替代性选择 C（供认）和 NC（不供认），在顶部显示了囚犯 B 的可替代性选择。每对选择（分别由 A 和 B 做出）决定一个结果（a，b），其中 a 是在 A 的优先排序中 A 的选择结果的排名，而 b 是在 B 的优先排序中 B 的选择结果的排名。因此，（1，4）是 A 的最好结果，是 B 的最差结果；而（4，1）则相反，（2，2）是 A 和 B 的次优结果，（3，3）是两者排序第三的结果。

		B	
		C	NC
A	C	（3，3）	（1，4）
	NC	（4，1）	（2，2）

图 1-1　两个囚徒的情境结构

　　A 应该怎么做？假设 A 不会受到 B 的选择的任何影响。无论如何，B 要么供认，要么不供认。如果是这样的话，那么 A 似乎应该供认，因为不管 B 做什么，如果 A 供认，A 都会得到较好的结果。如果 B 供认，那么 A 将通过供认获得他的排序第三的结果，而不是他的排序第四的结果。如果 B 不供认，那么 A 将通过供认获得他的最好结果，而不是他的次优结果。所以 A 应该供认。无论 B 做什么，A 都会得到更好的结果。

　　但 B 与 A 的处境完全相同，因此 A 供认的任何理由都同样适用于 B。因此，如果 A 尽最大努力供认，那么 B 也会这样做。现在你明白为什么这被称为集体行动问题了。对于 A 和 B 的行动，每个人都最有可能单独取得最优结果，而当他们同时采纳这个行动，却给每个人带来更糟糕的结果。如果在对方行动给定的情况下，两个囚徒做对他或她最好的事情，那就是都供认。但这会产生一个结果（3，3），对双方来说都比他们本可以实现的另一个结果更糟糕。换句话说，如果两人都不供认，结果将是（2，2），而不是（3，3）。

　　粗略地说，霍布斯认为，自然状态是人们在其中面对囚徒境况的情境，他们要和其他许多人选择侵犯行为或非侵犯行为。一般来说，使一种情境成为囚徒困境的，是某个利益相互冲突的结

99

构——例如，每个人的最优结果却是另一个人的最差结果。霍布斯认为，在自然状态中，存在发生这种冲突的各种原因。一方面，存在着对自然善品（goods of nature）的竞争，自然善品对于一个人在不确定的情况下有权（power）在未来继续满足他的欲望是必要的。另一方面，人们欲求一些不可能共享的东西，比如地位和声望。例如，在自然状态中，没有办法共同扩大"承认"（recognition）的存量来满足两个人的欲望，因为每个人都渴望获得比另一个人更多的承认。出于这些和其他原因，霍布斯认为，一个人"为了求利而掠夺他人"，而其他人没有这么做，那么胜利者就会得到他的最优结果，而失败者则遭受了最差结果。这种情境产生了（1，4），这与囚徒困境图的左下角和右上角的（1，4）模式相同。此外，如果每个人都克制他或她的侵犯，结果则是（2，2），一个和平的妥协方案，如果每个人都掠夺他人，结果便是（3，3），一场"所有人反对所有人的战争"。这些情况类似两个囚徒各自都供认或不供认的处境，分别在囚徒困境图的右下角和左上角。因此，如果我们设置 C= 侵犯，NC= 不侵犯，我们可以从中为两个人的囚徒困境的"自然状态博弈"制作一张图。

再次假设每个人的选择都独立于另一个人的选择（我们不用担心这个场景是不现实的），我们又一次面临同样的集体行动问题。对每个人来说，侵犯行为是个人的最优行动，因为不管别人做什么，每个人这么做对自己而言是最优的。如果对方侵犯自己，那么他同样采取侵犯行为可以避免被征服，尽管代价是持续的战争。如果对方不采取侵犯行为，那么这个人继续侵犯而不是默认妥协，就会得到全部战利品。因此，显然，侵犯行为对每个人来说都是个体意义上的最优策略。但就像囚徒困境一样，如果双方都做对个体而言结果最优的事情，那么最后对双方来说，集体结果将会更糟糕。两个人来到了一场"所有人反对所有人的战争"，这对双方来说比订立互不侵犯的和平协议要更糟糕。

如果每个人都这样做会怎么样?

人们可能出于各种理由,反对使用囚徒困境作为对自然状态的分析(甚至作为对霍布斯的解读)。但我们的兴趣不在霍布斯的政治哲学,而是他隐含的道德观,因此我们可以大体上忽略这些理由。对我们来说,重要的是霍布斯对信守承诺这一道德义务的运用,以及他试图将道德"应当"建立在慎思能动者的实践推理基础之上的方式。

然而在此之前,我们最好注意到许多道德问题,特别是那些关于公平的问题,都聚焦在集体行动问题上。以我们所描述的自然状态为例。我们自然而然会想:如果我们都约束自己的侵犯行为,每个人都会过得更好,那么为什么侵犯行为不能直接就是错误的呢?也许是这样的,但这难道不也取决于其他人是否也约束自己吗?或者至少取决于其他人是否愿意这样做?如果其他人不这么做,那么单凭一个人无法通过约束自己来确保集体利益。在这种情况下,对他人的公平显然不要求自我约束,因为公平只要求一个人做自己应做的份额(share)。任何行为义务都以他人同样的善意努力为条件。

但是,如果其他人做了自己应做的份额呢?在这种情况下,公平确实要求人们做好自己的份额。从其他人为了互惠利益而作出的牺牲中谋利,却不做自己应做的份额,这是不公平的。正如我们将会看到,霍布斯基本上同意这个观点,但他不愿意认为我们应该行事公平是理所当然的。对于为什么要如此,霍布斯认为我们需要做出某种从慎思能动者的角度来看是令人信服的解释。

但又一次,请注意这个观点及其相关的集体行动问题是如何深远地贯穿于我们的共同生活和道德思考之中的。人们经常愿意作出牺牲和承受负担,因为他们知道,只有每个人都这么做,才能实现他们非常重视的目标:干净的环境、整洁安全的街道、文明诚信的沟通等等,更不用说为社会生活提供凝聚力的基本信任了。他们知道，如果每个人仅仅追求自己的利益，而不关心"如果每个人都这么做"，结果会是什么样，那么世界将有可能变得匮乏穷苦。他们认为这个事实为他们提供了一个理由——一个道德理由，即他们自己不能这么做。

我们要非常谨慎地理解这个要点。这个观点不仅仅在说，人们会准备牺牲其他利益，一旦他们在诸如整洁的环境、和平的社会等方面拥有更重要的利益，而这些更重要的利益将通过他们自己的行动得到促进。在这种情境下，我们面临的问题与其说是集体行动问题，不如说是平衡能动者的短期利益与长期利益、狭义利益与广泛利益之间的问题，以及促进能动者实际上长远来看更关心的价值，即使这需要牺牲她当前其他一些更紧迫的利益。个体由于不受限制地追求其更广泛、更长远的利益，从而损害所有人的集体利益，这时就会出现集体行动问题。公平可能会要求他们在这种情况下约束自己，即便他们这样做，也无助于促使合作性的集体计划增进更大的利益。

以小额所得税欺诈为例（例如不申报暑期餐厅服务员工作的小费）。对许多人来说，在纳税申报表上提出欺诈性申报可能符合他们的利益，只要这些申报不超过一定金额。他们这样做被抓住的几率非常低，受到的惩罚可能微不足道，对他人和相互信任带来的伤害可能性也极不确定，即使考虑到个人在公共福利、相互信任上的利益，单从自我利益的角度来说，这类欺诈也是最优决策。在某些情况下，这种小额欺诈可能不足以抵消个人因放弃欺诈性申报而遭受的损失。然而，如果每个人在这种情况下都实行所得税申报欺诈，那么对所有人来说，集体结果都会更糟糕。

当这一点成立，即一个人想要避免集体欺诈带来的结果，且其他人放弃欺诈的条件是他们这么做会得到回报，那么公平就会要求他自己也这样做。就算"做自己应做的份额"涉及某种牺牲的情况下，公平的要求亦是如此，即便这个牺牲充分估计了个人从公平的合作计划所产生的有价值结果中所占据的利益。

公平、自然法与政治权威

公平的观念——当一个人并不准备作出自我牺牲，却从其他人为了互惠利益而作出的牺牲中谋利，这是错误的——非常接近霍布斯所总结的"自然法"的黄金律版本："己所不欲，勿施于人。"这并不意味着一个人不应该以这种方式对待其他人，即可能导致其他人以这个人"不想要的"方式对待他。相反，这意味着一个人不应该以他不想让其他人以同样的方式去对待自己那样去对待其他人，不管这是否会导致他们以这种方式对待他。然而，霍布斯也说，这条对法则的总结（以及所总结的法则）只有在其他人同样真正遵循它们的条件下，才会对一个人的行为具有约束力。其他人都不遵守，只有他一个人遵守，那么，他"便只是让自己作了旁人的牺牲品，必然会使自己受到摧残，这与一切使人保存本性的自然法的基础都相违背"*（L.XV.36）。

这就是为什么霍布斯认为，在自然状态下不可能存在关于公平的普遍道德义务以约束侵犯行为。如果没有一个主权者权力的政治权威，人们就会缺乏安全感，而这种安全感来自知道其他人会克制他们的侵犯行为。而一旦缺乏安全感，人们就不会有任何公平的理由来进行自我约束。只有当存在一个政治权威，它有足够的权力强制那些没有公正感、不愿意约束自己的人，那么愿意约束自己的人在其他人也愿意这样做的前提下，就会有充分的理由也这样做。

但如何建立政治权威？是什么使得人们应当服从主权者？本节结尾的考虑可能会使人认为，主权者使用强力迫使人们服从，就可以轻松解决这个问题。但这种想法只会把问题推后一步。是什么使这种主权者权力存在呢？这也取决于其他人是否愿意服从主权者，

102

---

*　译文来自［英］霍布斯：《利维坦》，黎思复、黎廷弼译，商务印书馆 1986 年版，第 120 页。

哪怕只是那些执行主权者惩罚的人——例如他的警察。

霍布斯提出，一个主权者可以通过相互订立的契约（mutual covenant）获得必要的权力和权威，在相互订立的契约中，所有人都有效地承诺不反对主权者，并授权他代表他们行事。因此，这意味着，服从主权者的（政治）义务和从黄金律中总结而来的所有自然法均涉及的道德义务，都取决于遵守契约的义务。人们有义务服从主权者，只是因为他们已经如此承诺过，也因为他们有义务信守该承诺。此外，人们出于公正感有义务遵守其他自然法，并且不对其他人做自己不愿意其他人同样对待自己的事情，前提是其他人也是如此。而其他人只有在主权者存在的情况下才会如此行事。最后，既然只有当人们有义务信守承诺时，情况才会如此，因此，只有当遵守契约的义务确实存在，从黄金律中总结而来的义务才具有约束力（binding）。

我们为什么应该信守承诺？霍布斯对愚昧之徒的回复

但是，信守承诺义务的基础是什么呢？为什么"人所订信约必须履行"？在这里，我们必须将在第 10 章中对霍布斯关于规范性和价值判断的论述与是否信守承诺的问题联系起来。一个显而易见的问题出现了。前者的论述是关于从目的到手段的能动者推理——其中最突出的是自我保存的目的。但是，不能保证遵守任何特定的契约对于自我保护是必要的。相反，能动者自己的目的（特别是自我保存）可能与遵守任何具体的契约相冲突。那么，霍布斯何以能够一致地认为我们应该信守一个契约，即使我们似乎缺乏充分的理由这么做，也包括缺乏可以基于自身利益的理由？

在《利维坦》中，霍布斯把这个明确的挑战借一个他称为"愚昧之徒"的人表达出来："愚昧之徒心里认为根本没有所谓正

义存在"*（L.XV.4）。对霍布斯来说，正义就是关于信守契约之
事（L.XV.2）。因此，愚昧之徒否认正义的存在，也就是在否认存
在任何信守契约的义务。愚昧之徒的积极立场是，一个人应该只
做有利于他自我保存和自我利益的事情，并且相应地，"立约与不
立约，守约与不守约，只要有助于个人利益，就不违反理性"**
（L.XV.4）。

让我们回顾一下霍布斯对规范性和规范性判断的论述，它建立
在一个能动者从目的到手段的实践推理的基础之上，此时我们可能
会很疑惑，为什么愚昧之徒的立场不是霍布斯本人的。所有人类能
动者都判断他们自己的目的是善的。因此，当某人认为某些行动或
决策对于实现某个目的是必要的，她自然而然就会认为该行动或决
策是她应该追求的。由此可见，任何人也会自然而然地认为，她所
制定的或信守承诺的任何理由，都取决于这样做是否"有助于"她
的自我保存或利益，正如愚昧之徒所说的那样。

但霍布斯拒绝了这一立场，重要的是要弄清楚为什么。为了
理解他的推理，我们必须首先认识到契约在自然状态中起到独特而
普遍的作用，正如霍布斯所理解的那样。我们已经知道故事的一部
分。只有通过共同订立信约以建立起一个主权者，个体才能摆脱永
久战争的状态。但霍布斯也认为，与此相比，在自然状态中，对契
约的一般需求要更为普遍深入，而且必须如此，这样才能使建立政
治主权者（political sovereignty）的共同信约成为可能。

没有人可以指望独自一人就能在自然状态中生存。人们在力量
上过于平等。没有人能够完全不受他人力量的伤害，因此没有人可
以指望单凭自己的谋划就可以保护自己处在相对安全的境况。正如
霍布斯所说："任何人要是没有联盟的帮助便都难望靠自己的力量

---

* 　译文来自［英］霍布斯：《利维坦》，黎思复、黎廷弼译，商务印书馆 1986 年
　　版，第 109 页。
** 　同上。

或智慧防卫本身，免于毁灭之祸；在这种联盟中，每一个人都和别
人一样指望通过联合得到相同的防卫。"*（L.XV.5）但这样的联盟
只能通过契约才能形成。每个成员必须同意做自己应做的份额来保
护其他成员，以换取他们对他的保护。因此，契约不仅对于通过建
立一个主权者以永久摆脱战争状态是必要的，而且对于一个人在自
然状态中通过加入一个联盟，成为其成员，以获得联盟所提供的任
何短暂的防御和安全也是必要的。就算是为了短暂的安全，契约也
是十分必要的，因此，个体保留订立契约的能力（ability），对于
自我保护是至关重要的。

现在，任何旨在建立共同防卫的契约都取决于参与者能够期
望与之签订契约的人都会遵守它，或者至少取决于参与者不期望他
们不遵守契约，或不会合理怀疑他们会违背契约。除非有一个主权
者可以强制他们信守契约，否则相互承诺便因"任何合理的怀疑"，
即怀疑订立契约后有一方不去履行，而成为无效。（L.XIV.18）因
此，为了使契约成为可能，潜在的参与者必须不会对其他人是否愿
意做他们所承诺的事情产生任何合理的怀疑。这意味着可信赖的声
誉是任何人在自然状态中所能拥有的最宝贵的资源之一。这也意味
着个体有强大动机去发现其他人是否真的值得信赖。

为了具有价值，共同防卫的契约必须持续一段时间。因此，在
任何给定的情况下，是否遵守这样的契约都会受到如下事实的重大
影响：一个人希望继续被接纳为成员，而其他人是否也这样做可能
在很大程度上取决于他在这种情况中是否遵守契约。因此，在这种
极其重要的情形中，我们有了一个博弈论学者称为"重复性"而非
"一次性"的囚徒困境例子。一个重复性囚徒困境面临的是一个与
一次性囚徒困境类型不同的集体行动问题。当一个囚徒困境在同样

---

*   译文来自［英］霍布斯：《利维坦》，黎思复、黎廷弼译，商务印书馆1986年
     版，第111页。

两个人之间无限重复时，就像共同防卫联盟一样，每个人通过合作而不是竞争，在集体层面以及在个体层面都会取得更优结果。这里的结果实际上与一次性的版本不同，因为即使每个人当前的选择独立于其他人的选择，其他人未来的选择也会取决于这个人当前的选择。在这种情形中，每个人都有充分的动机信守承诺，以确保这种互惠互利的安排持续下去。

出于这些理由，我们可能期望霍布斯会论证，违背契约永远不会对一个人的总体利益有利。在某些情况中，违背契约似乎是有利的，但只有当我们错误低估了违背契约对声誉的进一步影响，以及其他人在将来与我们订立契约的意愿时，情况才会如此。对信任降低的风险和代价的充分考虑表明，这样的利益永远无法真正实现。

这一回应将以自己的方式应对愚昧之徒的挑战。它承认前提，但否认其结论。但霍布斯并没有作出这种回应，我们可以理解他为什么避免这么做。不管信任和声誉多么宝贵，假设信守契约总是符合一个人的自我利益似乎是不可信的。当然，在某些情况下，就算充分考虑了所有代价，违背一项契约也不足以带来超过利益的伤害。也许这种情况甚至时常发生。毕竟，不是每项契约都是由同样一批人进行下去的。即便在契约持续进行的情形中，个人是否遵守契约，也不可能总是受到监控。

无论如何，霍布斯并没有否认愚昧之徒的前提，即违背契约实际上有时可能符合一个人的利益。他否认的是，就算在自然状态中，违背契约也是明智的（*wise*），除非契约因合理怀疑对方违约而变得无效。霍布斯的理由是，即使在某些情况下，违背契约可能带来利益，但人们永远无法确切知道自己是否处于这种情况，加上对风险和代价的考虑，以至于最明智的决策是始终遵守契约而非冒险违背之。

这里有两处要点。一是选择的智慧并不取决于其实际结果。如果有人成功玩了一盘俄罗斯轮盘，赢了 20 美元的赌注，那么他最

105

终获益并不意味着他的行为是"合理或明智地完成的"（L.XV.5）。至少，重要的是，根据他所获得的证据，这个人可以合理相信哪种行为最有可能产生最佳结果。

但在某些情形中，一个人根据对最佳结果的最合理估计而采取行动，甚至可能没有什么意义。个人所掌握的证据质量可能很差，或相当好，但还不足以令他的冒险是合理的。为了理解这一点，请从你当前的角度考虑一下，假设有人给你一万美元来玩俄罗斯轮盘，你希望自己做什么。假设你将被允许在旋转枪膛后决定是否扣动扳机，并且还假设你将非常有信心去识别枪膛是否有子弹。（例如，假设你将被允许看到子弹被放置在带有识别标记的枪膛中。）在这种假设情形下，你旋转枪膛，相信装有子弹的枪膛出现的可能性只有百万分之一，因此，如果你只是把枪放在头上并扣动扳机，你有 0.99999 的机会拥有一万美元，变得更富有，而只有 0.00001 的机会失去你的生命。正如决策理论家所指出，在这种情况下，扣动扳机的"期望值"（expected value）是正面的，除非你把自己的生命看得价值百亿美元。而从你当前的角度来看，这是否会让你认为在假设情况下扣动扳机是合理的或明智的？你希望自己这样做吗？很多人不会。即使当你没有其他合理的选择项而必须准备承受这样大小的风险，你也有可能认为，不值得冒这个风险。

这里是第二点：霍布斯认为，违背契约就像玩俄罗斯轮盘一样，即使在个别情况下最有可能获得最佳结果，但这样做也是没有意义的。对任何人类能动者来说，不是根据具体情况来决定是否逐次遵守契约，而是始终遵守契约，这种决策或规则一般而言是促进他们的自我利益和自我保存的更佳手段，这样才最有可能获得最佳结果。

始终遵守契约的决策是霍布斯对愚昧之徒的最后回应，由此将他的规范性论点（即一个人不应该违背契约）与他对规范性判断的说明关联了起来。由于所有人类能动者都不可避免地渴望自我保存，他们都认为自己的利益和保存是善的。出于各种理由，始终遵守契约的一般规则或决策是实现这些目的的更有效手段，而不是根据具体情况来逐次决定是否遵守已作出的承诺。因此，认识到这一点，任何人类能动者都有理由同意她应该服从遵守契约的一般决策或规则。霍布斯显然假定，如果人类能动者应该服从遵守契约的这个一般决策或规则，那么她就应该遵守它，就算在那些她甚至可以合理认为违背契约会带来更优结果的情形中，她也理应如此行事。

总结：霍布斯的道德和道德义务理论

对霍布斯来说，道德是一套规则，普遍遵循这些规则可以解决集体行动问题。这就是他为什么说，自然法（道德）可以概括为这个观念：我们不应该对别人做我们不希望他们对我们做的事情。然而，要使道德具有"效力"，在解决集体行动问题的合作性（道德）方案中，必须有某样东西可以确保其他人也做他们应做的份额。霍布斯认为，最终，它需要一个拥有权威和权力的主权者去强迫那些缺乏公正感的人对具有公正感的人给出恰当的理由，去做他们自己应做的份额。

然而，当某人合理地信任其他人在集体方案中应该尽自己的份额，那么他自己也应该这么做。但这是为什么？霍布斯最终同意愚昧之徒的看法，即一项规则在集体层面上是有益的，这一事实本身并不能成为个体遵守它的理由。相反，为了说服一个慎思能动者（a deliberating agent），任何证成都必须与该能动者所看重的事物相关。在这一点上，霍布斯同意愚昧之徒的意见，它最终要求我们需要知道哪些事物将促进能动者自己的保存或利益。

对霍布斯来说，把个体能动者的善与集体的善这两个目的结合在一起的，是共同协议（mutual agreement）。没有他人的合作，我

107

们就无法生存，如果我们不愿意与他人合作，我们也无法拥有这种合作。因此，归根结底，道德是一种互利互惠的制度（a system of *reciprocity*），在这种制度中，当其他人都愿意做自己的份额，所有人才愿意做他们自己的份额。但在霍布斯看来，即使在这里，道德（黄金律）所要求的互惠性（reciprocity）与道德对能动者施加真正约束力所要求的事物之间存在很大差异。道德规定我们不应该做那些我们不愿意他人对我们做的事情，无论这是否令他人表现同样的克制。换言之，道德认为公平是有内在价值的或被要求的，而不仅仅是因为它导致他人同样公平行事。

总而言之，霍布斯现在同意以这种方式看待道德主张是合理的。然而，他也认为，我们这样做最终得到这一事实的证成，即任何人（在个体层面上）如此看待道德符合他或她的利益。我们或许可以这样调和这两点：对霍布斯来说，道德在于规则，如果每个人都遵守这些规则，那么每个人都会从中受益；但是，任何具体的能动者都应该遵守道德规则，其原因在于，他遵守这些规则符合他自己的利益。

上述举例说明了伦理学中**外在主义**（**externalism**）的含义：道德要求之所以具有规范性约束力，成为一个能动者真正应当遵守的规则，是外在于道德要求的最初基础的。对霍布斯而言，道德规则是建立在集体利益的基础上的，但使得道德规则具有规范性约束力的，却是能动者自己的利益。

结论与遗留问题

这种道德观在哲学上具有强大影响力。它的显著优点在于，它旨在以一种与形而上学自然主义相一致的方式，展示道德如何对人类能动者（在正常环境中）而言是规范性的。无需预设一些有问题的形而上学或认识论假设，霍布斯就足以证明人们应该按照普遍规则或"法则"生活。

我们应该接受霍布斯的理论吗？在本章最后部分，请允许我谈谈接受该理论的两个潜在障碍。一个问题内在于霍布斯自己的计划中。假设我们承认，一个人通过服从遵守契约的规则或决策，并且在政治权威建立之后遵守其他道德规则，一般来说他会过得更好。为什么这样的理据可以表明，在任何具体的情况下，能动者都应该按照这个一般规则或决策的要求行事？

你把自己视为一个慎思的人类能动者，并从这个视角去理解这一点。你重视自我保存。你这样做给了你一个遵守一般决策的理由。但有一种在其中一般决策给出错误答案的情形。你非常清楚，在这个情形中，假使你背离最佳的一般规则，你会在你所看重的方面做得更好。既然遵循一般决策之所以是明智的，仅仅是因为这样做会促进你所看重的价值，并且在这种情形中，通过背离一般决策，你显然能够更有效地促进你所看重的价值，那么为什么背离它没有意义呢？正如俄罗斯轮盘的例子所显示的那样，背离一般决策几乎不会带来什么严重后果。但这个推理似乎仍然令人感到不安。

另一个问题外在于霍布斯的思路——即把道德最终建立在自我利益的基础上，是否把握了我们通常所认为的规范性是道德固有的（intrinsic）观点。对像霍布斯这样的外在主义者来说，是什么使得某事物成为一个道德命令是一回事，而使得它对我们产生规范性约束力（我们应该遵循之）则是另一回事。然而，当我们从道德思想的内部视角看待事物时，我们应该做道德所要求的，唯一理由就是它最终给我们带来回报吗？相反，某事情是错误的，难道这本身不能构成我们不应该去做的充分理由吗？换言之，内在主义难道不比外在主义更正确吗？

回到第 1 章开头的例子：当你对无辜者遭到酷刑感到愤怒时，你真的认为人们不应当折磨无辜者，其理由在于如果他们这样做，

他们最终会过得更糟吗？可以肯定的是，霍布斯认为他可以对此作
出解释：我们不这么认为，是因为从总体上这样看待这些规则是符
合我们的利益的。但这种解释包含了某种分裂的思维，这难道不会
带来一种担忧吗？我们从道德的内部视角的所思所想，似乎直接与
霍布斯提供的外在主义证成相冲突。

推荐阅读

Darwall, Stephen. *The British Moralists and the Internal 'Ought'* : *1640—1740*, Chapter 3.
     Cambridge: Cambridge University Press, 1995.

Gauthier, David. *The Logic of Leviathan*. Oxford: Clarendon Press, 1979.

——. "Thomas Hobbes: Moral Theorist." *Journal of Philosophy 76*(1979): 547—559.

Hampton, Jean. *Hobbes and the Social Contract Tradition*. Cambridge: Cambridge University
     Press, 1986.

Hobbes, Thomas. *Leviathan* (1651). Edwin Curley, ed. Indianapolis, Ind.: Hackett
     Publishing Company, 1994.

Kavka, Gregory S. *Hobbesian Moral and Political Theory*. Princeton, N. J.: Princeton
     University Press, 1986.

Sorrell, Tom, ed. *The Cambridge Companion to Hobbes*. Cambridge: Cambridge University
     Press, 1996.

第12章

密尔 I

引言：伦理思想与社会语境

任何个体所遭遇到的哲学伦理议题，都不可避免地发生在特定的历史语境下。对今天的读者来说，霍布斯对违背契约行为的极端警惕，加之他对政治社会以外的人类状况的可怕描述，对绝对主权的证成，这些似乎构成了一个奇怪的混合。但当我们从霍布斯的17世纪视角来看，在一场"世界发生了天翻地覆"的英国内战中，即便我们不接受他的观点，但也更能够容易理解它们。

两个世纪之后，约翰·斯图亚特·密尔（1806—1873）在相对稳定的维多利亚时代的英国写下了《功利主义》（1861）一书。正如我们将看到的，密尔对社会的（以及他个人的）一些特定关注也推动了他的思想。但在我们开始了解这些因素是什么之前，我们最好先反思一下哲学思想和伦理思想与其根源在特定历史语境中的动态张力（dynamic tension）。

任何思想家——无论是霍布斯、密尔、你还是我——都会情不自禁从他或她所处的语境中思考伦理和哲学问题，即一个人类个体所处的诸多社会的和个体的环境。但是，出于同样的原因，我们试图从这些不同的视角所思考的对象（object）显然是普遍的、不随语境发生变化的（context-invariant）。当你想知道价值是什么，你不是在问一个关于你的生活和环境的特殊问题，或者一个关于当代美国社会的问题，甚至也不是一个关于人类境况的问题。你不是在简单询问你所处的社会对这个问题的看法。在最根本的层面上，你的问题根本不直接与你所处的社会有关。

110   当然，你思考这些超验而普遍的问题，很可能反映了你独特的社会和个人视角。但是，由于这些问题是普遍的，如果你开始相信你对它们的回答取决于你所处环境的特殊性，你就会有一定的理由质疑这些答案，或至少怀疑你持有这些观点的理由。因此，要深入思考哲学伦理学的根本问题，一个重要部分在于你在自己所处的个人和社会背景中对你观念的来源保持批判性的距离，这一点在尼采的道德"谱系学"（genealogy）与女性主义关于伦理思想中性别角色的批判中得到了强调（分别见第16章和第19章）。关键不在于哲学和伦理思想必须以某种方式不受语境的任何影响。这是不可能的。但它可以自觉地尝试修正特定语境的影响。

密尔的计划

    这为我们探索密尔在《功利主义》一书的计划做好了准备：发现并捍卫道德和政治改革的原则性基础。与他的先驱，功利主义创始人杰里米·边沁（Jeremy Bentham，1748—1832）一样，密尔相信，保守主义者诉诸直觉的、"常识性的"判断和情感来证成已建制的实践和制度的正当性，这一做法既服务于自身利益，在哲学上也值得质疑。他认为，道德上令人反感的做法常常无效地要求从这些做法所产生的感觉和判断中得到支持。例如，考虑密尔在《妇女的屈从地位》（*The Subjection of Women*，1869）一书中雄辩地论述了女性在维多利亚时代的英国所遭受的对待。使妇女屈从于受男性支配和控制的社会，对这一实践的证成无法基于它似乎是自然的和合宜的论调，因为它看起来如此正是那些同样的社会实践的产物。

　　与霍布斯和边沁一样，密尔认为，充满争议的伦理问题只能通过经验研究来解决。事实上，他比霍布斯走得更远，因为他既是**伦理自然主义者**（ethical naturalist），也是**形而上学自然主义者**（metaphysical naturalist）。霍布斯认为只有手段问题才能以经验方式解决，而密尔则认为目的问题也同样可以。密尔相信，所有伦理事实都涉及自然界的方面，而这些方面都面向经验研究开放。基于经验的基础，密尔论证道，一切善的事物都是某种形式的快乐。这一主张奠定了他的**功利主义**（utilitarianism）学说的基础。他认为，所有道德问题最终都取决于哪些事物能为所有人创造最大的快乐。

　　当我们考虑密尔的观点时，我们应该牢记他的反对者。尽管伦理和哲学思想旨在普遍性的目标，但它不仅面向特定的精通伦理和哲学思想的人言说，也对身处特定语境的人对话——尤其是当它的目标，就像密尔的目标那样，是说服他人同意实施改革。密尔视他的哲学对手为不具有批判态度的**直觉主义者**（intuitionists），不管他们是否是理性主义者，他们都认为道德常识之所以得到辩护，在于它反映了客观的伦理现实。他们认为，直觉的伦理判断所起到的作用就像观察一样，能够为伦理事实提供证据。基于认识论和形而上学的基础，密尔对这一立场持怀疑态度。他还担忧，作出这种捍卫的人是为了支持他们从中获得既得利益的保守主义实践。

一个"对错标准"

　　密尔以一句宣言作为《功利主义》的开头。他说道，"没有什么比这种情况更加能够表明，我们对一些最重要问题的思考至今仍然是非常落后的"，即我们尚未建立一个行为的"对错标准"[1]*。
（U.I.1）他认为，即便是他的直觉主义反对者，也应该承认普遍的
道德原则的必要性，因为连他们也认为伦理判断从来都不仅仅是对
特殊事物的直接知觉（U.I.3）。

　　我在第 1 章提出并在形而上学的意义上表达这一点：伦理属性
从来都不是"单纯地"被持有的。比较判断某物是黄色的与判断某
物在道德上是错误的之间的区别。如果一个特定的行动是错误的，
那么它必须具有使之为错误的特征。我们并不总是能说出这些特征
是什么，甚至也说不出我们认为它们是什么；但当我们判断某物具
有一个伦理属性时，我们仍然承诺于认为它具有某些属性，这些属
性是它具有这一伦理属性的理由（reasons），即使之成为正确或错误、
善或恶的属性。某物有了像黄色这样的属性，就不再需要其他属性。
我们不必评估一个事物的其他属性来看它是否相当于黄色属性。它
看起来是黄色的就足够了（在正常条件下，在正常观察者看来）。

　　然而，判断某一特定的行动是错误的，确实使人认为它具有使
之为错的属性——其他特定行动也可能具有，并且这些属性也往往
使之是错误的。这就使人们信奉一个普遍原则：任何具有如此这般
属性的行动是错误的——至少，在其他条件相同的情况下。例如，
如果我认为不把去年夏天在餐厅当服务员时赚的小费计入所得税申报
这一行为是错误的，那么我一定认为，任何其他的类似行为也应该如
此。这就是为什么我们在伦理讨论中说"但这没有什么不同……"

　　因此，任何人，无论是直觉主义者还是功利主义者，都必须承
认普遍原则的必要性。直觉主义者有时承认这种需求，尽管他们不过

[1] John Stuart Mill, *Utilitarianism* (1861), George Sher, ed. (Indianapolis, Ind.:
　　　Hackett Publishing Company, 1979). 文中的引文标记原文的章节和段落编号，
　　　"U" 表示书名 *Utilitarianism*。
＊　　译文来自［英］约翰·穆勒：《功利主义》，徐大建译，上海人民出版社 2008 年
　　　版，第 1 页。

列出一个原则清单。但密尔认为，他们应该有能力将其原则系统化。

　　简单罗列原则没有什么用，因为这完全不能让我们清楚，当原则发生冲突时该怎么做。例如，假设你认为在其他条件相同的情况下，说谎是错误的，但造成伤害也是错误的。那么，在不说谎但会造成伤害的情况下，我们应该怎么做？假设你认为在这种情况下，考虑到所有因素，一个人应该说真话。说真话是正确的，但造成伤害是错误的，除了这两个普遍原则之外，在其他条件相同的情况下，这难道不是要让你承诺于某些更进一步的普遍原则吗？你难道不认为这种特殊情况属于某一类型，在其中你应该说真话，即便这样做会造成伤害？

　　密尔认为，这个情形确实让你承诺于更进一步的普遍原则。当你说这个行为是正确的时候，考虑到所有的因素，你所赋予这个行为的伦理属性也不能"单纯地"被持有。总的来说，如果在这个特殊情形下，说真话是正确的，那一定是因为在这种类型的情形下这样做是正确的。所以，你承诺于更进一步的普遍原则。也许你认为真相应该被告知，不管是否带来伤害。或者也许你认为这个原则与所涉及的真相和 / 或这类伤害有关。不管这个原则是什么，你都承诺于信奉某个普遍原则或规范，以解释在这类涉及讲真话和造成伤害的情形里，一个人总体上应该做什么。

　　这个推理给直觉主义者留下了更长的原则清单。它提出了（实际上加剧了）一个明显的问题。是什么解释了这份原则清单？是什么解释这份清单有什么，没有什么？即使在科学中，如果我们缺乏简洁而统一的解释，我们也会感到不满，而密尔认为，这个问题在伦理学中甚至更糟糕。在科学中，"特殊的真理要先于一般的理论"[*]（U.I.2）。科学理论的最终仲裁者是特殊的自然事实。无论自

---

[*]　译文来自［英］约翰·穆勒:《功利主义》，徐大建译，上海人民出版社 2008 年版，第 2 页。

然界实际上多么复杂，科学理论的完备性只能依据我们对这种复杂
性的最佳推测来获得检验。尽管我们一直在寻找事物之所是的原
因，但在某些时候，我们只能不得不接受"这是事物之所是的方
式"，并终结对原因的寻找。

密尔认为，这种情况在伦理学中正好相反。在伦理学中，一
般理论先于特殊真理。通过回到为什么伦理属性不能"单纯地"被
持有这一问题上，我们可以瞥见密尔为什么会这么想。正如我们所
指出的那样，一个特殊的物体可能只是黄色的。当然，有一些解释
可以去解释它为何如此，但这种解释的存在并不是它是黄色的这一
思想的一部分。仅当存在某一原因解释某物具有黄色属性，它才具
有这一属性，而它不是黄色属性本身的一部分。但伦理属性正是如
此。某物具有一个伦理属性——无论是善的还是正确的，恶的还是
错误的——仅当存在某一理由说明它为何具有这一属性。这意味
着，持有某一普遍原则或"一般理论"，是内在于"事物具有伦理
属性"这一事实本身的。判断任何特殊的伦理事实，即隐含判断某
个一般理论或其他理论为真。

113　　　严格地说，直觉主义者不必否认这一点，因为他们仍然可以
说一般理论可能非常复杂。但是，这种推理似乎确实给这个观点带
来压力，即不论道德真理有多么复杂，我们都可以用一个原则清单
对此给出充分的描述。如果必须存在理由作为伦理属性的基础，而
这正是伦理属性观念本身的一部分，那么单纯相信存在一个道德原
则的清单，却不需要将其作为伦理属性之理由的基础，这是可信
的吗？

回顾一下（来自第 1 章）洛克的名言：没有任何道德规则，
"在一提出来后，人们都不可以合理地对此请问一个所以然的理
由"。密尔当然同意这一点。他也同意洛克名言背后另一个更有争
议的假设，即唯一能够适当地作为道德规则基础的，是它们服务于
某一更长远的目的（end）："行动规则所具有的特性和色彩必定得

自其从属的目的。"*（U.I.2）这是一个非常重要的假设。即使伦理学必须寻求统一的解释，但尚不清楚的一点是，为什么这些解释必须基于一个统一的目的。尽管如此，密尔的思想有其优势：一个共同的目的必定可以为道德规则提供一个统一的解释，如果解释是必要的话，正如看起来是这样的。

非道德善与享乐主义

密尔认为，赋予道德规则以"特性和色彩"的目的是所有人的最大快乐或幸福。这是因为他接受另外三个论点：

（1）道德就其本质而言，是从道德共同体的视角关注什么是善。

（2）从道德共同体的视角来看，善是对组成共同体的所有个体而言最大数量的善。

（3）对任何一个个体而言，善即这个人的快乐或幸福。

这每一个主张对密尔来说都非常重要，也都存在争议。然而，如果我们都认可它们，显然会推出密尔的结论，即道德与促进所有人的最大幸福有关。换句话说，从（2）和（3）中，我们可以推出，从道德共同体的视角来看，善即最大多数人的总体幸福。而当我们把后者与（1）结合起来，我们会发现道德本质上关注把总体幸福最大化。

对密尔来说，（1）是关于道德是什么的元伦理学前提（我们将在下一章中讨论它）。而（2）把一种我们可以称为**道德善**（**moral goodness**）（从道德视角来看是善的）的价值与我们可以称

---

*　译文来自［英］约翰·穆勒：《功利主义》，徐大建译，上海人民出版社 2008 年版，第 2 页。

为**非道德善**（nonmoral goodness）（对个体而言是善）的价值联系起来。即使没有道德这样的事物，世界上仍然存在善与恶，因为事物对个体（以及其他的有感觉存在者）来说仍然具有善或恶的价值。这就是"非道德"的善或价值一词的意思。

密尔写道："功利主义学说主张，幸福是值得欲求的目的，而且是唯一值得欲求的目的；其他事物如果说也值得欲求，那仅仅是因为它们可以作为达到幸福的手段。"*（U.IV.2）正如密尔所理解的那样，所谓幸福，是指"快乐和免除痛苦"**（U.II.2）。因此，只有快乐和痛苦的免除是内在（*intrinsically*）值得欲求的（本身值得欲求的）。只有当某物导向快乐或免除痛苦时，它才是外在（*extrinsically*）值得欲求的。

这种分析跨越了道德价值和非道德价值之间的区别。如果我们说，从任何个体的角度来看，唯一值得欲求的目的就是他或她自己的快乐，而从道德的视角来看，只有所有人的快乐或幸福才是内在值得欲求的，那么我们就更接近密尔的观点。惟一内在的非道德价值（对个体而言）是个体的快乐，而唯一内在的道德价值是所有人的快乐。这意味着道德价值是从非道德价值中构建起来的。从道德的观点来看，善是最大数量的非道德价值（考虑到所有的个体）。

我们可以把**享乐主义**（hedonism）的主张称为：唯一内在的非道德价值即（能动者自己的）快乐或免除痛苦。对密尔而言，由于道德价值是由（每个人的）非道德价值构成的，所以关于非道德价值的享乐主义最终形成了一种功利主义的道德理论（下一章将更详细地介绍）。

享乐主义属于规范伦理学的主张。它规定，只有快乐才是内在值得欲求或追求的（那些我们应该因其自身而欲求和追求的事物），

---

*　译文来自［英］约翰·穆勒：《功利主义》，徐大建译，上海人民出版社 2008 年版，第 35 页。

**　同上书，第 7 页。

并且忽视任何关于我们在道德上被要求做什么的问题。但我们为什么要接受这种规范性观点呢？密尔不认为有任何方法可以为享乐主义这样的基本规范性学说提供一个形式证明。但他确实认为有可能指出可以说服人们接受它的考虑。他写道，存在一种"功利主义能够得到的证明"（U.IV.title）。

快乐、欲望与密尔的"证明"

只有当某物能被看见，它才是可见的，唯一的证据就是有人实际上看到了它。同样，只有当某物因其自身而被欲求时，它才是内在值得欲求的，而我们对此唯一拥有的证据是有人实际上欲求它（U.IV.3）。密尔使用这个类比看上去是误导性的，因为可见性（visibility）是被看见的能力，而值得欲求（being desirable），是具有值得被欲求的价值或成为应该被人欲求的。但这可能并不重要。只有当一个人有能力欲求某物时，他才应该欲求它。"应当"蕴含"能够"。因此，可见性类比的重点可能在别处——也就是说，我们可以从人们实际的看见和欲求中推出人们有能力看见和欲求。

现在，密尔认为他可以表明，我们没有证据证明任何人（内在地）欲求快乐以外的其他任何东西，因此，没有证据证明任何人有能力欲求快乐以外的任何东西。因此，如果某物只有能够被欲求，才具有内在的值得欲求的属性，那么只有快乐才是内在值得欲求的。

密尔认为，对这种紧密关联的解释，在于快乐和欲望、痛苦和厌恶分别是同一心理事实的不同方面。正如霍布斯关于欲望和爱、嫌恶和憎的观点一样，密尔认为，"欲求一种东西并发现它令人快乐，厌恶一种东西并觉得它令人痛苦"*，两者的区别仅仅在于它们

---

*　译文来自［英］约翰·穆勒：《功利主义》，徐大建译，上海人民出版社 2008 年版，第 39 页。

的对象呈现为可能的或实际的（U.IV.10）。就像欲望一样，快乐总是指向一定的对象——使人愉快或令人从中获得快乐的事物。同样，厌恶和痛苦也是如此。如果你想在炎热的天气里喝一杯冰茶，那么你对这个作为可能性的对象持有一个正面的考虑（positive regard）。如果你得到了一杯冰茶，并且如果它就像你想象的那样，你也没有改变想法，那么你就会对它同样持有一个正面的考虑，只是它现在是作为实际的对象。在第一种情形中，你的考虑是一种欲望；在第二种情况下，它是一种快乐。但在两种情形下，它们都是同一个"心理事实"。密尔的结论是："对任何事物的欲求，如果其强烈程度与认为它令人快乐的强度不成比例，那在物理上和形而上学上都是不可能的。"*（U.IV.10）

因此，在快乐之外有其他任何东西内在地值得欲求，这在形而上学上是不可能的。某物因其自身而能够被欲求，仅仅依据这一点，这个事物就会与某种（可能的）快乐等同起来——换言之，当它（以及如果）被呈现为实际的时候。

我将让你们思考一下这个论证。检测它的一个方式是考虑某人如何试图反对它，而密尔正是这样做的。他认可人们有时欲求某些东西，"在日常语言的意义上，人们确实还欲求与幸福判然不同的各种东西"**。例如，他承认人们对美德和免除恶习的追求也能够是内在的，这"不亚于欲求快乐和免除痛苦"。但这并不意味着他们欲求的不是他们自己的快乐，密尔说道，因为对这些人来说，美德是他们快乐的"部分"或"成分"。然而，"日常语言"或许可以区分欲求美德本身与欲求快乐，但它们实际上是一回事：美德是这些人所发现的内在快乐的成分，不亚于是他们内在欲求的一部分。

---

* 译文来自［英］约翰·穆勒：《功利主义》，徐大建译，上海人民出版社 2008 年版，第 39 页。

** 同上书，第 36 页。

　　你可能认为事情现在变得非常模糊，如果是这样，你是对的。
"快乐"具有多重模棱两可的意涵，而密尔的论证可能取决于其中
一种，而至少在一种标准解释下的享乐主义可能涉及另外一种含
义。假设我们接受密尔的理论，认为快乐总是涉及以赞成的考虑
（favorable regard）接纳某个对象（当对象仅仅被接纳为可能时，这
种赞成的考虑也是一种欲望）。现在区分三种不同的事物：（a）赞
成的考虑［即快乐的心理状态（或欲望的心理状态）］，（b）这个
赞成的考虑的对象［即一个人从中获得快乐的对象（或欲求的对
象）］，以及（c）由（a）和（b）共同组成的复合体。例如，假设
你在炎热的天气里喝一杯冰茶。在这种情况下，（a）是你对你的饮
料感到满意或享用你饮料的状态；（b）在于你感到满意的或享受的
饮用体验；（c）由你的享受状态和你享受对象所构成的整体。

　　现在回到密尔的论证，即只有当某物因其自身而被欲求时，它
才是内在值得欲求的。只有快乐因其自身而被欲求，这一含义是
（b），而不是（a）或（c）。欲求某物就是以赞成的考虑接受它（作
为一种可能性）。因此，只有那些因其自身而成为赞成考虑的对象
的事物，才能是内在值得欲求的。换言之，只有人们能够享受或从
中获得快乐的事物——在（b）意义上的快乐——才能因其自身而
被欲求。这就是为什么密尔谈到快乐或幸福的"部分"或"成分"。

　　但现在请注意，只有快乐和免除痛苦才是内在值得欲求的，这
一主张与你们可能预期的观点开始看起来极为不同。例如，你可能
认为，只有快乐是值得欲求的，这一主张意味着只有某些类型的体
验或意识状态是值得欲求的，并且认为如果说有什么是一种体验或
意识状态，快乐当然是一种体验。但如果我们所说的"快乐"指的
是赞成考虑的对象，即（b）而不是（a）或（c），那么这个观点就
不一定是正确的。

　　要理解这一点，请考虑一个"体验机器"假设的可能性，它可
以完美地模拟有意识的生活，但不同的是，你的真实体验似乎不是

116

这样的。所有由机器引发的体验都是虚拟的，而非真实的。你的意识状态与它们在现实生活中的状态完全相同，所以你永远无法分辨出这一情况：没有什么是看起来那样的，事实上，你的体验是系统性虚幻的。在你看来，你好像在吃美味的香蕉片，但实际上不是。在你看来，好像你正在获得诺贝尔和平奖，但实际上你不是。如此等等。

现在问问你自己，你是否对以下两种可能的未来之间的差异漠不关心，正如你目前所考虑的那样？一个未来只是你当下生活的延续。你的体验将植根于现实世界，事物往往会像它们看起来的那样，等等。在另一个未来，你与一台体验机器被连接在一起，它给你带来的体验和有意识的生活将与你没有与之连接时所拥有的相同，但不同的是，这些体验都是虚幻的。我们可以理所当然地认为，在这两种二选一的未来之中，不会有任何明显的差异让你能够区分它们。但这是否意味着，如果你现在面临你更喜欢哪一种未来选项的问题，你必须漠视它们之间的区别？很难看出这是何以可能的。我不知道你会怎么选择，但我肯定不会漠视要发生的事情。我肯定不会认为这种区别无关要紧。我更愿意拥有真实的而非虚幻的未来。据我所知，虚幻的未来不会比死亡好多少。你呢？

假设你内心关注的是拥有真实的未来，而非人造的未来；也就是说，假设一个未来是真实的，而另一个是人造的，这个事实本身对你产生了很大影响。（如果没有，那么你可能不得不考虑对我的影响。）因此，真实之物而非人造之物才是你内心的赞成考虑的对象，由此，这是在（b）意义上的快乐——正如密尔所说，即你幸福的"成分"或"部分"。但是，它作为这个意义上的快乐或幸福的一部分，并不意味着它（对象）是一种体验或意识状态。相反，你在这里关心的显然不是你的意识状态，因为无论这个对象是真实的还是人造的，都不会对你的意识生活产生任何影响。

假设你把这种担忧带入其中一个未来中，并假设在其中，事

物在你看来都是真实的。然后，在任一情况下，你都会得到（a）
与那些意识状态相关的快乐；也就是说，你会对你的体验是真实
的这一（明显）事实感到满意。但是，只有在其中一个而非另一
个未来中，作为（a）快乐对象（你的体验是真实的这一事实）的
（b）才真正存在。只有在那个而非另一个未来中，一个人才会拥有
（c）——也就是说，由对（b）赞成考虑的真实存在的对象而感到
满意的状态（a）所构成的整体。

　　此外，还有其他一些情形，在其中一个人显然可以关心一些她
根本不会感到满意的事物，因为她不知道它们的存在，甚至她处在
一种无法对其存在形成信念的位置——比如说她将不会存在。例
如，一个家长可能非常关心她孩子的福祉，并非常细心地照顾他
们，即使她知道她不会活着看到她关心的成果。从密尔的证明逻辑
可以推出，在这位家长死后，她孩子的福祉仍然是她自己的幸福或
快乐的一部分；但在这里，很明显，它只能是（b）的意义上的幸
福或快乐，而非（a）或（c）的。

　　在这一点上，密尔所"证明"的学说似乎只是名义上的享乐主
义。这个证明对内在值得欲求的事物的唯一真正限制是，人们可以
因其自身而欲求它们，而享乐主义的批评者从未否认过这一点。他
们所否认的是，在（a）的意义上，唯一值得欲求的是作为意识状
态的快乐；甚至是由这种意识状态和从（c）中获取的快乐组成的
复合体。如果我们把任何认为内在值得欲求的事物必须是内心赞成
考虑的潜在对象的立场都视为享乐主义，那么，一个认为美德是唯
一的善的斯多葛主义者（Stoic），甚至一个认为痛苦才是唯一的善
的苦行僧，最终在（b）的意义上都会成为一个享乐主义者。苦行
僧内在地欲求自己的痛苦，并对这种前景给予赞成的考虑。因此，
在（b）的意义上，他的痛苦是他自己幸福的一部分或成分。当然，
他不需要以赞成的考虑看待他因自己的痛苦而感到满意的前景（假
若他以赞成的考虑看待他痛苦的前景，他就会倾向于这样做）。

118

享乐主义和欲望发生学

正如我们将在下一节看到的，密尔"证明"中的推理源自他价值理论中的一种深层张力，这种张力实际上与享乐主义背道而驰。它代表了对杰里米·边沁经典的简单享乐主义的一种亚里士多德式的回应（稍后作详细介绍）。但在密尔的思想中，还有一种更具享乐主义色彩的边沁主义张力。（毫无疑问，正如你所理解的那样，任何一个真实的人都可能被不同的、难以调和的抽象立场所吸引。）我们在密尔关于欲望的心理发生学（psychological genesis）的一些论述中看到了这种张力。尤其是，他将一个人内在地关心美德的方式与因金钱自身而重视金钱的方式进行类比。人们最初因金钱的购买能力而只看重它的外在价值："金钱原本决不比任何一堆闪亮的石子更值得欲求。"*（U.IV.6）但是通过心理联想（psychological association）的过程，他们开始因金钱自身而渴望获得金钱。密尔说，在欲求权力和名声，以及欲求美德等方面，也有类似的过程在起作用。通过"自然的供给"，那些东西"尽管原本并不重要，但却有利于我们的原始欲望，或者与满足我们的原始欲望相关联，结果本身却成了快乐的源泉"**（U.IV.6）。

我不知道你会怎么想，但我发现很难将这种心理学解释与美德"自身是值得欲求的"（U.IV.5）观点调和起来。即使我们因美德自身而欲求它（以及金钱、权力和名声等），如果对我们这样做的唯一解释是，我们把它们与我们内在欲求的其他事物联系在一起，而且对于我们内在欲求的事物而言，它们往往充当手段，那么我们很难看出密尔何以能够将其视为是它们具有内在价值的证据。认为美德、权力和名声具有外在价值并没有什么错，但如果我们仅仅把它

---

*   译文来自［英］约翰·穆勒:《功利主义》，徐大建译，上海人民出版社 2008 年
      版，第 37 页。
**   同上书，第 38 页。

们与它们促成产生的事物联想在一起，从而认为它们具有内在价值，那我们似乎就混淆了目的与手段。当然，即使仅仅通过联想，美德、金钱和权力仍然可以产生内在的快乐。一个人可能对自己所拥有的财富或美德感到内在的快乐，即便对这种现象的解释只是心理学上的联想。正如密尔接着论述道，相比它们最初因产生更"原始"的满足感而被看重而言，这些快乐要更持久、稳定和可靠。但这里所赞许的似乎不是这些在（b）意义上因其本身而成为快乐的对象，而是从对象中获得的快乐——即在（a）意义上的快乐。

因此，如果密尔真的相信，除了某些简单的满足感之外，对我们之所以欲求任何事物，唯一的解释是通过条件制约作用（conditioning）或心理联想，那么这似乎是一个支持享乐主义的更好论证——正如通常在（a）意义上或在（c）意义上所解释的那样——而不是他的"证明"。

欲望、高级善品与理想判断理论

正如我所提到的，密尔思想中的这种享乐主义因素与另一种更亚里士多德式的线索之间存在某种张力。如果我们看到它如何反映了发生在密尔自己生活中的个人挣扎，我们就能更好地理解这种张力。首先，我们需要了解第一位哲学功利主义者杰里米·边沁的一些情况。边沁持有一个非常简单的享乐主义版本：只有快乐的心理状态才具有内在价值，而且只根据快乐的"强度"和"持续时间"进行衡量。对边沁来说，只有在（a）意义上的快乐才具有价值。所有快乐的心理状态在质上都是同等的（*qualitatively identical*）。它们仅仅在量上（*quantitatively*）有所不同，即感觉的快乐程度（它们的强度）和正在感觉到的快乐的时间（它们的持续时间）。快乐本质上是一样的，无论它来自出色地完成一项工作、洞察困难的识见、与自然或人类同胞的和谐关系，抑或挠挠令人恼火的痒。这些都是产生同样的积极感觉的不同原因。同样作为快乐，它们唯一的区别在于感觉的积极程度和持续时间。同样，对于痛苦和消极情感也是如此。

边沁的**定量享乐主义**（**quantitative hedonism**）构成了他功利主义的基础。既然快乐是人们生活中唯一的内在价值，既然每个人都应该"只能算一个，而且不能超过一个"，那么社会实践和政策以及个体行为的道德可辩护性，都只取决于它们是否促进了"最大多数人的最大幸福"（greatest happiness for the greatest number）。对边沁来说，功利主义不仅是一种理论学说，而且是一个原则，旨在为推动政治、法律和道德改革的公共辩论提供指南。确实，在行动上，边沁是 19 世纪早期一个重要的改革派领军人物，该群体被称为"哲学激进派"。边沁带领下的改革派取得了一些成功，他们认为社会实践和政策必须根据它们对人类幸福的影响来评估，而把它们植根于"古代习俗"或"普通法"的这一事实本身根本无法获得证成。

正如我们所见，密尔的《功利主义》明显地响应这种改革主义对保守主义的批判。这绝非偶然。密尔的父亲詹姆斯·密尔（James Mill，1773—1836）是边沁哲学激进派团体中的核心人物，而约翰·斯图亚特·密尔是边沁的教子。年轻的约翰·斯图亚特在童年时代就沉浸在边沁的思想中。他在十几岁时就已经编辑了边沁的一些手稿并将其出版。然而，在二十多岁的时候，密尔发现自己陷入了极度的抑郁状态。他后来认为，遵循边沁式的原则，让他处于一种几乎完全冷漠麻木的状态，对任何事情都丧失了激情或热情。他发现，走出抑郁的出路是培养他的想象力、情感和审美体验的能力。密尔特别通过诗歌获得了一种满足感，在他看来，这种满足感无疑要远远优于他以前经历过的任何感受。

密尔的亲身经历令他拒绝边沁的学说，即快乐只有量上的区别，而没有质上的区别。快乐不仅有原因；它们也有对象。人每当感觉到快乐时，总有一些可享受或从中获得快乐的东西。正如他们的对象在质上有所区别，与之关联的快乐也有这样的区别。在冷天享受一次热水淋浴，被崇山峻岭的肃穆所震慑，这两种快乐在对象和内容上都有不同。此外，密尔开始感到，这些质的差异导致了价值上的差异，而这些差异独立于任何积极感觉在量上的不同。有些快乐，如鉴赏一首优美的诗歌所涉及的审美和情感满足，比其他快乐更令人感到充实，因为它们更多地涉及个人自己——个人感觉到自我存在的深度，而非仅仅感觉到皮肤的触感。他们需要培养和发展起感性能力和鉴赏能力，这就相当于自我的成长。通过发展这些能力，我们实现了自我。

我们可以把密尔的价值理论称为**定性享乐主义**（qualitative hedonism），与边沁的定量享乐主义形成鲜明对比。密尔一贯认为，任何事物如果是内在善的，必须是某种形式的快乐（尽管正如我们所见，他的论证有时要求他把那些只是快乐的潜在对象的事物也包括进来）。他同意边沁的观点，即在其他条件相同的情况下，快乐的价值与其数量直接相关。但只有"在其他条件相同的情况下"。密尔认为有些快乐内在地优于其他快乐，仅仅因为它们属于定性的快乐——也就是说，出于快乐对象本身的性质，在这一点上密尔果断地背离了边沁。有时，这种内在优越性是如此明显，以至于任何量上的差异都无法超过它。但情况并非总是如此。

密尔仍然忠于边沁伦理学中的经验主义自然主义，并在该哲学框架内论证道，定性享乐主义比定量享乐主义能够更好地获得经验支持。毕竟，这是密尔自己的亲身经历，他相信有充分的经验依据证实他所经历的是人类的共同经历。

我们应该把密尔为定性享乐主义提出的辩护分为三种不同的主张。首先，存在一个区分高级快乐和低级快乐本身的规范性学说：有些快乐内在地优于其他快乐。其次，密尔在捍卫这一规范性学说

121

时依赖于一个元伦理学前提。第三，密尔将经验心理学的前提与这些元伦理学的前提结合起来，得出了他的规范性结论。

一个元伦理前提是认识论上的。我们已经知道，密尔认为人们实际上会因某物自身而欲求它，这一事实就是这个事物具有内在价值的证明，因为它证明了某物可以被欲求，而这正是它成为我们应该欲求它的必要条件。但并非所有的欲望都能同样很好地证明其对象的价值，因为并非所有的欲望都同样基于对其对象详尽的熟知。在其他条件相同的情况下，基于对其对象的经验和知识的欲望，比缺乏这些经验和知识的欲望，能更好证明其对象的价值。

出于这个原因，密尔提出了如下测试："就两种快乐来说，如果所有或几乎所有对这两种快乐都有过体验的人，都不顾自己在道德感情上的偏好，而断然偏好其中的一种快乐，那么这种快乐就是更加值得欲求的快乐。"*（U.II.5）重要的是对两种快乐都有过体验的判断者的欲望，密尔将"欣赏和享受"这两种快乐的能力归入这一范畴。到目前为止，这个主张只是一个认识论上的说法：有过体验的欲望是价值的最好证据。但在这种认识论学说的背后，有什么形而上学的价值理论可以作为它的支持呢？正如密尔所显然相信的那样，如果价值可以用这种方式通过经验发现，那一定是因为它本身就是自然界的一个方面——正如**伦理自然主义**所主张的那样。但是什么方面？密尔没有这样说，但他可能接受了**理想判断理论**（**ideal judgment theory**）的某种版本——也就是说，某个事物比另一个事物更值得欲求，只是因为在理想的情况下，对这两者都有所体验的判断者会对他们偏爱其中一个而非另一个达成共识。

密尔把心理学推测与经验自然主义的元伦理学相结合，这种心理学推测属于亚里士多德式的观念，即人类以各种方式自然地成

---

* 译文来自［英］约翰·穆勒：《功利主义》，徐大建译，上海人民出版社 2008 年版，第 9 页。

长和达致成熟；我们拥有理智、想象和情感等官能和感性能力，它们必须经过恰当的培养才能发展起来；我们自然而然地偏爱这样一种生活，在其中，我们通过运用正在发展成熟（以及已经成熟）的能力而得以成长和达致欣欣向荣（flourish）。因此，密尔关于高级快乐和低级快乐的学说是基于一个经验的赌注，即有经验的人会偏爱哪些事物。这个想法并不是说人们应该对他们的低等活动感到羞耻或内疚，而是认为，人们处在这种生活中，能力的发展会受到阻碍，由此无法成长和达致成熟，这是一种不太令人满意的生活方式，而成长和令人满足的经验需要更多成熟能力，认识到这一点的人自然不会喜欢这种生活，而更偏爱一种令人成长和发展的生活。密尔写道："人们丧失自己的高等追求就像丧失自己理智上的趣味一样，都是因为他们没有时间或机会来沉浸其中；而他们之所以沉迷于低级快乐，不是因为他们有意偏好这些快乐，而是因为唯有这些快乐才是他们能够得到或者能够享受的东西。"*（U.II.7）

密尔的价值理论：一个总结

这使得密尔的价值理论处于某种张力之中，这也反映了他心理学上的张力。正如我们所见，密尔的联想主义指向了一种非常接近边沁的享乐主义形式。如果除了那些为了"原始快乐"的欲望之外，所有的欲望都是通过把手段和目的联系在一起的条件制约过程（a conditioning process）而形成的，那么由此产生的欲望就难以为其对象的内在价值提供证明。如果我们只是简单地把金钱与它有助于产生的结果联想在一起，并因此而欲求它，那么金钱本身怎么

---

* 　译文来自［英］约翰·穆勒：《功利主义》，徐大建译，上海人民出版社 2008 年版，第 11 页。

可能有价值呢？因此，如果运用更高级官能的欲望是通过联想形成的，这似乎会破坏任何定性享乐主义的证据。另一方面，如果"高级"欲望是人类成长和发展之自然模式的结果，那么把由此产生的欲望视为高级价值的证据就更有意义。但现在另一个问题出现了。为什么我们要认为这种高级价值，无论在规范性还是在形而上意义上，都建立在快乐的基础上？

由于密尔和亚里士多德的观点在这个主题的其他方面是相似的，所以把他们放在一起进行比较是有益的（见第 17 章和第 18 章）。在规范伦理学的层面，亚里士多德认为，对人类具有内在善的事物不是快乐，而是卓越地运用我们自然拥有的、独特的人类能力。他认为，我们在这些活动中获得的快乐是它们价值的迹象，而不是价值本身。在形而上学意义上，亚里士多德认为，这些活动的价值在于它们被包含在一个 *telos*（*ends*，目的）*中，它是人类旨在实现的人类本性的一部分。即便是密尔在捍卫他关于高级善品和低级善品（higher and lower goods）的理论时所依赖的经验主义的自然主义元伦理学（empiricist naturalist metaethics），似乎也指向了与享乐主义不同的方向，因为看上去非常清楚的是，我们的一些欲望指向的是我们的意识状态之外的对象。

---

* 原文 "end" 源自古希腊语 *telos*，目的、目标的意思，在亚里士多德的目的论形而上学框架内，指每一样自然存在者根据其本性都具有一个独特的旨在实现的终极目的，这是对事物的存在及其存在方式在形而上学意义上的说明，对人类而言，则特别与人类本性的实现，及其运用德性而追求的活动和实践的终极善关联在一起。为与英文日常词汇 "end" 区分开来，下文在亚里士多德形而上目的论的意义上出现 *telos* 的地方，将直接使用原词。

第13章

密尔 II

123

做什么是善的与对谁是善的

在本章中，我们从密尔的价值理论转向他的道德理论。在第12章的结尾，我们注意到密尔价值理论的内部张力，这种张力植根于他的心理学与元伦理学内部的冲突。一种思路指向享乐主义，但这是一种定量而非定性的享乐主义；而另一种思路则显然指向完全不属于享乐主义的价值理论。这种张力反映了密尔自己思想中的真正冲突，但当我们考虑他的（非道德）价值理论如何适应其道德理论时，可能会有办法消除这种冲突。

密尔所说的某物对一个个体具有内在的（非道德）价值，是指它成为他应该因其自身而追求的目的（独立于对道德对错的考虑）。就这个意义而言，享乐主义作为一种阐释对个体而言什么事物具有内在价值的理论，似乎是不可信的。除了自己的快乐之外，人们还会合情合理地投入许多作为目的的事物之中。想一想在困顿中挣扎的艺术家，她在物质上受苦，是为了去追求她所热爱的理想。当然，如果她不这样做，她可能不会快乐，但这并不意味着她自己的幸福就是她的目的。相反，她的幸福本身取决于她全身心投入作为目的自身的艺术之中。

但如果我们询问的不是对一个人而言，什么目的因其自身而被她欲求和追求是有意义的，而是问什么对她而言是善的和有利的；

也就是说，因她自身的缘故，什么样的目的是有意义的？在一个人自身的福祉（welfare）或福利（well-being）的意义上，什么对她是善的，以及在她应该追求什么的意义上，她做什么是善的，根据前者而非后者，享乐主义可能是一种更可信的理论。或许一个人合情合理地欲求许多东西，而不是她自己的幸福（当然，尤其不是别人的幸福），而同时也有可能存在这种情况，有些事物能够促进她的幸福，但对她而言不是内在的善。

理解这种差异的一种途径是注意到，关心某人并希望她一切顺利，与欲求她所欲求的目的，甚至是她合情合理地想要欲求的，这两者不是一回事。假设你的朋友希拉处于以下境况。她捐出了自己所有的财富，以实现她非常关切的结果——比如，把一个饱受战争摧残的城市重建到一定程度，即 D。但她不能随心所欲去做。希拉还患有一种退行性疾病，如果不加以控制，这种病将导致记忆力减退和思维混乱，以至于她无法确定自己金钱的去向，甚至无法对这座被战争毁坏的城市的重建状况保持稳定的信念。幸运的是，有一种药物可以抑制希拉的症状，而且没有副作用。然而，这种药物很昂贵，希拉不会接受捐赠，并且她非常关心重建城市，即使药物的成本对重建工作的影响非常少（把影响称为 d），她仍然希望（并在反思中继续希望）放弃药物的治疗，并捐出她拥有的一切。

希拉把城市重建到一定程度 D 与她患上严重疾病、记忆力衰退和对城市实际状态的不确定性的结果（称之为结果 O_1），排在城市重建到程度 D-d，而她知道重建的状况、她在其中的角色，还知道自己心灵状态的普遍改善的结果（称之为结果 O_2）之前。你确信希拉更偏爱 O_1 而非 O_2，她对结果的排序经得起知情的反思。你关心希拉，所以欲求对她而言是善的事物。关心她并欲求对她是善的事物，是否决定了你以希拉相同的方式排列这些结果，即使她是经过反思的呢？很明显，事实并非如此。虽然希拉更偏爱 O_1 而非

O_2，但这绝不会把你对她的关心导向与她一样的排序上。相反，只要你关心希拉，关心什么对她是善的，你的排序难道不会与她的相反吗？难道你不会偏爱 O_2 而非 O_1？假设你会这样。然后你相信，对希拉是善的事物与她经反思后所欲求的并不相同。

现在，密尔说，一个人如果有丰富的经验，并充分知情，她可能欲求的就是对她而言值得欲求的目的。问题再次在于，这句陈述似乎与享乐主义并不一致，正如希拉的案例提醒我们的那样。但这句陈述是可以得到肯定的，某个版本的享乐主义仍然可以正确地解释，在什么对她是有利的或给她带来好处或福利的意义上，什么对她是善的。一个可供选择项是，对一个人而言，唯一的内在善品（intrinsic goods）是快乐的意识状态——即在（a）意义上的快乐。但这意味着，就一个人的善或福祉而言，她的真实生活是持续下去还是由体验机器完美地模拟出来，这两者并没有什么区别。这似乎也不太可信。快乐的意识状态本身对一个人来说可能是有价值的，但它们的价值也有可能因这些状态的对象是否真实存在，而不仅仅是看起来存在而得到极大增加。我们关心希拉，难道不希望她自己也能享受她如此关心的事情圆满完成吗？这就是我在上一章所定义的在（c）意义上的快乐：一个由快乐的意识状态（a）和快乐的对象（b）所组成的整体。因此，我建议我们暂且接受把享乐主义（在考虑快乐状态与其对象之存在相结合的意义上）作为对一个人的善或福利的正确解释。

125

从价值到道德

现在回想一下我主张的作为密尔功利主义主要论证的三个命题：

（1）道德就其本质而言，是从道德共同体的视角关注什么是善。

（2）从道德共同体的视角来看，善是对组成共同体的所有个体而言最大数量的善。

（3）对任何一个个体而言，善即这个人的快乐或幸福。

在密尔自己对于功利原则的"证明"中，就在他确定了"每个人的幸福对他本人来说都是一种善"（3）之后，他快速地补充道，"因而公众幸福就是对所有的人的集体而言的善"*（U.IV.3）。密尔不认为这证明了普遍幸福是道德的标准，但他认为这表明了它是"标准之一"。然而，一旦他证明了快乐是人唯一的内在善，他相信他可以得出结论，普遍幸福是"所有的人的集体"的唯一的善。他认为，这让他可以得出结论：普遍幸福提供了人类迄今为止徒劳寻找的"道德标准"。

这是怎么回事？即使我们承认（3），我们已经看到了有显著理由去质疑，为什么密尔认为他可以从中得到任何道德原则？［注意：（1）和（2）在密尔的"证明"中并不明显。］显然，密尔认为他能够迈出重要的一步，因为他得出的结论是，普遍幸福是"对所有的人的集体而言的善"。但我们如何理解这一点呢？特别是，我们如何以一种既能遵循从（3）而来的推论，同时又有助于确定普遍幸福能够提供道德原则的方式去理解这一点呢？

如果对每个人而言，善是这个人的幸福，那么这里就有一种同义反复的意味，即普遍幸福是对所有人的集体的善。按照密尔的理解，普遍幸福只是对所有人而言的善的积聚——运用到所有人的总和上——对琼斯、科尔特斯和陈等所有人。我们可以把"对所有人的总和的善"定义为"对所有人的善的总和"。那么，普遍幸福是所有人的总和的善，这将是同义反复的。因此，密尔本来可以（微

---

* 译文来自［英］约翰·穆勒：《功利主义》，徐大建译，上海人民出版社 2008 年版，第 36 页。

不足道地）得出结论，即普遍幸福是对所有人的总和的善，这是基于这个事实，即一个人的幸福是独特地对这个人而言的善。然而，这个结论对澄清普遍幸福与道德之间的关系没有任何帮助。它只是说，普遍幸福是所有人的善的总和（即在他们个人层面上的幸福和不幸福的总和）。

为了使一个关于"对所有人的总和"是善的前提在道德根本原则的论证中发挥重要作用，密尔显然必须把所有人的总和视为道德共同体。如果是这样的话，那么对所有人的总和是善的，对道德共同体也是善的。假若他本可以假设（1），即道德是关于从道德共同体的视角看什么是善，那么他就可以得出结论，如果某物对所有人的总和是善的，那么它就是道德关切的目的。因此，为了完成他的"证明"，他可能需要证明或假设普遍幸福（对个人而言的善的总和）是（独特地）对个人的总和来说是善的。

类似这样的论证是一种非常吸引人的导向功利主义的思路。如果对一个人来说，唯一有意义的追求目标是他或她自己的幸福，那么为什么一个由所有人组成的共同体把善的总和视为个人追求的目标——即最大的总体幸福——就不会同样具有意义呢？

我们不否认这种思路具有真实的吸引力，同时我们也应该注意到它面临的一些真正问题。一个问题源于约翰·罗尔斯（John Rawls）所说的人与人之间的道德分离性（*moral separateness of persons*）。[1]对一个人来说，在自己的生活中平衡善恶完全没有问题，因为在某一时刻对她而言的恶，可以在另一时刻用对她而言的善来补偿。一个人同时获得益处和受到伤害，她可以通过利益来补偿对她的伤害。然而，当涉及最大化个人之间的善的积聚时，同样的原则却不适用。某些人可以以伤害他人为代价交换到更多的总体

[1] John Rawls, *A Theory of Justice* (Cambridge, Mass.: Harvard University Press, 1971), pp. 28—29.

幸福。虽然一个人在其生活中可以平衡利益和伤害，以最大化其总体利益，这是合理的，但我们不能由此假定，在跨人际的生活中最大化总体利益也是合理的。换言之，尽管最大化个体的善是个体选择的一个恰当原则，但最大化总体的善并不是社会选择的一个适当原则。

127   另一个特别影响密尔"证明"的问题是，再一次，它假定享乐主义是关于什么对个人而言是善的正确理论；换言之，快乐是唯一有意义的追求目的。但正如我们所见，这种假设是不可信的。

即便如此，某种版本的享乐主义作为一种什么是对一个人而言是善的理论可能更可信。如果我们作出后一种假设，那么我们就会打开其他传统上具有吸引力的、导向功利主义的思路。例如，人们普遍认为，**不偏不倚**（**impartiality**）是我们道德观念的核心。就其本质而言，道德判断旨在做到不偏不倚。因此，人们很自然地认为，**道德的观点**（**moral point of view**）是对所有人不偏不倚的、平等的关切（*impartial, equal concern*）。当我们关心一个人时，我们自然而然渴望她的善；我们希望她事事顺利。如果一个人的善就是她的幸福，正如我们所假设的那样，那么我们在关心她时，就必须希望她获得幸福。因此，如果道德观点是一个不偏不倚的、平等关切所有人的视角，那么它就必须蕴涵对所有人幸福的平等欲望。基于此，功利主义者得出结论：道德的观点涉及对最大总体幸福的欲望，以及对每个人幸福的平等计算。从道德的观点来看，善是对所有个体来说的善的最大总和——即最大的总体幸福（the greatest overall happiness）。

从道德善到道德正确：行为功利主义

假设我们承认密尔的观点，普遍幸福是道德的目的，而根据道德的观点，结果可以根据它们涉及多少总体净幸福（overall net happiness）来排序。从道德的视角来看，一种事态若比其他事态包含更多幸福，它将具有更多价值。它在道德上也更好（或许更恰当地说，在道德上"更幸运"）。

但是，密尔如何从这句陈述中论证出一个原则来决定哪些行为是正确的，哪些行为是错误的呢？这里是这么说的："把'功利'或'最大幸福原理'当作道德基础的信条主张，行为的对错，与它们增进幸福或造成不幸的倾向成正比。"*（U.II.2）就其本身而言，这段话可以自然地被解读为对所谓的**行为功利主义**（**act-utilitarianism，AU**）的陈述：一个行为是正确的，当且仅当能动者在当时情况下的可用行为中，该行为产生最大的总体净幸福。现在我们将暂且这样论述，就像后者是密尔的观点一样。稍后我们将看到有些理由认为它可能不是。

不管这是不是密尔的观点，如果道德的目的是普遍幸福，那么 AU 似乎是一个明智的立场。毕竟，如果道德是关于为所有人生产最大幸福，那么为什么这个目的不应该总是决定一个人应该做什么，并决定他做什么在道德上是正确的呢？

在我们开始评价 AU 作为"对错标准"之前，我们应该注意到它的各种特征。首先，虽然密尔是一个定性享乐主义者，但 AU 是一个定量标准（quantitative criterion）。不过在这一点上，我们最好忽略这个问题。这样做的一种方法是假设 AU 对幸福的定量衡量标准已经把强度、持续时间以及质量都考虑了进去。

第二，我们必须假设存在一个定量的跨人际（*interpersonal*）幸福衡量标准，这个标准能够比较不同个体之间的幸福和不幸福的数量。我们不必假设我们知道如何衡量幸福。我们只需要假设，与其

128

---

* 译文来自［英］约翰·穆勒：《功利主义》，徐大建译，上海人民出版社 2008 年版，第 7 页。

他人相比，一个人在其行为结果中体验到多少快乐或不快乐的事实。这绝不是一个无关要紧的假设，而且存在一些与之相关的深层次议题。还有，人们总是对幸福的相对数量作出粗略的判断。例如，你在决定给谁一张额外的音乐会门票时，可能会想："琼可能比杰罗姆更喜欢它。"为了理解关于功利主义有趣的伦理问题，我们将简单地假设存在这样的事实。

第三，我们应该注意到，AU 认为，不管一个行为对幸福和不幸福实际上产生什么样的影响——不管它们发生在何处、何时、对谁发生——都与决定这个人应该做什么同样相关。让我们分别考虑其中的每一个因素。

无论何处。如果我的行为在地球的另一端会导致幸福或不幸福，对我是否应该这样做具有同样的相关性，仿佛它发生在我身边一样。

无论何时。如果我的行为在二十个世纪后会导致幸福或不幸福，对我是否应该这样做具有同样的相关性，仿佛它发生在我身边一样。

无论对谁。所有人（或有感觉的存在者）的幸福和不幸福在道德上与我应该做的事情具有平等的相关性。

把这些考虑放在一起，我们可以这样推理：如果我能够执行的两个可相互替代的行为会产生相同数量的总体幸福，但其中一个行为现在可以为我非常关心的邻居带来利益，而另一个行为则为离我家很远的人在许多年后带来利益，并且我根本不关心他们（假设我的幸福像其他人一样被考虑在内），那么与实施第一个行为一样，实施第二个行为同样具有很好的道德理由。如果第二个行为能够产生稍微多一些幸福，那么我应该做第二个行为。（注意：我们必须假设这些利益实际上将会在未来实现；如果有可能出现某些障碍，那么除非出现了这些障碍，我才启动一些事件去实现这些利益，这是不足够的。）

　　第四，AU 认为，一个行动是正确的，当且仅当它产生最大的净幸福时——也就是我们把结果中的幸福减去不幸福之后的净余量。

　　最后，AU 认为，在可用的行为中，我应该实施那个将产生最大的总净幸福的行为。仅仅做出正确的行动并能产生幸福是不够的，因为可能还有其他一些可替代方案会产生更多的幸福。一个行动能够产生幸福，这不足以使其成为正确的，因为可能还有其他一些可替代的行动会产生更多的幸福。同样，一个行动能够产生净不幸福，这也不足以使其成为错误的，因为可能没有其他可替代的可用行动可以产生净幸福。

　　AU 背后的直觉性观念可以这样表述。行动是有后果的。每当我们行动时，都会发生一些由于我们的行为而导致的事情，我们不这样行动，这些事情就不会发生。其中一些后果与行为是非常接近的，但其他一些后果在空间、时间或两者兼而有之的方面可能相隔很远。我们把 C_i 指涉一个动作的后果，如果我们采取一个特定的行动 A_i，C_i 是作为后果的一系列事情的集合。在这个集合中，会有具体的人在不同程度上获得幸福和不幸福。假设对于每一组结果 C，我们可以关联一个数额 H_i，即从 C_i 中产生的整体净幸福（total net happiness）。

　　现在，在任何一个选择的境况中，一个能动者可以做许多不同的事情。在这些行动中，每一个行动 A_i 将会产生一个后果集合 C_i，以及一个与之相称的整体净幸福 H_i。由于从道德的观点来看，最佳的结果是最大的整体净幸福，因此一个能动者应该始终实施会产生最大整体净幸福的行为。在行为集合（A_i）中，有一个或多个行动（例如，A_j），其结果集合 C_j 产生最大的整体净幸福 H_j。因此，一个能动者要做的正确事情是实施该行为（或与最大的 H 并列的行为之一）。

针对某些反驳辩护行为功利主义

导向 AU 的哲学思路有强大的说服力。从道德的意义看，谁能否认一个人的福祉与其他人的福祉是同等的？当然，我们都更关心某些人而不是其他人。这是再自然不过的。但我们能捍卫这一观点，即这些人真的比我们碰巧不太关心的其他人更重要吗？可以肯定的是，他们对我们来说更重要。但这并不能使他们在道德上更重要。当然，有些人不仅碰巧对我们更重要；相反，在各种道德上重要的关系中，例如与我们处在亲密关系、友谊和家庭关系中的人对我们来说更重要。但这些关系之所以重要，不是因为它们涉及对我们很重要的人。必须有某种方式能够从所有人都理应受到平等对待的立场来捍卫他们。AU 认为，这种立场就是平等关切所有人的幸福。

如果你想感受这个想法的力量，想象一下有人踩到你的脚趾。你提出抗议，他说道："但你对我来说并不重要。"这难道不是偏离正题吗？你难道不会这么想吗？"好吧，我对你来说可能不是很重要，但我的重要性不亚于你。"然而，如果从道德的观点来看，每个人的福祉都同等重要，那么每个人的福祉对于我们应该在道德上做什么似乎也同等重要。AU 似乎是这种思路的自然结论。

尽管如此，我们难以接受 AU 的原因有很多，密尔试图解决其中一些反驳意见。例如，他指出，人们经常抱怨道："我们在行动之前并没有时间来计算和衡量每个行为对公众幸福可能造成的后果。"*（U.II.24）但这种反驳意见误解了 AU 要达到的目标。AU 是一个关于行为正确性的标准。如果反驳意见的假设是正确的，那么根据 AU，我们会得出如下结论：在行动之前，我们不会有时间知道哪个行动是正确的。但这个观点何以构成对 AU 的反驳？因为

---

* 译文来自 [英] 约翰·穆勒：《功利主义》，徐大建译，上海人民出版社 2008 年版，第 23 页。

AU 仍然可以告诉我们，为了知道哪种行动是正确的，我们事先应该知道什么。

考虑一个类比。假设有人提出一个关于明智行动（prudent action）的理论，其原则认为，若一个行为在那些可用的行为中，为能动者带来最大的整体净幸福，那么它是最明智的。如果反驳意见适用于道德案例，那么类似的反驳意见也应该适用。但是，如果这种反驳意见的假设是正确的，我们能够得到的唯一结论似乎是：在采取行动之前，我们没有时间知道哪种行动是最明智的。这个结论会不会对这个明智行动理论构成反驳？很难看出它何以构成。在这两种情况下，我们可能会被劝告，我们最好根据现有的可得证据，做任何最有可能促进最大幸福的事情。这将是**主观上正确的**（或**明智的**）行为，而真正能够促进最大幸福的行为则是**客观上正确的**（或**明智的**）行为。

AU 也不一定认为，能动者在他们自己的慎思中应该力图事无巨细地遵循 AU，例如据此进行复杂的计算。能动者应该如何慎思？慎思也是我们做的事情。因此 AU 指出，能动者应该以任何能够产生最佳后果的方式进行慎思。在这里，密尔论证道，我们从数个世纪以来积累的智慧中受益，这些智慧是关于什么样的行动最有可能产生什么样的后果的。许多关于信守承诺、公正行事、诚实待人、仁爱友善等道德常识可以被视为"经验法则"（rules of thumb）或"次要原则"（secondary principles），正如密尔所说，人们通过这些原则理智地指导他们的慎思，因为他们知道，一般来说，且从长远来看，他们这样做将对人类的幸福产生最佳的后果。

尽管如此，根据 AU，这些"中间层次的概括"（intermediate generalizations）本身不具有道德有效性。一个行动属于某种这样的经验法则，这一事实与它是不是正确的无关。一个行动是否是正确的，完全取决于它对人类幸福造成的后果。

另一个反驳意见是，AU 似乎要求我们平等地爱所有人。但这是不可能的——即使可能，也很有可能是不值得欲求的。在人际关系中，我们以特殊的方式相互关心，这是人类幸福的重要来源。对于这种反驳，密尔回复道，它混淆了"行动的规则与行动的动机"（U.II.19）。因此，AU 是一种行动规则或原则，它规定了为了使一个行动在道德上是正确的，什么必须是真的。此外，它还规定行动的正确性完全取决于其后果。因此，根据 AU 的观点，一个行动是根据哪个动机实施的，与该行动是否是正确的无关。AU 也由此并没有告诉我们，我们必须平等地爱所有人。

对行为功利主义的反驳：一些案例研究

毫无疑问，对 AU 的反驳，最严重的根源在于，它与特殊案例中的道德常识构成明显的冲突。下面，我将简要介绍四类案例，在其中这些反驳经常被提出来。

1. 承诺。常识认为，一个行为违背承诺，这一事实与道德正确性有内在相关性，而 AU 则认为，只有行为的后果才能决定它是正确还是错误的。一个行动是否违背承诺，是一种回顾式的（backward-looking）考虑，而根据 AU，只有前瞻式的（forward-looking）考虑才对一个人在道德上应该做什么很重要。

当然，AU 会间接承认许多与承诺相关的回顾式考虑的观点。事实上，那些被许以承诺的人会抱有更高的期望，而这些期望会因他人违背承诺而落空。此外，信任是一种重要的社会资源，违背承诺通常会破坏信任。诸如此类。

但特定的案例可能会缺乏这些后果。一个承诺可能被许给了某个已经不在世的人，或是许给一个还在世但已经遗忘该承诺的人（尽管她仍然与之有利害关系）。或者没有任何其他人知道这个承诺。诸如此类。在这种情况下，违背承诺不会导致什么糟糕的后

果。就算存在违背承诺导致糟糕后果的情况，AU 仍然认为，与常 132
识相反，许下承诺这一事实本身不具有道德分量。

2. 其他被认为本身是错误的行为。违背承诺只是许多本身被
认为是错误的行为中的一个例子，至少在其他条件相同的情况下。
例如，难道你不认为，一个行为相当于背叛或不诚实，这个事实本
身就是一个反对该行为的严肃的道德理由，一个使之是错误的考
虑？然而，根据 AU 的观点，这一事实在道德上是无关的，因为它
本质上并不涉及影响人类幸福的后果。

3. 伤害和利益的道德不对称性。根据 AU 的观点，伤害可以
通过同等的利益来补偿。假设你的一个行为会给布朗带来利益，但
要以伤害格林为代价。AU 认为，相比于（为布朗）创造利益，没
有更重大的理由去避免（对格林）造成伤害。但是，难道你不认为
不伤害的道德义务与创造利益的道德义务不同吗？常识似乎认为，
不伤害的义务比创造利益的义务更强烈。对格林造成的伤害将为布
朗带来同等的利益，通常我们不认为这一事实足以证成对格林的伤
害是正当的。

4. 分配正义。假设你只能实施两个行动（A 和 B），并且只有
四个人（w、x、y、z）会受到影响，他们的幸福可以表示如下：

	w	x	y	z
A	-2	2	2	2
B	1	1	1	1

根据 AU 的观点，一个人做 A 或 B 在道德上是等同的，因为
两者都会产生相同的整体净幸福。幸福或不幸福如何分配并不重
要。然而，常识认为，对善品的分配可以是公正的，也可以是不公
正的。尤其是如果分配对总量没有影响，你不认为实施 B 而非 A 在
道德上更可取吗？B 让利益得到平等的分配，而 A 让某些人受益，
另一些人则受损。

正义与规则：规则功利主义

这些只是 AU 与直觉的道德判断相冲突的一些案例，在这些具体案例中，许多人发现自己倾向于作出直觉的道德判断。但我们究竟应该如何看待 AU 与道德常识之间的冲突？我们应该把它看作是对 AU 的反驳吗？或至少，作为反对 AU 的证据？

在规范伦理学的层面上，我们确实别无选择，只能认真对待我们的直觉道德判断。毕竟，我们相信它们，所以我们在思考道德问题时很难忽视它们。但我们也面临着关于价值和道德可能是什么的哲学问题。这也是哲学伦理学的挑战。因此，如果我们无法把直觉判断纳入到一个融贯的哲学观中，即哲学伦理学，我们就难以满足于我们的直觉判断。在抽象的哲学层面上，AU 具有很大的吸引力。此外，行为功利主义者可能会认为我们倾向于作出具体的直觉判断是一件好事，即便它们与 AU 相冲突。她可能会认为，尽管 AU 是一个关于道德对错的正确理论，但人们持有关于道德常识的直觉信念，并受其指导行动，仍然是有益的。如果人们试图直接遵循 AU 行事，他们很容易犯下各种错误，有些是自私的，有些则归于无知，等等。因此，在回应 AU 与常识道德的冲突时，AU 的捍卫者并不会茫然无措。

但密尔采取了不同的策略，这最终涉及一个与 AU 所隐含的基础不同的道德哲学概念。要理解他的思路是如何进行的，我们首先要注意，在我们所考虑的案例中有一个共同主题。它们似乎都涉及**权利**和**正义**的议题。例如，当一个人向另一个人许下承诺，她就赋予了另一个人期望所承诺的行动将得到实施的权利。同样，人们通常怨恨（*resent*）背叛和欺诈。他们认为这些是不公正行事的形式。或者，如果不伤害的义务和创造利益的义务在"强度"上存在差异，而这种差异可以被认为反映了这样一个事实，即我们享有他人不得伤害我们的权利，但不具有从他人的努力中获益的普遍权利

（即使我们有权在某些情况下获得某些形式的帮助）。

密尔写道："阻碍人们接受'功利'或'幸福'是检验行为对错的标准这一学说的最大障碍之一，始终来自正义的观念。"*（U.V.1）密尔在《功利主义》第五章专门探讨这一挑战，并论证"正义与功利之间存在关联"。他承认，正义的概念与我们的道德经验中"强烈的情感"和"表明上清晰的知觉"有关，这是不可否认的。当一个人怨恨自己所遭到的不公正对待，她感受最频繁的就是这种不正义感。当一个人被背叛、欺骗或伤害时，她不仅感到有人做错事了，而且还觉得自己受到错误对待。作为享有道德地位和尊严的道德人格，她拥有某些基本道德权利，一旦这些权利遭到侵害，她就会对这种不正义感到怨恨。但密尔论证道，我们产生这些情感的事实本身，"并不意味着这种感情的要求都一定是合理的。正义的感情也许是一种特定的本能，也许像我们的其他本能一样，也需要受一种高级理性的控制和教导"**（U.V.2）。虽然"人类总是倾向于相信，任何主观的感情如果没有别的解释，那就是对某种客观实在的一种揭示"***，但这并不意味着"正义的感情"揭示了客观的、不可被还原为功利考虑的伦理事实。

尽管如此，密尔毫无疑问认为正义是道德的绝对核心。事实上，他认为它的功能是保护对人们的幸福而言最重要的东西。同样，他认为平等权利和正义不仅是促进人类善品（human goods）的有用工具，而且也是一些最重要的人类善品的基本构成成分。因此，密尔把"尊严感"列为"构成其幸福的一个不可或缺的部分，乃至任何有损这种尊严感的事物，除一时之外，都不可能成为他们

134

---

* 　译文来自［英］约翰·穆勒：《功利主义》，徐大建译，上海人民出版社 2008 年版，第 42 页。

** 　同上。

*** 同上书，第 43 页。

的欲求对象"*（U.II.6）。平等尊重的互惠关系是密尔《妇女的屈从地位》和其他一些著作的一个重要主题。[1]

　　密尔首先详尽探讨了数个世纪以来正义所意指的各种含义。他发现许多不一致之处，但也指出了一个共同点：正义的判断总是与法律和制裁的概念有关。最初，正义只意味着"遵守法律"，而权利仅仅指法律权利。然而，一旦社会能够从它们的法律中退后一步，并批判性地审视法律，他们就会认为道德可以成为一个相关的批判性立场。一种更开明的道德正义和道德权利的概念由此成为可能。正如密尔所解释的那样，"并不是所有的违法行为都会引起非正义的情感，而只是违反应有的法律的行为，包括违反应有却事实上没有的法律的行为，以及被认为是不应该有的法律，才会引起非正义的情感"**（U.V.12）。

　　因此，一个人去做被认为在道德上更好的事情，与她不做就被认为是不正义的事情，这两者的区别在于，她在后者的情形里以某种方式受到法律的适当惩罚。在许多情况下，适当的制裁被正式编纂入法律。因此，我们有法律对各种形式的暴力和伤害、欺诈、违约等行为施行处罚。但是，正义和权利的概念可能仍然适用于其他情形，在其中"既不受法律的管制，也没有人愿意它们受法律的管制"***（U.V.13）。有人可能会怨恨不正义的背叛，并感到他作为朋友的权利受到了侵犯。但这并不意味着我们应该设立一个"朋友的法庭"来审判此类案件。正如密尔所说："没人愿意自己的全部私

---

*　　译文来自［英］约翰·穆勒：《功利主义》，徐大建译，上海人民出版社2008年版，第10页。

[1]　在这一点上，参见 Maria H. Morales 出色的著作 *Perfect Equality*：*John Stuart Mill on Well-Constituted Communities*（Lanham，Md.：Rowman & Littlefield Publishers，1996）。

**　　译文来自［英］约翰·穆勒：《功利主义》，徐大建译，上海人民出版社2008年版，第48页。

***　同上。

生活都要受到法律的干预。"*（U.V.13）他继续说道："不过即便在这儿，也仍然存在着违反应有的法律这种观念，尽管这种观念改变了自己的形态。"**（U.V.13）。因此，我们可能会认为，例如，这位以前的朋友至少应该为他的所作所为感到内疚。

正义和权利是具有道德意义的事物，它们通过一些受规则支配的社会**实践**来得到维护——也就是说，通过法律或更加非正式的机制，如道德谴责、内疚情感，甚至流言蜚语等。密尔说道，"拥有一项权利，就是社会应当保护某个人拥有某种东西"***（U.V.25），而社会是通过这些正式和非正式的社会机制来保护这项权利的。但他进一步论证道，这是权利和正义的理念目前为止所能带给我们的。我们从这些理念本身无法得知我们应该保护哪些权利，即我们无法得知我们实际上拥有哪些道德权利——什么是真正的正义或不正义。为了确定这一点，我们需要某个在可替代的法律（alternative laws）之间或在非正式的社会机制之间作出选择的根据。密尔认为，这正是功利主义带给我们的。一旦我们正确理解正义的理念和功利主义原则，它们之间不仅不会发生冲突，而且功利主义也为法律提供了一种道德标准，没有这个标准，正义的理念是不完整的。他认为，不正义的事情就是违背了受规则支配的社会实践（即法律或不那么正式的规则），而这些社会实践能够促进社会的普遍幸福。

密尔认为，正义的情感部分涉及"一种动物性的报复欲望，因一个人本人或他所同情的对象受到伤害或损害而欲求反击或报复"****（U.V.23）。在人类当中，这种情感可以通过"扩展的同情"来得到调节，因为它能够被对所有人的福祉的平等关注所指引。密

---

* 　译文来自［英］约翰·穆勒：《功利主义》，徐大建译，上海人民出版社 2008 年版，第 48 页。

** 　同上。

*** 同上书，第 55 页。

**** 同上书，第 54 页。

尔写道，只有从这一点出发，这种"情感才具有道德性"，使它成为一种正义的情感，而不仅仅是报复的欲望。"正义这个观念有两种要素，一是行为规则，二是赞同行为规则的情感。"*（U.V.23）而且，出于道德的目的，当且仅当这些规则能够促进社会的普遍幸福时，这些规则才得以存在。

最后，密尔把这些理念与道德错误的一般观念联系起来。我们说"某件事情是错误的，意思就是说，某个人应当为自己做了这件事而受到这样那样的惩罚；即便没有受到法律的制裁，也要受到同胞的舆论抨击；即便没有受到舆论的抨击，也要受到他自己良心的谴责"**（U.V.14）。简言之，道德错误的理念就在于，错误的行为必须受到恰当的惩罚或应受谴责，而不存在充分的借口可以免除。因此，正如密尔所认为的那样，道德是一种社会问责（*social accountability*）系统，在这个系统里，个人要对自己的行为负责。因此，行为是否是错误的，不能仅仅通过观察它的后果来确定。相反，一个行为是错误的，当且仅当它属于那种可以被正式和非正式社会实践恰当谴责的行为，而这些社会实践认为人们应该对自己的行为负责。反过来，对人们的谴责或制裁是正确的，当且仅当他们实施了这些错误的行为，对他们的谴责或制裁将会促进普遍幸福。

密尔在这里蕴含的对错标准与行为功利主义完全不同。这个标准更像是一种被称为**规则功利主义**（**rule-utilitarianism**，**RU**）的理论：一个行为是错误的，当且仅当它与（可能的）规则相悖，而社会一旦具有执行该规则的实践（正式或非正式的），这些实践将最大化总体净幸福。为了理解 AU 和 RU 的不同，请考虑吉尔伯特·哈曼（Gilbert Harman）所描述的情况。假设有人去医院进行年度体检。碰巧的是，医院里有 5 名患者，每个人都需要移植不同

---

*   译文来自［英］约翰·穆勒：《功利主义》，徐大建译，上海人民出版社 2008 年
    版，第 53—54 页。
** 同上书，第 49 页。

的器官（心脏、肾脏等）才能生存下来。假设每个人得到所需要的器官，他们都可以期待拥有健康人大致一样长的寿命。假设这里所有 6 个人在他们各自的生活里对其他人幸福的影响方面大致相当，等等。最后，假设有个医生能够杀死这个健康的人，并且有办法不让别人怀疑，把这个人的器官分配给 5 名患者。因此，假定这一行动将创造最大的总体幸福，由此，AU 将要求该医生实施这个行为。那么 RU 也会吗？[1]

要回答这个问题，我们必须问，对于支配医生行为的社会实践，什么样的社会实践以什么样的规则运行，才能够促进最大幸福。考虑三种可能性。在第一种实践中，这些规则要求医生促进普遍幸福，如果杀死患者并分配他们的器官能够最大程度促进普遍幸福，那么医生就应该这样做。在第二种实践中，医生被要求永远不要为了器官分配的目的而杀死患者，即便在特殊的情形里会产生有益的后果。在第三种实践中，医生既没有被要求杀死患者来摘取他们的器官，也没有被禁止这样做。在杀死患者会带来更好结果的前提下，医生根据他们自己的自由裁量（discretion），可能会，也有可能不会决定杀死患者。现在让我们问，哪一种社会实践可能产生最佳的社会后果？

换句话说，如果你能为美国医学会（American Medical Association）编纂伦理准则，以便社会被由此产生的准则所支配，从而最大限度地促进幸福，你会在准则中写入哪些规则？请注意，具体来说，问题在于，如果被公开承认作为支配行为的规则，哪条规则会使幸福得到最大化。因此，一条规则若要求或允许医生摘取健康患者的器官，并且让他们可以秘密地这样做，那么它本身就不是秘密规则。例如，社会有一条允许秘密摘取器官的规则，这样就有可能破坏人们对医院和医生的信任，即便医生一次秘密摘取器官的行为可能不会

[1] 就规则功利主义所设想的结构化的社会实践与行为功利主义所设想的"概括性规则"和"经验规则"之间的差别，一个非常出色的讨论参见 John Rawls, "Two Concepts of Rules," *Philosophical Review* 64（1955）: 3—32。

损害人们对他们的信任。如果你知道医生被允许或被要求从健康患者身上摘取器官，而这样做会产生更普遍的幸福，你会像现在这样信任医生吗？假设你不会，并且认为其他人也不会。如果是这样，那么你难道不认为，根据 RU 的观点，医生摘取健康患者的器官是错误的，即使这样做可以最大化幸福？

人们普遍认为，RU 比 AU 更接近道德常识，在上文所描述的情况下，RU 的规定可能与 AU 相冲突，但与常识相吻合。你应该考虑这些案例，看看你是否同意。你还应该问问自己，如果是这样的话，这是否意味着 RU 比 AU 更有可能成为正确的道德理论。

137 规则功利主义 vs. 行为功利主义与道德的规范性

行为功利主义者和规则功利主义者都认为，道德以普遍幸福为一个决定性目的。但是规则功利主义者，而非行为功利主义者，还补充道，道德也是由其社会特征来定义的。道德的核心在于，它可以在批判和问责的社会实践中获得实现。行为功利主义者认为道德行为是实现道德决定性目的的最佳工具，而规则功利主义者则认为道德本身（作为一套在社会层面可实现的实践）是实现道德目的的最佳工具。

但功利主义者应该持有哪种理论，AU 还是 RU？她不能同时持有两者，因为它们是相互矛盾的。AU 和 RU 的捍卫者都同意，支持普遍有益的社会实践和规则是一件好事。他们不同意的是，对社会有益的规则禁止某项行为，这一事实是否使得该行为成为错误的。行为功利主义者认为，功利应该始终作为道德的标准——即规定社会应该有什么样的规则，一个人应该采取哪些行为，应该被教化哪些性格品质，等等。另一方面，规则功利主义者认为，尽管功利是制定哪些规则的正确标准，但它并不是判断哪些行为对错、决定应该制定哪些规则，以及这些规则允许或禁止什么行为的正确检测方式。

　　密尔支持的立场是认为道德理念和理想法律的理念之间存在深刻的关联，这种关联至少可以追溯到古典自然法理论，如果不是更早的话。但道德法则的规范性对密尔（或对任何规则功利主义者）来说在于什么？假设我们通过提出以下问题来解决这个争议：如果一个人处于这样一个位置，她要么促进普遍幸福，要么遵循促进普遍幸福的规则，她应该怎么做？假设我们通过提出如下问题来增强这个争议：如果一个人处于这样一个位置，她要么直接促进普遍幸福，要么遵循促进普遍幸福的规则，她应该做什么？我们知道，密尔认为她做前者是错误的，因为促进普遍幸福会违反最佳的提供制裁的规则，而这反过来又成为使得该行动是错误的唯一因素。但假设我们认同密尔的观点，并且仍然提出询问：她应该做还是不应该做错误的事情？"正确"和"错误"是根据它们与理想规则的关系来定义的，这一事实无助于回答这个问题。因为所有功利主义者都认为，道德证成（moral justification）的最终根源是由道德的决定性目的，即普遍幸福所提供的，因此很难避免得出这个结论，即她应该做这些理由（即普遍幸福的理由）所建议的事情。但这个结论意味着她应该遵循 AU，而不是 RU。

　　最后，行为功利主义者和规则功利主义者都面临一个问题：是什么让道德对道德能动者具有约束力。换言之，是什么给予道德以规范性，以及为什么一个人要么应该遵循 AU，要么应该遵循 RU？密尔在《功利主义》第三章中探讨了这个问题。他的主要目标在于，未经改革的道德常识不应仅仅凭借如下这个事实就被认为是比功利主义更好的对道德的表征，即道德常识是"唯一让我们感到其本身便具有义务性的道德"*（U.III.1）。密尔认为，这种情感完全是社会训练的结果，如果社会通过教育和灌输更有益的规则来变革自身，那么这些规则迟早会把它们自身表达为内在的义务。此

138

---

* 　译文来自［英］约翰·穆勒：《功利主义》，徐大建译，上海人民出版社 2008 年版，第 26 页。

外，密尔继续说，功利主义可以主张一个人类心理学的基础，而捍卫常识的直觉主义者却缺乏这样的基础。有一种"强大的自然情感"指引我们渴望促进普遍幸福——即"要和我们的同胞和谐一致的愿望"*（U.III.10）。因为我们天然认同和关心他人，所以我们有理由渴望普遍幸福。这一推理凸显了这一段开头提出的问题。如果道德的规范性源于人类的自然同情和对社会团结的渴望，但当这样做会减少幸福时，我们为什么应该遵循这些对社会有益的规则呢？

推荐阅读

Anderson, Elizabeth. "John Stuart Mill and Experiments in Living?" *Ethics* 102（1991）: 4—26.

Bentham, Jeremy. *Introduction to the Principles of Morals and Legislation*（1789）. J. H. Burns, H. L. A. Hart, and F. Rosen, eds. Oxford: Clarendon Press, 1996.

Berger, Fred R. *Happiness, Justice, and Freedom.* Berkeley: University of California Press, 1984.

Brink, David. "Mill's Deliberative Utilitarianism." *Philosophy and Public Affairs* 21（1992）: 67—103.

Donner, Wendy. *The Liberal Self: John Stuart Mill's Moral and Political Philosophy.* Ithaca, N. Y.: Cornell University Press, 1991.

Lyons, David. *Rights, Welfare, and Mill's Moral Theory.* New York: Oxford University Press, 1994.

Mill, John Stuart. *On Liberty*（1859）, with *The Subjection of Women*（1869）and *Chapters on Socialism.* Stefan Collini, ed., Cambridge Texts in the History of Political Thought. Cambridge: Cambridge University Press, 1989.

——. *Utilitarianism*（1861）. George Sher, ed. Indianapolis, Ind.: Hackett Publishing Company, 1979.

Morales, Maria H. *Perfect Equality: John Stuart Mill on Well-Constituted Communities.* Lanham, Md.: Rowman & Littlefield Publishers, 1996.

Schneewind, J. B., ed. *Mill: A Collection of Critical Essays.* Garden City, N. Y.: Doubleday & Company, 1968.

Skorupski, John. *John Stuart Mill.* London: Routledge & Kegan Paul, 1989.

---

* 译文来自［英］约翰·穆勒：《功利主义》，徐大建译，上海人民出版社 2008 年版，第 31 页。

第14章

康德 I

道德内在主义和外在主义

霍布斯和密尔是关于道德的**外在主义者**。他们都认为，解释一个行动在道德上是正确抑或错误的，其理由并不必然是合乎道德的行为的理由。他们认为，在任何给定的情况下，行为的错误性都有决定性的理由。对霍布斯来说，一个行为之所以是错误的，是因为它违反了一条规则，而集体遵循这条规则是互惠互利的。但行动的动机是直接或间接地（通过一些有利的规则）源自能动者自身的利益。同样，密尔认为，一个行动是错误的，是因为它违反了被确立为一种社会实践的规则，而这种实践将产生最大的总体幸福。但是，尽管社会可以通过道德教育来培养人们具有遵守规则的动机，但不能保证每个人都会有这样的动机。

这似乎是一个令人不满意的情况。假设你认为所得税欺诈是错误的。我不是说你只是觉得这类行为被认为是错误的。让我们假设，你认为这确实是错误的，因为你认为它相当于不公正地占他人便宜。但现在问问你自己，如果税务欺诈出于这个理由是错误的，这难道不是给予你（或任何人）一个不参与这类行为的理由吗？当然，你可能认为还有其他不应该欺诈的理由，例如，欺诈是不明智的。但你难道不认为不公正本身就已经足够了吗？如果你不这么想，可能是因为你觉得别人提交了欺诈性税表，你为什么不这样做呢？但你的这个想法在两种可能性之间犹疑。要么欺诈行为如此猖獗，以至于你认为任何人都没有基于公正理由去防止它发生，所以它不是真的错了，或至少不是基于公正理由是错误的。或者尽管有些人参与税务欺诈，但你仍然不希望所有人（其他人）都这样做，于是你经过反思，认为他们这样做是错误的。但是，如果这就是你的想法，难道你不也认为这给了你和他们一个不参与欺诈的理由吗？

140 　　既然霍布斯和密尔都认为道德正确和错误的依据与能动者据以行事的理由不同，那么像他们这样的外在主义理论必须否认行动的错误性能够确保不如此行事的理由。根据他们的论述，使得一个行动在道德上是正确或错误的考虑本身并不一定是对行动给予理由的（reason-giving）。此外，对像密尔这样的哲学功利主义者而言，道德和道德行动之所以有价值，仅仅是因为它们作为工具，有助于促进其他的**非道德**价值。对所有功利主义者来说，无论是行为功利主义者还是规则功利主义者，道德证成的根本来源不是内在于道德能动者的行为之中，而只是行为和实践的后果。

　　在伊曼努尔·康德（1724—1804）身上，我们发现一位几乎完全拒绝了这幅图景的哲学家。霍布斯的理论和功利主义者都认为，道德行动和实践的价值只是衍生性的和工具性的，而康德的伦理学则认为，道德有其自身的内在价值，这种价值在自由的道德能动者的意志中得到独特的体现。外在主义者认为，道德上的正确与错误的区分是建立在原则或"标准"之上，而这些原则或"标准"自身没有内在的规范性或给予理由的权威性，而康德则是一位**道德内在主义者**（**moral internalist**），他认为任何能动者都承诺于她自己对道德的根本原则——**定言命令**（大写的"**Categorical Imperative**"，CI）*——自由的理性慎思的

---

* 康德的定言命令有两类，一类是单数且首字母大写的 Categorical Imperative，表示道德最根本原则，另一类是复数且首字母小写的 categorical imperatives，表示基于前者或由前者推导出来的不同命令表达式。为表示区别，本文将前者译为"定言命令（大写）"，缩写是 CI；后者译为"定言命名（小写）"，没有缩写。

逻辑。[1]

康德声称，道德在两种意义上是**自主的**（**autonomous**）*，这两种意义初看似乎完全不同，但对他而言却是紧密相关的。首先，康德坚持认为，道德是一个独立的或自主的主题，而哲学功利主义者和霍布斯恰恰否认了这一点。道德的原则和价值源于它的内在本质，而不是源于它与其作为工具的外部事物的关系（如道德与幸福的非道德价值的关系那样）。其次，康德认为，道德本质上涉及自律的道德能动者的意志（自我决定的意志）。"意志自律是意志的这种性状，通过该性状，同一个意志对它本身就是一个法则。"[2]**（G.440）道德法则是内在于道德能动者的，正如康德所说，这是因为能动者在她自己的实践推理中"创制"了它。（例如

---

[1] 在接下来的两章中，我将对康德的《道德形而上学奠基》给出一个解释。在我看来，它作为一种哲学伦理学的著作是最有意义的。然而，我应该强调的是，康德的观点是复杂的，我将要提供的解释只是众多可能的解释之一。对于其他一些解释，请参阅第 15 章末尾"推荐阅读"列出的文献。

* autonomy 及其词形变化 autonomous 在康德道德思想的意义上一般被译为"自律"、"自律的"，指理性能动者不取决于自然因果性的自由，与人类能动者作为本体界成员和道德应当的形而上学特征相关，由此指向能动者不受感性因素影响的自我立法的能力。而在非道德的广泛意义上，autonomy 也有作出一般选择、自我决定、独立自治的意思，被用于个人不受外部因素所决定或干涉的选择能力或一般慎思决定能力，康德称之为人类能动者的一般理性能力，而尼采则认为 autonomy 是"超越道德"的人所具备的特质。autonomy 也被用于政治论辩中，指一个政治实体不受外部统治，自治决定自身事务，也引申指一个研究主题有内在的原则、目标、方法论、价值基础等，与其他主题或领域形成区别，如在这一段康德把道德视为一个独立于其作为工具性价值的领域。本书在康德的道德意义上将其译为"自律"或"自律的"，而在综合了道德和其他非道德意义上将其译为"自主性"或"自主的"。

[2] Immanuel Kant, *Groundwork of the Metaphysics of Morals*（1785），H. J. Paton，trans.（New York：Harper & Row，1964）. 文中的引文标记原文的章节编号：康德著作全集普鲁士科学院标准版本（standard *Preussische Akademie* edition），"G"表示书名 *Groundwork*。

** 译文来自［德］康德：《道德形而上学奠基》，杨云飞译，邓晓芒校，人民出版社 2007 年版，第 80 页。

参见 G.431。）如果你尚未能设想康德的意思，请不用担心。

批判哲学：理论的与实践的

康德是作为理性直觉主义者开始他的哲学生涯的，他相信理性可以直接知觉必然的**先天事实**（**a priori** facts）——例如，每一个事件都有一个原因。然而，当他遭遇休谟对这一思想的批判时，康德说这把他从"独断论的迷梦"中唤醒。

我们经常这样言谈和思考，就好像我们直接感知到自然界中的因果关系一样。例如，当我们观看球在台球桌上的运动时，我们可以说我们看到母球的运动导致（*cause*）了三个球移动到侧袋里。这种常识性信念涉及一些基本观念，其中最显著的是**必然性**（**necessity**）、**普遍性**（**universality**）和**自然法则**（**natural law**）。在看到母球以某种方式击中三个球后，我们认为这三个球必定像它一样移动，这是自然法则，在其他条件不变的情况下，当任意一个台球被击中，它们都会以这种方式移动。

休谟论证道，我们无法在经验中找到这些观念的基础。我们所经验的只是一系列的感觉或"印象"，首先是母球的运动，然后是三个球的运动。我们对它们之间的联接没有感官印象。根据感官知觉（sense perception），我们最多只能说，在过去，这样的母球运动与三个球的运动"恒常地结合在一起"[1]。

休谟认为，我们认为这些运动是联接在一起的，是因为我们养成了一种心理习惯，即期待我们过去经验中一直联接在一起的事物在未来也继续如此。我们看到台球被母球以其他方式击中时，总是

---

[1] David Hume, *A Treatise of Human Nature*（1740）. 第二个版本由 L. A. Selby-Bigge 编辑，文本的修订版和不同解读参见 P. H. Nidditch（Oxford: Clarendon Press, 1978），pp. 155—173。

有规律地以一定方式运动，之后我们一旦看到母球这样运动，就会期待台球也跟着如此运动。更重要的是，我们将我们的期待投射到我们的经验之中。我们感知到因果关系的共同信念只是这种投射的结果。我们在经验事物时，就好像在自然界中存在一种客观联系，而实际上，我们所经验到的只是一种主观期待，而这种主观期待建立在我们对恒常联系在一起的事物的经验之上。

休谟的批判让康德相信，不可能从知觉中推导出必然性、普遍性和自然法则的观念。作为推论，康德也同意休谟的假设，即这些观念必须来自我们心灵的贡献。但是，休谟认为这种心灵贡献（mental contribution）是由习惯引发的，因此没有任何东西可以合理担保（warrant）它所解释的客观必然性的判断，而康德则认为，客观的因果必然性的判断是可以得到合理担保的，因为产生它们的心灵贡献本身就是经验可能性的必要条件。

如果要为经验判断提供基础，经验就不可能由完全非结构化的（unstructured）感觉［威廉·詹姆斯（William James）所说的"大量涌现的、嗡嗡作响的混乱"］所构成。相反，康德认为，经验必须由各种"范畴"（categories）所建构起来，这些范畴包括因果关系及其普遍性、必然性和自然法则的构成性观念。我们由此有一个先天的担保（*a priori* warrant），即假定每一个事件都有一个原因。通过这一假定对经验进行建构，是经验和经验知识成为可能的必要条件。

"批判哲学"是康德所称的批判性地评价理性诸能力的全面计划。他的《纯粹理性批判》（1781）大致按照刚才概述的思路来评估理论理性在获得得到合理担保的信念（warranted *beliefs*）方面的能力。但理性不仅仅是关于信念的。康德认为，对伦理学来说，最重要的是实践理性：一个能动者对要做什么的慎思推理。正如理论理性需要普遍性和必然性的先天概念一样，康德认为，在实践推理中，这些概念的实践版本被同样假定。此外，他坚持认为，这些必

142

然的实践概念与其他概念密切相关——尤其是自由和道德的观念。他声称，对实践理性的批判揭示了，任何自由的能动者最终都承诺于通过他称之为定言命令（Categorical Imperative）的根本道德原则来指导他的行为：你要仅仅按照你同时也能够意愿其他所有人也按照的原则去行动。

理性能动者、理由与普遍法则：一个预备讨论

为了了解康德的方法，我们可以从本书第 1 章提到的《道德形而上学奠基》一书的著名段落开始："自然的一切事物都按照规律发生作用。唯有一个理性存在者才具有按照对规律［法则］的表象，即按照原则去行动的能力，或者说它具有意志。既然从法则引出行动来需要理性，所以意志就不是别的，只是实践理性。"*（G.412；原文强调）在这段话中，"法则"在两个地方出现。首先，康德提到了自然规律，即解释台球运动那类法则。他将这类法则与作为意志的实践原则的法则进行对比，理性存在者（与台球不同的，甚至包括其他的理智存在者）可以对实践法则服从或藐视之，因为他们可以选择服从或违背他们对实践法则的表象而行事。

正如在第 1 章中，我们可以从理由的角度来阐释康德的观点。每当有某一事件发生，我们便假设一定有某种原因使之发生。事实上，康德认为，我们必须普遍假设这一点，因为这样做是经验成为可能的条件（回想一下，我上文提过的把我们的经验视为被因果性引发的）。但是，将解释台球运动的原因与行动的理由进行比较，后者让玩台球的能动者的打球行为变得可理解（intelligible）。与被

---

* 译文来自［德］康德：《道德形而上学奠基》，杨云飞译，邓晓芒校，人民出版社 2007 年版，第 40 页。

击打的球的运动不同，台球玩家具有理由做他们所做的事情。他们有我们所称的"他们的理由"。假设我以某种方式击打母球，你问我为什么。一种回答方式是，我向你给出一个我的发球理由——即我采用当时我所认为的以我的方式发球的（规范性）理由。例如，我可能会说，如果我以一定角度发球，三个球就会进入侧袋。这句话可能会帮助你从我的慎思视角看待我的行动，即出于这个理由，做这件事是理性的（*rational*）。当然，我可能会给出另外一些理由来解释我的行为，而这些理由不是我的理由。我甚至可能会试图将我的行为解释为一种错误——"在那种情况下，我被别人骗了去尝试发那个球。"或者我可能把我的行为归于习惯或条件制约使然。（确保你明白，为什么这些解释我过去所做事情的理由不可能是我的行动理由。）

143

理性存在者——理性能动者——的行动其独特之处在于，能动者是因为相信支持或建议该行动的理由而如此行事（不管是否是有意的）。此外，康德认为，当一个能动者将某个东西作为行动的理由时，这样做就使她承诺于普遍的规范性原则或"实践法则"。当我慎思如何发球时，我想的不是我自己，而是我面临的实践情境。当然，如果我明智的话，我会首先考虑自己的优势和劣势，以及我自己打台球的目的。我将尝试根据这些因素和球桌上的总体策略形势来设法弄清楚该采取什么行动。但即便在这里，我的慎思本质上也不是关于我的。这是关于我面临的慎思情境的（deliberative situation）：根据我的能力、目标和球桌上的比赛情势。它隐含了任何人（像我一样）在这种情况下应该做什么。如果我得出的结论是，我应该以某种方式发出母球，并且有充分的理由这样做，那么我将承诺于认为，对任何处在我的情境中的人来说，这是一个明智的发球，而不管从哪个方面去看，这个发球都与我自己的选择相关。

这是我们关于伦理判断和伦理属性的熟知观点，但以新的面貌出现。伦理属性不能"单纯地"被具有，我的理由也不能被我单纯地持有。如果一个考虑是我在某种情境下做某事的理由，那么它也必须是对任何一个与我在相关方面相似的人，在任何相关的相似情境中都会采纳的理由。我必须认为哪些情境和行动的相关性是相似的？这完全取决于我认为什么与我自己的情境有关，正如我们将在第 15 章中所论。

如果到目前为止这是正确的，那就意味着任何能动者在行动时都会承诺于普遍原则（实践法则）。但有时我们难道不是去做我们认为有充分理由不做的事情吗？这就是哲学家所说的**意志的薄弱性**（**weakness of will**）的问题。然而，我们不必满足于此，因为即使我们并不总是做我们认为最佳的事情，康德仍然可以坚持认为，我们总是有某个行动的理由，这让我们承诺于一个普遍的原则，即关于其他条件不变，在这种情境下，任何人应该做什么的原则。

根据前文的论述，我们可以瞥见康德的论点，即法则和普遍性的概念以一种独特的方式进入能动者的慎思立场之中，从这一视角看，这是思想结构的一部分，类似于康德认为这些概念的理论版本对经验认知的立场是必不可少的这种理解方式。思考要做什么，这使我承诺于实践理性的普遍原则（实践法则）；就像要我把对一个事件的经验视为可以相信的事物那样，这使我承诺于理论理性的普遍原则（例如，每一个事件都有一个原因）。

康德在《道德形而上学奠基》中的计划

康德《道德形而上学奠基》（1785）一书的目标是捍卫道德内在主义立场，即道德规范对任何理性能动者都具有约束力。这个立场实际上分为两个部分，需要两个单独的论证。其中一个主张认为，道德约束所有的理性能动者，这一观念正内在于道德概念本身。这是一个**概念性论点**。它认为，如果一个能动者在道德上被要求做某事，那么她必然在理性上被要求去做（即她这样做是存在决定性的理由的）。考虑一些你倾向于认为是道德义务的事情——例如，不能为了战术优势而折磨和胁迫无辜者的道德义务。**概念性道德内在主义**（conceptual moral internalism）认为，如果这是一项道德义务，那么必须存在一些压倒一切的理由，让受其约束的能动者采取相应的行动。相反，如果某人有更好的理由实施其他行动，那么她没有不这样做的道德义务。因此，我们对道德规范的最佳候选规范被界定为，它们能够提供决定性的行动理由。根据概念性道德内在主义，如果我们开始相信，某人认为自己有更好的理由不遵守某些候选的道德规范，那么我们必须否认这个候选的规范是她实际上受其约束的有效的道德规范。这正是道德义务概念的一部分，遵守道德义务具有压倒性的理由。

我们可以把康德道德内在主义的第二个部分称为**形而上学道德内在主义**（metaphysical moral internalism），因为它断言存在具有普遍约束力的道德规范。要论证这一主张，需要的不仅仅是分析我们关于道德和道德义务的观念。正如我们上文所见，概念性道德内在主义可能是正确的，即便我们所相信的道德规范实际上并没有约束所有的理性能动者。在那种情况下，我们所认为的道德义务实际上并非如此。因此，为了建立形而上学道德内在主义，我们需要一个论证以证明我们最佳的候选道德规范确实对所有理性能动者都具有约束力。

康德在《道德形而上学奠基》的序言以及第一章和第二章中论证了概念性道德内在主义，从他希望读者会同意的、且深深植根于他们的道德信念中的前提"**分析地**"展开论述（G.392），并得出结论，定言命令（大写）是道德的"最高原则"（supreme principle）。他认为，在我们最深刻的确信中存在这个固有的观念，即道德要求我们仅仅按照所有人都意愿遵守的原则行事，并将理性人格性（rational personality）始终视为目的自身（end in itself）。

这里第一条思路完全是在道德视角之内进行的。但即使道德义务把自身呈现为对任何理性能动者具有绝对的约束力，我们也可以从道德的观点后退一步，并提出这个询问：我为什么要是道德的？是什么让道德义务实际上确实具有约束力？是什么赋予了道德所呈现出来的规范性或理性权威？

要回答这些问题需要第二条论证思路，即不认为道德的权威性是理所当然的。康德在《道德形而上学奠基》第三章提出了这样一个论证，发展了我们在前文我所引用的段落里所瞥见的主题。自由的理性能动者必然按照对法则的表象而行动。康德认为，这最终使他们承诺于以定言命令（大写）——即道德的"最高原则"——来指导自己。

我们将在本章的余下部分探究该论证的第一条思路，把第二条思路放在第 15 章。

道德：必然性、普遍性和先天性

我们可以从康德的这个主张开始，即我们最深刻的道德确信是以必然性、普遍性和先天有效性（*a priori* validity）的观念为前提的。康德写道，"从义务和德性法则（sittliche Gesetz）的通常理念来看是自明的"，基本的道德原则是先天有效的，因此，它不是基于任何受制于经验研究的自然偶然性。此外，法则的理念"如果要被看做是道德的，即看做责任的根据，它自身就必须具有绝对的必然性"，因为"'你不应该说谎'这样的诫命，绝不仅仅是只对人类有效而其他理性存在者却可以对之不加理会的……责任的根据在此不能到人类的本性中或人所置身的那个世界的环境中寻找，而必须先天地仅仅在纯粹理性的概念中去寻找"*（G.389）。

---

* 译文来自［德］康德：《道德形而上学奠基》，杨云飞译，邓晓芒校，人民出版社 2007 年版，第 4 页。

　　这是一段冗长拗口的话。为了理解康德的想法，让我们将他的说谎例子与我们之前审查过的税务欺诈例子联系起来。假设你认为在税表上谎报你的收入是错误的。这个确信是关于你自己的行为的，但不是本质上的。尽管你若说谎，那将是你的欺诈行为（涉及有你签名的税表），但错误的属性不能仅仅因为你的行为而获得。如果你的行为是错误的，那一定是由于你和你所处情境的特征可以被其他特殊的情境和能动者所实例化。

　　因此，康德的意思是，如果你足够坚持你的确信，即实施税务欺诈的行为是错误的，那么你就会发现，你必须认为它基于一个适用于所有理性能动者的行为的原则。然而，我们应该在这里加倍小心。康德并不是说你必须认为所有理性存在者都应该有或确实有与我们相似的税收制度，甚至它们都有相似的信息需求和遭受欺诈的脆弱性，这才使得欺诈对我们来说是成问题的。相反，他的想法是认为：尽你所能地坚持你的确信，即你实施税务欺诈行为是错误的，并看看这一确信的最深层根源是什么。换言之，根据你自己的观点，弄清楚你所处情境的哪些最基本特征使得你在该情境中说谎是错误的。你与他人一起参与了一个互惠互利的合作计划，在这个计划中，每个人愿意参与合作（纳税），其前提是其他人也这样做。你提交欺诈性税表，就意味着你没有做自己该做的份额，而是从他们的善意中获利。你将去做你意愿他们不做的事情。

　　现在问问你自己。你认为这样做之所以是错误的，是因为你是一个美国公民（如果你确实是）吗？或因为你有一个功能正常的肾脏，或因为你是一个人？康德认为，如果你进行充分的反思，你最终会同意，使得你这样做是错误的，其特征仅仅是因为你是一个理性能动者，并与其他理性能动者处在互惠的互动关系中。如果你认为你利用别人的善意是错误的，那么你应该认为这对瓦肯人*来说

*　瓦肯人（Vulcan）系 1966 年美国科幻电影《星际迷航》中被虚构的智能外星人。他们发源于瓦肯星，被描绘为以信仰严谨的逻辑推理、不受情感干扰而闻名。

同样是错误的。如果这是正确的，那么你认为税务欺诈是错误的信念，背后是一个普遍的道德原则（或法则），你承诺于相信它适用于任何理性存在者。

在这一点上，你可能会认为我不当描述了一些事情，向你提供这样一个假设：你认为说谎是错误的，其理由是因为它违反了定言命令（大写）——去做你不意愿别人做的事情。但就我目前的观点而言，这并没有什么关系。假设你认为这是错误的，是因为上帝命令你勿说谎。在不深入触及神学的情况下，这难道不会让你认为任何服从上帝命令的能动者也不应该说谎吗？或假设你是一个功利主义者，你认为你的税务欺诈行为是错误的，因为它不会促进普遍幸福。这难道不会让你承诺于认为其他理性能动者也应该最大化总体幸福吗？

如果这是对的，那么任何关于道德义务的信念，最终都建立在一个义务原则或法则之上，对此，一个人必须相信所有理性能动者均受制于该原则。这给我们提供了普遍性，但是必然性和先天有效性呢？康德相信，类似的一系列反思同样可以说服我们相信这些。假设你认为做你希望别人不要对你做的事情是错误的。你认为这是碰巧错误的吗？你能够想象万一这一行为不是错误的，这个世界会是什么样的呢？如果你可以想象，那么根据康德的观点，你还没有达到你的道德确信的基底。

许多为真的事情只是偶然为真。碰巧的是，我不能屏住呼吸超过 3 分钟。但随着进化环境的变化，人类肺部的功能也受到影响，情况可能有所不同。当我们还没有到达道德确信的基底时，我们可以想象这样的变化。回顾第 1 章中提到的反对通过允许医生协助自杀的法律的人，因为他认为这会导致对弱势群体的剥削。他很可能认为，在社会环境发生变化的情况下，该法律在道德上不会令人反感，因为它不会造成剥削的后果。但他更根本的道德信念涉及的不是法律，而是剥削的错误性。是否存在某些情形，在其中剥削不是错误的？如果他认为存在，那么根据康德的观点，他还没有向他自己阐明作为他确信基础的根本原则。

如果我们承诺于认为我们最基本的伦理确信是普遍的、必然的，那么我们也必须把它们看作是先天的。我们从感官经验中最多只能认识到事物是如何发生的。因此，如果根本的道德确信是可以被认识的，那么它们似乎必须是先天可知的（knowable *a priori*）。

然而，即使道德常识承诺于普遍的、必然的、先天的道德义务原则之存在，这些原则从何而来？是什么使得它们成为真实的、必然的和先天的？正如我们将看到，康德拒绝了理性直觉主义理论，这一理论认为存在理性可直接感知的必然的伦理事实。相反，康德的立场认为，义务的普遍原则建立在自由的理性能动者的慎思视角之上——也就是说，建立在关于规范性理由的一个**理想能动者理论**（**ideal agent theory**）之上。

同样，康德相信，关于道德义务的特定的普遍原则（例如，关于说谎的错误性）不是简单地通过一种道德知觉给出的。他认为，在我们道德确信的基底，是关于道德品格（moral character）和意志之独特价值的观点，这导向了一种关于对错的**理想道德能动者理论**（**ideal moral agent theory**）。

善良意志

《道德形而上学奠基》第一章开始于康德的著名主张，即"在世界之中，甚至在世界之外，唯一除了一个善良意志以外，根本不能设想任何东西有可能无限制地被视为善的"*（G.393；原文强调）。既然康德告诉我们，他的主张涉及"普遍的道德理性知识"，我们应该将其解释为他是在谈论道德价值。我们应该提醒自己，他

---

*　译文来自［德］康德：《道德形而上学奠基》，杨云飞译，邓晓芒校，人民出版社 2007 年版，第 11 页。

148　认为"意志就不是别的，只是实践理性"（G.412）。意志是我们根据理性或原则而行动的能力。把这些放在一起，我们可以从中得出结论，唯一无条件的道德善就是对道德能动性的卓越运用。

康德认为，我们可能倾向的其他观点包含我们不能接受的意涵。因此，比如知性和机智等"才能"，"决心"和"坚毅"等"气质"，虽然在一些情况下是有价值的，但也可以被用于邪恶的目的。"由幸运所赋予的东西"，比如权力、财富和生活的康宁，也同样如此。请注意，问题不在于这些东西是否具有内在价值或优点以合理担保值得一般的尊敬（而不是道德意义的尊重）。例如，艺术天才本身似乎就令人钦佩。与之相反，康德声称的是，只有善良意志才是道德尊重的无限制的对象。

康德在这里对比的是，一个能动者发现其所处的慎思情境的特征（不是由她决定的），与她自己作为能动者应该要做什么。康德主张，道德评价是关于我们如何行使我们的能动性以决定要做什么。他认为，这就是我们保留品格概念的原因。一个人可能只是天生就比另一个人更温厚，但这只是关于气质而非品格的问题，而气质是他们都不能决定的。但每个人如何看待和根据各自的气质行事，确实与品格有关。康德宣称，这就是我们在道德上所尊重和重视的。

注意与功利主义的对比。功利主义者从本质上把道德看作是促进人类幸福的工具，因此他们也从关系的角度看待道德评价。康德反对一切形式的功利主义，宣称内在于道德评价观念的，就是人从根本上是作为能动者（as agent）而存在的。因此，康德写道："善良意志并不是因为它产生了什么作用或完成了什么事情，也不是因为它适合于用来达到某个预定的目的而是善的，只是因为它的意愿而是善的，即它自在地是善的。"*（G.394）因为善良意志因其自身

---

* 　译文来自［德］康德：《道德形而上学奠基》，杨云飞译，邓晓芒校，人民出版社 2007 年版，第 12 页。

是善的，那么它就是无限制为善的——也就是说，在任何情况下它都是善的。即便它带来了不良的后果，也不会减少我们对善良意志本身的道德尊重。

但什么是善良意志？康德的回答建立在他将意志视为实践理性的观点之上。意志是出于理由而行事的能力，由此也是根据普遍的规范性原则行事的能力。因此，对康德来说，一个具有善良意志的人是一个能够用道德法则来支配自己的能动者——正如他所说，她的行为是"出于义务"。

在这里，我们应该注意到康德的观点中似乎有一种张力。一方面，康德认为，理性能动者的任何行动都涉及对普遍实践法则的某种承诺。另一方面，康德认为，只有显明出道德能动性（善良意志）之独特卓越性的行为，才真正受到普遍的实践法则的支配。那么，任何行动中所隐含的对普遍法则的承诺与塑造善良意志特征的承诺之间有什么区别呢？

一个具有善良意志的人在遵守法则时表现出一种庄重严肃和　149
全心全意的态度，而这并不是每一个能动者都能显现出来的。人们有时会表现得意志薄弱，所作所为与他们所相信的更好理由背道而驰。或者再说一次，尽管任何行动都涉及把某事物视为法则，但具有善良意志的人并不满足于她可能碰巧要做的事情。她关心的是要找出真正的道德法则，并以此来指导自己。

但道德法则是什么呢？它从何而来？一个善良意志如何知道道德法则是什么？对康德的主张很重要的一点是，在论证的当前阶段，这还无法获得具体说明。特别是，康德并没有假定具有善良意志的人会以定言命令（大写）来指导自己。然而，正如我们即将看到的，康德对定言命令（大写）的第一个论证是，它唯一满足被根本原则的理念所设定的条件，而具有善良意志的人据此根本原则来指导自己。

道德价值

康德关于善良意志是独特的、无限制为善的论点，反映在他关于表现了善良意志的行动之独特道德价值的一系列主张中。（G.397—400）他认为，只有当行动是出于义务的动机（*from the motive of duty*），即受善良意志支配的动机，它们才具有真正的道德价值。行动符合义务是不够的。它们不能仅仅是正确的做法。能动者的行为要有道德价值的话，能动者必须不能因为该行为符合义务而这样做。

需要注意的是，康德不是在说，除非出于义务感，否则行动不可能是正确的。相反，他的观点是关于行动（actions）的，因为行动显明品格。他的主张涉及的不是行为（act，一个人在慎思时可能会出于某个或其他动机而选择的替代项），而是被驱动的行动（*motivated actions*），正如我们在事后考虑的那样。对道德价值的判断视角不是第一人称的、能动者的慎思立场，而是第三人称的视角，我们据此评价人、品格和动机。我们从第一人称的立场来弄清楚应该要做什么；从第三人称的立场来评价关于某人行为的想法和感受，评价她的行为如何反映她的品格，等等。有人可能做正确的事情，但出于错误的理由。康德的主张是，一个行动要体现出善良的道德品格的独特价值或优点，该能动者必须是出于她相信她的行为在道德上是正确的才去这么做。

我们还应该明白，康德并不是说，如果能动者在出于义务的动机之外还有其他动机，她的行动就不可能具有道德价值。重要的是，能动者是否以道德法则来支配她的意志，在这个意义上，即使她没有其他动机，她也会做正确的事，并且，如果她认为这一行为是错误的，她就不可能去做她做过的事情。

150   康德最有说服力的例证来自一个对比：因某事是正确的而为之与因出于自我利益而为之。一个杂货店店主向"毫无经验的顾客"

收取与街头店铺相同的价格，但这只是因为他考虑到价格作假会招致声誉受损，因此童叟无欺是明智的做法（G.397）。店主做了正确的事情，但他的行为缺乏价值，而倘若他做到童叟无欺，是因为这是正确的事情，那么他的行为就具有价值。由于店主的支配性动机是自我利益，与刚才的事实相反，万一他的利益与正确的事情相冲突，那么他就会做错误的事情。因此，他的行为虽然是正确的，但并没有反映出善良的品格和意志之独特的道德价值。

康德的论点最具争议性的意涵是，除了出于义务的动机之外，行动不可以从其他动机中获得道德价值——例如，从仁慈和爱的动机。人们可能同意康德的主张，即善良意志或品格的价值是内在的（不是来自行为后果或其他的外在特征），但仍然相信仁慈或爱本质上是具有道德意义的善良动机。在这里，把康德在《道德形而上学奠基》中对善良意志的赞美与保罗在《歌林多前书》中对爱或仁慈的赞美进行对比是很有启发性的："我若能说万人的方言，并天使的话语，却没有爱，我就成了鸣的锣，响的钹一般……我虽将所有的周济穷人……却没有爱，仍然与我无益。"（Cor. 13：1）保罗赞颂爱是有内在价值的——与它能否带来有益的后果无关，比如救济穷人。你可能会同意这一点。

那么为什么康德认为，出于爱和同情的行为，"无论多么合乎义务，多么值得爱戴"，却"没有任何真正的道德价值"（G.398）* 呢？康德将仁爱之人描述为能够"在周围播撒快乐感到由衷的愉快"，这可能会导致人们认为，康德把出于仁爱的行为与出于自我利益的行为视为根本上是一样的。店主的自身利益是通过定价来实现的，而仁爱之人的利益则是通过帮助他人来实现的。但如果这就是康德的论证，那么它并不那么有说服力，正如我们在第 12 章讨

---

*　译文来自［德］康德：《道德形而上学奠基》，杨云飞译，邓晓芒校，人民出版社 2007 年版，第 18 页。

论享乐主义时提出的理由。有同情心的人确实会从帮助他人中获得快乐，但那是因为他们关心他人。这并不是说他们之所以关心他人，是因为帮助他人是快乐的来源。

然而，康德发展了更好的论证。这里是其中之一。很明显，关心任何具体的人或人们，不一定会导致能动者在任何情况下做道德上正确的事情，即使在能动者自己看来也是如此。例如，仅仅关心杰罗姆一个人的利益，可能会导致我诽谤杰罗姆讨厌的对手。或者仅仅关心一个群体的利益，可能会导致我以牺牲其他群体的利益为代价来不公平地促进该群体的利益。甚至平等地关心所有人的利益，也只有在行为功利主义是正确的前提下，才能始终激发正确的行为。在这方面，康德说，对他人福祉的关切，"是和其他的爱好同一层次的……如果它碰巧实际上符合公共利益，并且是合乎义务的，故而是值得赞赏的，那么它应该受到表扬和鼓励，但不值得非常尊重"*（G.398）。

康德在此处要论证的究竟是什么呢？首先，康德所说的"尊重"（esteem）**显然是指一种独特的道德评价。我们从康德勉强承认由仁慈激发的行为本质上是"值得爱戴的"这一事实中可以明显看出来。其次，他的论证不可能真的认为义务动机比其他动机（包括仁慈动机）更有可能驱动能动者做真正正确的事情。他没有说什么来支持这一主张，而我们有理由对此表示怀疑。也许人们有可能误会自己的义务动机，至少在某些情况下，对他人的关心更有可能导致他们履行自己的真正义务。例如，想想哈克·芬恩***，他关心逃跑的奴隶吉姆，并把吉姆藏起来，不让那些要囚禁吉姆的人发

---

* 译文来自［德］康德：《道德形而上学奠基》，杨云飞译，邓晓芒校，人民出版社 2007 年版，第 18—19 页。
** 这是在康德意义上的道德尊重，为表示区分，本书将"esteem in moral sense"译为"道德尊重"，将非道德意义的"esteem in general"译为"尊敬"。
*** 哈克·芬恩（Huck Finn）是美国作家马克·吐温长篇小说《汤姆·索亚历险记》中的虚构人物。

现，这显然违背哈克所认为的他自己的道德义务。

如果我们认为仁慈，就像义务感之外的任何动机一样，只是"符合"从能动者自己的视角来看是正确的事情，那么我们就会更接近康德的论证。换言之，这些动机所激发的行为与能动者本人有充分的理由认为在道德上是正确的行为，两者之间并没有必然的一致性。（也就是说，除非能动者有理由相信行为功利主义。）

但现在我们可以将情形分为两种。在一边，能动者被仁慈动机所激发，但缺乏关于道德对错的任何观点。在另一边，能动者同样被仁慈动机所激发，并具有关于道德对错的观点。在第一种情形中，很难将出于同情或仁慈的行为视为具有道德价值的，因为很难将有同情心的人视为一个成熟的道德能动者。康德同意，利他主义的关切（例如，关心一个幼童）本身就是"值得爱戴的"。他否认的是它具有道德价值。

在第二种情形中，我们有一个人持有道德观点，但准备无视它们。因此，在这种情境下，即使利他主义的关切幸运地指向与道德义务相同的方向，但万一不是这样，这个人可能就会以自己的方式做了错误的事情。这怎么可能具有道德价值？（那么哈克·芬恩呢？问题不在于哈克藏匿吉姆是否做对了，而在于他这样做是否担保他的品格值得道德尊重。假设你认为确实可以。康德会不同意吗？不一定，因为他本可以争论道，尽管从表面看来，哈克确实认为这样做是正确的，但其实并不像看起来那么明显。很明显，哈克认为藏匿吉姆的行为一般被认为是错误的，但不太明显的是他自己认为这确实是错误的。相反，康德可能会说，我们认为哈克藏匿吉姆在道德上是可尊重的，因为我们在内心深处相信，哈克确实认为告发吉姆是错误的，并出于这个理由而不告发吉姆。）

因此，道德尊重涉及一个人如何运用按照原则而行动的能力，这让她成为道德能动者。这为康德有争议的主张提供了第二个论证。如果所有的理性能动者都平等地服从道德，但假如道德不是

152

建立在一个人和其他所有理性能动者的共同特征之上，那就太奇怪了。然而，要成为一个理性的道德能动者，并不一定需要同情的能力。如果出于同情的动机足以使一个行动具有道德价值，那么一些道德能动者就会被某些全然不取决于他们的事物阻碍他们去做具有（那种）道德价值的行动。这似乎是一个奇怪的结果。

定言命令（大写）的一个推导？

为了论证的目的，让我们先接受这些。让我们承认，道德意义上的善良意志受道德法则的支配，为了使一个行动具有道德价值，其支配性动机必须是遵从道德法则的。正如康德所说："当然只有在理性存在者身上才发生的对于法则的表象本身……构成我们称为道德的那种最高善，这种善在根据这种法则而行动的人格本身中就已经存在于当下了，却不可从结果里才去期待它。"*（G.401）但是，是什么使得一个原则成为一个道德法则的呢？

由于一个善良意志是受法则指导的，康德将"义务概念"定义为"包含了一个善良意志的概念，虽然处在某些主观的限制和障碍之下"**（G.397）。这似乎令人有些惊讶。简言之，除了通过确定一个善良意志将服从哪些原则来支配自己之外，我们没有其他途径可以确定哪些原则是道德法则。在这里我们有了一个理想道德能动者理论的例证。它认为，某事物要成为道德义务，在于它能够被理想的道德能动者（一个善良意志）服从的原则所要求。

如果我们排除康德所拒绝的各种可替代方案，这实际上是很自然的做法。首先，康德认为道德对错的根本原则是必然的、先天

---

* 译文来自［德］康德：《道德形而上学奠基》，杨云飞译，邓晓芒校，人民出版社2007年版，第18页。
** 同上书，第17页。

的，因此他不得不拒绝自然主义。并且，他也否定任何像神学唯意志论所主张的道德对错取决于某种任意的意志行为的观点，因为这种观点无法解释道德义务的必然性。最后，康德拒绝理性直觉主义的学说，这种观点认为存在可以被理性直接感知或直觉到的伦理事实。那么，先天的、必然的道德义务原则是如何建立起来的呢？

回顾一下康德的批判哲学和他对纯粹理性批判的一般策略。在那里问题在于，如何在不陷入教条理性主义的情况下说明先天的、必然的真理（例如，每一个事件都有原因）。康德的解决方案是论证事件之具有原因的假设对于经验思维和认知的可能性是必要的。同样，在道德的情形中，康德认为，先天的、必然的道德义务原则建立在道德慎思的结构之上——具体地说，是道德意义上的理想能动者或善良意志的慎思。

还请回顾一下第 6 章中讨论的**理想判断理论**的一般理据。我们可能更有信心知道一个好的伦理判断者具有什么品质，而非识别出正确的特殊道德判断，尤其是有争议的判断。康德的善良意志学说呼应了这一主题。康德声称，在我们道德确信的基底，是我们相信一个具有道德完整性（moral integrity）的人的道德价值，这个人按照她所理解的道德义务来指导自身。

一般来说，理想判断理论认为，伦理事实与理想判断者会作出的判断有关。因此，密尔显然预设的非道德价值理论认为，价值是由一个在理想情况下充分知情且有经验的判断者所作出的评价（偏向）。康德的理想判断理论形式是理想能动者理论（或理想慎思判断理论）。而他关于道德对错的理论是一个理想道德能动者理论。

根据理想道德能动者理论，使某物成为道德法则的是，理想道德能动者会如此赞成它——即它是一个具有善良意志的人用以支配自身的原则。但是，这样的原则由什么建构？康德是这样表述问题的："但是一种什么样的法则有可能成为这种法则，它的表象即便对那从中期待的结果不加考虑，也必定能规定意志，以便这意志能被绝对地、无限制地称为善的？"*（G.402）这是他的回应：

> 既然我从意志那里排除了所有可能会由于遵守任何一条法则而从它产生出来的冲动，那所剩下的就只是一般行动的普遍的合法则性，唯有这种合法则性才应该充当意志的原则，也就是说，我绝不应当以其他方式行事，除非我也能够愿意我的准则果真成为一个普遍的法则。如果义务不应到处都是一个空洞的幻想和荒诞的概念，那么现在单纯的一般合法则性（无须以任何一个被规定在某些特定行动上的法则为基础）在这里就是那种充当意志的原则的东西，并且也必须充当意志的原则。**
>（G.402；原文强调）

因此，善良意志的特征不在于对任何后果的欲求，比如最大总体幸福。这个条件排除了任何后果主义的企图，即从道德被给予的某个目的中得出道德原则。但这两者都没有给道德行动者"规定在某些特定行动上的法则"，正如理性直觉主义者所相信的那样。因此，具有善良意志的人没有其他选择项，只能将她对某个具体原则的承诺建立在该原则是否适合成为法则的基础上。康德似乎已经假设，某人无法确定这一点，除非她反思自己是否总是意愿把该原则视为她自己和其他所有理性能动者据以行动的法则。因此，她把任何一个原则视为实践法则，其必要条件在于，她意愿所有人都像她那样如此对待之。这意味着定言命令（大写）必须作为她最根本的法则而对善良意志发挥作用。但既然如此，从理想道德能动者理论中可以得出结论，定言命令（大写）实际上是最根本的道德原则。

要理解这一论证的力量，请注意其中隐含的区别：对于一个能动者将她的意志原则视为法则，什么必须是真实的；与她将她的意

---

* 译文来自［德］康德：《道德形而上学奠基》，杨云飞译，邓晓芒校，人民出版社 2007 年版，第 24 页。
** 同上。

志原则视为适合成为法则，什么必须是真实的。如果我们认为康德的论证是从能动者必须将她的行为原则视为法则这一前提出发的，那么我们就很容易认为他的论证是不合逻辑的推论（因此，如果能动者不能这样做，那么她就不能将她的原则视为法则）。为了理解这一前提不包含这个推论，假设一个能动者相信道德法则是每个人都应该仅仅促进他或她自己的利益。显然，能动者把这一原则接受为法则，这一事实并不意味着她意愿每个人都遵守它。事实上，意愿每个人都遵守这一法则可能与该法则要求能动者她自己所做的并不一致。

但这不是康德的论证。善良意志想要正确行事，但与我们例子中的人不同，他不能把"任何规定某些特定行动的法则"视为是被给予的，就像上文考虑的利己主义原则。因此，他需要的是可以作为对可能法则的（二阶）检测的东西，即（一阶）原则是否适合成为道德法则。更重要的是，理想（道德）能动者理论隐含的考虑要求这个检测与他的意志相关。这给康德留下了似乎唯一的可能性——即道德对错的原则，其基础是它们能否被意愿成为法则，也就是说，一个人（任何人）能否在慎思中把他所意愿为法则的事物意愿为所有道德能动者的法则。这正是定言命令（大写）所说的：你要仅仅按照你同时也能够意愿其他所有人也按照的原则去行动。

第15章

康德 II

康德的规范性理论经常被引用为**道义论伦理学**（**deontological ethics**）的范式，与功利主义的后果主义理论对立（见第 9 章）。道义论认为，行动的道德正确性和错误性可以通过行动的类型来判断，而与后果无关。既然我们已经看到定言命令（大写，下文缩写为 CI）是如何从能动性的理想中产生的，而不是从"任何规定特定的行动的法则"中产生的，我们可以进一步理解道义论规范如何建立在 CI 的基础之上，以及它背后的哲学考虑。康德以看似不同的方式表述 CI 的不同公式，坚持认为这些"从根本上说只是同一法则的多个公式而已"*（G.436），这一事实令我们的任务更具挑战性（和令人着迷）。密尔认为，康德的伦理学实际上可以被归为一种规则功利主义（U.I.4）。如果是这样的话，康德的规范性理论可能终究不会成为后果主义的替代性方案。

定言命令（小写）vs. 假言命令

首先，我们应该注意到定言命令（大写）如何与康德在**定言命令**

---

*　译文来自［德］康德：《道德形而上学奠基》，杨云飞译，邓晓芒校，人民出版社 2007 年版，第 74 页。

（小写，**categorical imperatives**）和**假言命令**（**hypothetical imperatives**）之间所做的重要区分相关联。

　　假设某人决心提高他的批判性思维能力，并寻求一种方法来做到这一点。你说服他，最好的方法就是修读一门哲学课程。因此，你向他提供如下理由去思考："如果（或既然）我想要提高我的批判性思维能力，我应该修读一门哲学课程。"这是康德所说的假言命令的一个例子。这个术语具有误导性，因为它包含了任何可以用假设形式表达的句子，例如："如果 p，那么 S 应该做 A。"但许多这种形式的句子实际上是定言的，例如："如果你向琼许诺，你会把你的公寓转租给她，那么你应该这样做。"使某一命题成为假言命令的大致原因是，"如果"从句中的条件句仅仅指一个人有某个目标（针对该目标，"那么"从句中的行为是善的，或是唯一的手段）。"所以假言命令只是表明，行动对于某个可能的意图或现实的意图是善的。"*（G.414；原文强调）

　　康德认为，假言命令的有效性是完全没有争议的，因为它们正是蕴涵于一个追求目的的理性能动者的概念之中。有一个目的就意味着意愿某个结果，而这已经包含了"把我自己设想为行动的原因"（G.417）这一观念。我们例子中这个人以提高他的批判性思维为他的目的，此时他一定已经打算使用某个或其他手段来实现这一目的。否则，他就不是真的以此作为自己的目的。因此，"谁想要达到目的，也就（必然地按照理性的要求）愿意有为此力所能及的独特的手段"**（G.417）。康德总结道："这一命题就意愿而言是**分析的**。"***（G.417）它的真实性是由命题词项（terms）的意义所保证的。

---

*　　译文来自［德］康德：《道德形而上学奠基》，杨云飞译，邓晓芒校，人民出版社 2007 年版，第 43 页。

**　　同上书，第 47 页。

***　同上。

因此，如果有人以提高批判性思维能力为目的，认为这样做的唯一方法是修读哲学课程，却不打算真的（更糟的是：打算不去做）修读一门哲学课程，这是不融贯的。关键不在于这是不可能的，而在于它是不理性的（*irrational*）。为了理性行事，这个人必须消除不融贯性。如果他坚持自己的目的，并相信只有通过学习哲学课程才能实现他的目标，那么剩下的唯一选择项就是修读一门哲学课程。

然而，出于同样的原因，他可以通过放弃他的目的，也一样很好地消除其不融贯性。假言命令背后只是要求理性避免不融贯性，因此当下面（1）被解释为假言命令时，以下形式的实践推理是无效的。

（1）如果 S 的目的是 A，而 B 是实现 A 的唯一手段，那么 S 应该做 B。

（2）S 的目的是 A，而 B 是实现 A 的唯一手段。

因此，

（3）S 应该做 B。

为了理解这一点，请用"用最可怕的方式杀死琼斯"代替 A，用"饿死琼斯"代替 B。想象一下这种情况，当（1）被解读为假言命令时，（1）和（2）都是真的。（3）会由此推出吗？它不会。当（1）被解读为假言命令时，能够从中推出的最多是：

（4）要么 S 应该做 B，要么 S 不应该以 A 作为他的目的。

定言命令（小写）与假言命令的不同在于，前者提出的"应当"主张超出了对实践融贯性（practical coherence）的要求。因此，当（1'）是定言命令（小写），以下推理是有效的。

（1'）如果 p，那么 S 应该做 B。

（2'）p。

因此，

（3'）S 应该做 B。

由于 p 的一个可能替代项是"S 的目的是 A，而 B 是实现 A 的唯一手段"，因此，当由此产生的命题（"如果 S 的目的是 A，而 B 是实现 A 的唯一手段，那么 S 应该做 B"）被解读为定言命令（小写）而非假言命令，由此产生的推理也是有效的。当被解读为一个定言命令（小写），这一命题是说，如果 A 是 S 的目的，而 B 是 A 的唯一手段，那么 S 应该无条件做 B。然而，当被解读为一个假言命令，它只意味着 S 应该要么做 B，要么放弃把 A 作为他的目的。

另一种表述是，假言命令说一个人有理由做某事（或他应该做什么），是相关于他有理由持有某个目的的假设的。因为虽然从（1）和（2）推出（3）的推理是无效的，但以下推理是有效的。

（1″）如果 A 是 S 应该有的目的，而 B 是实现 A 的必要手段，那么 S 应该做 B。

（2″）A 是 S 应该有的目的，而 B 是实现 A 的必要手段。因此，

（3″）S 应该做 B。

假言命令将理性支持从目的转移到手段，同样，它们将支持的缺乏从手段转移到目的。如果追求一个给定的目的是有意义的，那么追求实现该目的的唯一手段一定是有意义的。如果采取唯一的手段没有意义，那么追求该目的就没有意义。但再一次，这里最多不过告诉我们，一个人要么应该采取手段，要么放弃目的。它不能告诉我们是哪一个。因此，假言命令是无能为力的，它无法给人们提供在慎思中所寻求的那种实践指导。只有定言命令（小写）才能提供这种实践指导。

下文在考虑康德在《道德形而上学奠基》第三章中的论证时，我们将回到基于实践推理的定言命令（小写）之不可消除性这一主题，根据康德的论证，CI 实际上对所有能动者都具有约束力，因为任何自由的理性能动者都承诺于让 CI 支配自己的慎思。但定言命令（大写）和诸定言命令（小写）之间有什么关系呢？康德的回

答很简单：任何一个特定的定言命令（小写），其有效性都基于它与定言命令（大写）的关系。

康德宣称，所有道德命令都是诸定言命令（小写）。这个说法是无可争议的。我们关于道德对错的确信——关于人们在道德上应该做什么和不应该做什么——不是关于他们为了实现自己的目的，而融贯地应该做什么和不应该做什么。

我们已经看到康德为什么认为 CI 是道德的根本原则。一个具有善良意志的人，承诺于用道德法则来支配她自己，但她没有具体的给定的法则，也没有其他的可选择项，只能以 CI 来支配自己的行动。现在，具体义务的道德命令是定言命令（小写），如"一个人不应该提交欺诈性税表"。因此，如果任何定言命令（小写）的有效性取决于它与 CI 的关系，那么具体的道德命令之有效性也必须如此。但按照康德的观点，CI 为具体义务的道德原则奠定基础吗？CI 承担了什么类型的规范性道德理论，这种理论与功利主义和霍布斯的理论之间有什么关系？

普遍法则公式

康德给出了他第一个 CI 的两个版本，通常称为"普遍法则"公式："你要仅仅按照你同时也能够愿意它成为一条普遍法则的那个准则去行动"*（G.421），以及："你要这样行动，就像你行动的准则应当通过你的意志成为普遍的自然法则一样"**（G.421）。我们将把这两个公式看作是等价的，它们都在说：一个能动者据以行动的准则在道德上是可接受的，当且仅当该能动者意愿这样一个

---

* 译文来自［德］康德：《道德形而上学奠基》，杨云飞译，邓晓芒校，人民出版社 2007 年版，第 52 页。

** 同上书，第 52—53 页。

"世界"，在其中每一个理性能动者都把该准则视为实践法则，并据此行动（就像按照自然法则行动一样）。

准则 康德所说的行动"准则"，是指隐含在能动者实际的行动理由中的原则。每当一个能动者行动时，她都出于某个理由这样做。她的准则是规定她的理由的原则。例如，假设你决定提交一份诚实的税表，认为不这样做就是错误地从别人的善意中获利。那么，对初学者来说，你的行动准则是这样的："当一个人（我）处在可以伪造或准确陈述可记入纳税的（我的）个人收入的位置时，那么这个人（我）应该诚实地陈述个人收入，即使提交欺诈性税表对个人有利。"不过，这可能只是一个开端。你可能认为，在某些情形中，你不应该纳税（比如说，纳税是为了支持一个极度腐败和邪恶的政权），或至少，即便在这里没有出现那种情况，但假如出现这种情形，你不应该纳税。如果是这样，那么你的准则会更复杂。从你的视角来看，它将包含与你的决定实际相关的情境的所有特征——也就是说，任何有意识或无意识影响你决定要做的事情的考虑（由此成为你的部分行动理由）。

把这个想法用于 CI，我们首先必须弄清楚（所提议的）行动准则。想象一下，一个能动者正在考虑要做什么，并出于某个理由暂且决定做某事。接着她运用 CI 检测方式。她问她自己能否意愿在这样一个世界，在其中所有人都按照她的准则行事，并将其视为实践法则。如果她做不到，那么 CI 告诉她自己不要按照这个准则行事。

概念矛盾？ 康德认为，CI 检测失败的情况分为两种。有些准则是这样的，我们甚至无法想象一个在其中每个人都按照这些准则行事的世界。而另一种准则的情况是，虽然我们可以想象这样一个世界，但没有人会意愿它。在第一种情况下，在这样一个每个人都按照该准则行事的世界存在概念上的矛盾。在第二种情况下，有人意愿按照该准则行事，同时意愿所有人都按照该准则行事，两者存在意愿上的矛盾。

作为第一种情况的例子，康德让我们想象一个人正在考虑作出一个承诺（但他无意信守），为了向他人借钱而承诺偿还（G.422）。他提出一个这样的准则："每当我能够通过作出我不打算履行的承诺来促进我的利益时，我就会这样做。"他现在考虑他能否让每个人都按照该准则行事。康德认为，事实上，他甚至无法设想这种可能性。每个人都按照这个准则行事是不可设想的，因为（假设情况并非如此，就像我们的世界一样）任何人都能够按照这个准则行事的必要条件在这样一个世界里不可能存在。

原因在于，只有存在一定程度的信任，承诺才能得以被信守，人们才有可能作出承诺。当然，完全的信任是不必要的。看看我们的世界。但在一个缺乏信任或信任极端缩减的世界里，就说出"我承诺去做……"这句话的意义上，并期望其他人由此期望这个人去做他承诺会做的事情，我们是不可能作出承诺的。某种信任的门槛对于承诺的可能性是必要的。在我们的世界里，信任会随着违背承诺的增加而减少。因此，在这样一个世界里，所有能动者都倾向于在可以逃脱承诺时作出虚假承诺，除了这个事实之外，这样一个世界与我们身处的世界完全一样，但它将是一个信任度急剧缩减的世界。毕竟，如果你认为每个人都倾向于如此行事，你还会赞成用你看重的东西来交换在未来才兑现的"承诺"吗？因此，在这样一个世界里，承诺实践是不可能的。每个人都按照自利的虚假承诺准则行事，这样一个世界是不可设想的，因此康德宣称该准则不能通过 CI 检测。既然确实如此，这个人自己不应该按照该准则行事。

然而，这个论证可能要证明的东西过头了。起作用的似乎是一种具有一定背景条件（background conditions）的实践观念，即实践所禁止的偏离行为往往会破坏该实践本身所依赖的条件。在这种

160

情况下，人们无法想象每个人都去做实践所禁止的偏离行为，因为这种情形会消除该实践的必要条件，从而消除了实践所禁止的偏离行为一开始得以存在的条件。但这种现象具有什么道德力量呢？与承诺行为一样，如果这种实践是有价值的或互惠互利的（不是这样的话，能动者就不会承诺于意愿实施该实践），那么每个人按照某个准则行事就会破坏这种实践，这一事实似乎表明，一个人这样做是错误的。但如果这种实践没有特别的价值呢？或更糟糕的是，如果这种实践是彻底邪恶的呢？

约翰·罗尔斯曾经描述过一种他称为"功利主义式的惩罚"（telishment）*的假想性实践，它类似于一般惩罚，但与之不同，无辜的人会被反复无常地施以制裁——比如说，作为恐怖政权实行统治的一部分。[1]假设这种做法依赖于该政权相信其下级所报告的威胁是可信的，且后者要负责执行这种惩罚。该政权警告说，如果他们拒绝接受这种做法，不对无辜者实行这种惩罚，他们会找到其他人来执行惩罚。对于不遵从执行该政权命令的下级官员，这种实践把他们的做法命名为"取消惩罚"（nullishing）。[2]只有奉命执行过这种惩罚的官员才能"取消惩罚"。假设一大批下级官员在接到命令时执行"取消惩罚"，他们这样做就会破坏这种功利主义式的惩罚实践（the practice of telishing）。

现在，由于一个人只有在被命令去执行这种惩罚时才能取消惩罚，如果取消惩罚往往会破坏这种惩罚实践，那么它也往往破坏

---

*　"telishment"是罗尔斯在"Two Concepts of Rules"一文中用来反对功利主义式的惩罚观念而构思的一种假想式惩罚方式。当局为了震慑未来可能出现的不法分子，而任意对任何涉嫌犯罪的人施以制裁，即便这个嫌疑犯事实上是无辜的，由此引发"telishment"能否获得道德证成的争论。

[1] John Rawls, "Two Concepts of Rules," *Philosophical Review* 64(1955): 11.

[2] 为了预防一种吹毛求疵的反驳意见，我们不妨假设，只有在持续的惩罚实践发生的时候，取消惩罚才会发生，这是内在于取消惩罚的概念之中的。

取消惩罚的可能性。在这方面，取消惩罚就像违背承诺的实践一样。（当然，仍然存在一些差异。如果某人被命令在普遍取消惩罚的情况下去执行功利主义式的惩罚，那么她仍然可以采取取消惩罚的做法，但在虚假承诺成为普遍的情况下，人们不可能作出承诺。在这两种情况下，无论如何，普遍按照准则而行动的实践最后消除了按照那个准则而行动的机会。）但想象一下，一个具有公共精神的官员被命令去执行惩罚，他正在考虑取消惩罚，以协助破坏这种惩罚实践。如果我们不能想象一个每个人都只做利己的虚假承诺的世界，那么我们也无法想象一个每个人都执行取消惩罚的世界。但这如何能够表明取消惩罚在道德上是不可接受的，特别是如果一个人的目的是破坏这种惩罚实践，更何况这种惩罚实践是彻底邪恶的？

　　显然这里出了点问题。我认为，出错的地方在于，康德被他的例子的某些特征所误导，并且过快作出了概括。如果他的论证完全依赖于去检测意愿一个在其中所有人都按照自己的准则行事的世界是否是可能的，那么他本可以做得更好。这本可以给我们在承诺和取消惩罚的例子上提供"道德上值得期待"的答案。正如康德自己所说的利己的虚假承诺，如果每个人都按照这一准则行事，它不仅会使承诺这种行为本身，而且还会使得"人们在作出承诺时可能怀有的目的本身都变得不可能了"*（G.422）。这一点非常重要，对一个做出虚假承诺的人来说，他意愿该承诺的目的（只有当其他人信任他，他才可以从他们的信任中获益），但当他意愿每个人都按照这个准则行事时，他的意愿与这个目的是自相矛盾的。但对于取消惩罚的例子，情况并非如此。一个官员决心执行取消惩罚，以便协助终结这种惩罚实践，但他不是在意愿任何与他的意愿相冲突的事

161

---

*　译文来自［德］康德：《道德形而上学奠基》，杨云飞译，邓晓芒校，人民出版社 2007 年版，第 54 页。

情，而他所意愿的正是所有人都按照该准则行事。这两者的差别非常明显。

因此，也许我们应该这样理解普遍法则公式，它仅仅要求一个人不要按照这样的准则行事，即他不能意愿所有能动者都同样按照该准则行事。以这种方式解释，普遍法则公式意味着，按照利己的虚假承诺行事，在道德上是不可接受的，但按照取消惩罚的准则行事，在道德上则是可接受的。

意愿的冲突　在康德的准则中，未能通过意愿冲突检测的例子之一涉及互助义务（G.423）。我们想象一个人，当他人有需要，且帮助他人对他自己也有利的时候，他才愿意帮助他人。我们可以很容易想象出一个每个人都按照这个准则行事的世界，但康德认为我们不可能意愿这样一个世界。原因在于，在一个人们只有在对自己有利的情况下才帮助他人的世界里，能动者不太可能从中获益，毕竟，这是能动者自己意愿按照该准则行事的目的。

这把我们带回到了集体行动和囚徒困境的问题，我们在第 11章对霍布斯的研究中探讨过该问题。假设霍布斯是对的，相比每个人按照限制对自身利益追求的规则（准则）而行事，集体毫无约束地追求自身利益，这会导致每个人的处境更糟糕。例如，我们有理由相信，我们比每个人都完全按照利己的目标行事时要过得更好，其前提是每个人都承认并接受互助原则的支配，而该原则要求每个人在帮助他人要付出的成本低于某个阈值（threshold）时，就要实行一定程度的互助。但如果是这样的话，那么在应用 CI 检测时，利己主义者的意愿就会发生冲突。除非对他人的帮助有所回报，他才帮助他人，他所意愿的是他自己的利益。他意愿每个人都按照这个准则行事，但他如此意愿的时候，反而会损害自己的利益。"凭借这样一条产生于他自己的意志的自然法则，他就会自己剥夺自己期望得到帮助的全部希望了。"*（G.423）当然，他最希望的是，其他人都不要按照他所提倡的准则行事。但这恰恰是这个普遍法则公式所禁止的。

不允许准则 vs. 错误行为 到目前为止，CI 仅仅排除了出于 162 某些理由（即某些准则）采取行动的可能性。那么，CI 如何为任何决定行为对错的原则，或者康德所说的"义务的命令"提供根据呢？例如，从作出虚假的利己承诺是错误的这一事实来看，它并不意味着在给定的情况下作出虚假承诺是错误的。（注意：我并不是说它总是错误的。我的意思是，在任何情况下，无论一个人出于什么理由，从这一事实甚至都不能推出它是错误的。）要是有人对承诺的态度与我们假设的官员对待取消惩罚的态度相同，并作出虚假承诺以加速终结这种实践呢？对她来说，她自己按照这个准则行事与她意愿每个人都这样做，这两者并不冲突。相反，这两者可能巧合相符。或者，要是有人拒绝帮助他人，不是为了增加自己的利益，而是出于他对每个人（包括他自己）的厌世情绪怎么办？或者因为他认为任何依赖他人的行为都是错误的？在这里，他的准则与希望每个人都要按照该准则行事的意愿之间不会发生冲突。

为了从 CI 推出某些类型的虚假承诺或拒绝帮助他人的行为在其各自的情况下是错误的，必须要求，任何在这些情况下建议这些行为的准则在道德上都是不可接受。但我们已经看到，每一个在各自情况下建议这些行为的准则之所以违背 CI，不都是因为个体意愿自己按照该准则行事与意愿其他所有能动者都这样做之间存在冲突。因此，如果存在冲突，并且如果这个冲突对所有能动者和准则都是成立的，那么这一冲突就在于，一方面，基于任何那一类

---

* 译文来自［德］康德：《道德形而上学奠基》，杨云飞译，邓晓芒校，人民出版社 2007 年版，第 56 页。

准则，该能动者意愿所有能动者都作出这类虚假承诺或拒绝提供帮助；另一方面，该能动者意愿作为一个理性能动者肯定会意愿的事物。

如何展开这样的论证？假设能动者至少需要一些善品才能在生活中理性行事。例如，理性的人类可能需要身体和心智健康、免于恐惧和一定程度的物质资源等善品，以便理性且有效地追求他们的目的，以及或多或少追求他们更具体的理性目的。他们还需要生活在一个促进信任和相互诚实的环境中，不仅是为了获得可靠的信息以实现他们的目的，还为了与他人进行支持性和批判性的交往，以有效地慎思他们想要拥有什么样的目的。我们可以把这些善品称为任何理性的人类都被假定必需的**理性人类需求**［或简称**理性需求**（**rational needs**）］。（对理性人类进行约束是没有问题的，因为这种约束只是包括任何理性存在者在人类存在境况下所需要的东西。）因此，任何理性的（人类）存在者都希望她的理性需求得到满足。

163 　　如果是这样的话，那么 CI 就可以得出一个关于虚假承诺和拒绝互助是错误的论证。一个人意愿按照这样的准则行事，它要求能动者在对自己有利的情况下，就做出虚假承诺或拒绝帮助他人，那么他是在意愿个人的理性需求不能得到满足。普遍的虚假承诺破坏了信任，而普遍的对自我利益毫无约束的追求破坏了物质性和社会性的支持。但是，两者都与一个人作为理性能动者追求理性需求的意志冲突。因此，一个人不能理性地让每个人都做出虚假承诺或拒绝互助。

这是从 CI 推出诚信义务和互助义务的论证的开端。你应该问问你自己，会对这个论证提出什么反驳意见。例如，这个论证是否对所有能动者都有效？有些能动者有可能处在这样的处境，他们对满足理性需求的必要善品的欲求实际上与他们对每个人都应该按照要求互助和禁止虚假承诺的准则行事的意愿相冲突？我们将在下文讨论这些问题。

目的本身公式

平等尊严　康德对伦理思想的最大贡献之一，是他阐明和捍卫所有人都有权获得平等尊重（*equal respect*）——这一论点认为每个道德能动者都平等地享有"超越于一切价格之上"的尊严（G.434）。康德不能被认为是首位发现这个观念的思想家。犹太—基督教传统提出并发展了平等尊重的版本，我们还可以在塞涅卡（公元前 4—公元 65）的著述中发现它的教义。但康德确实值得称颂，因为他为这一思想提供了极具影响力的哲学说明，并使之成为现代伦理学的核心。

为了生动地说明这一想法，思考如强暴和种族主义恐怖等行径对人类尊严的根本性侵犯意味着什么。这些形式的暴力之所以特别具有伤害性，是因为它们不仅涉及对身体的伤害或其他心理伤害（例如恐惧），还涉及对一个人的尊严感和自尊感的暴力。一个人觉得自己被侵犯了。他感到自己是作为一个人，而作为一个人意味着有些事情是不能（即必须不能）对他做的。（我们想象自己这样说话："嗨，停住！你不能这样对待我！"显然，这不意味着对方没有能力做他所做的事情。）

但是，所有人（对康德而言，所有的道德能动者）所拥有的尊严或地位究竟是什么，它源自何处？康德说，理性本质就是目的本身（G.429）。每一个理性存在者她自己本身就是一个目的，她有一个不可侵犯的权利主张，即永远不能仅仅被当作手段来对待。使每个人都享有平等地位的，从而使其成为一个人的在于——她有一个意志，有出于自己的理由而行动的能力和需求。这就是我们所必须尊重的。正如 CI 的第二个公式指出，我们必须这样做：你要这样行动，把不论是你的人格中的人性，还是任何其他人的人格中的人性〔理性本质〕，任何时候都同时用做目的，而绝不只是用做手段。*

---

* 译文来自〔德〕康德：《道德形而上学奠基》，杨云飞译，邓晓芒校，人民出版社 2007 年版，第 64 页。

（G.429）

把某人当作目的 对于像我们这样的社会性理性存在者而言，我们的行动几乎总是处在显性的或隐性的交互关系（interaction）之中。其他人在我们的计划和筹划中占有重要地位。我们希望或期望他们会以某种方式行事，并接受我们的行动方式。因此，所有的道德观都共同认为，我们必须要把其他人考虑在内。问题是，要怎么做到？根据功利主义，正是他人有体验快乐和痛苦的能力，限制了我们如何对待他们。对康德而言，首要的是他人服从道德的能力决定了我们如何对待他们——他们是出于自己的理由而行动的能动者。

康德认为，道德要求我们平等尊重所有的理性意志（rational wills）。我们必须以他们能够以某种方式同意作为独立的理性人格而对待他们。这一要求排除了不是以他们也接受的说理方式，而是以各种形式的操控、欺诈和恐吓去影响他们的行为。他人有能力作出他们自己的合理选择，我们必须尊重这一点。他们不仅仅是我们实现自身目的的手段，甚至也不是为了实现所有人最大幸福这样的目的的手段。

尽管我们可能对康德在这个公式中的"目的本身"有一个直观的把握，但还是有许多问题存在。为什么康德认为这是 CI 的一个公式？它与 CI 的普遍法则公式之间有什么关系？它在康德的哲学伦理学中的基础是什么？

作为内在的客观目的的理性本质 康德对这些问题（G.427—429）详细发展了一个解答，我将在本小节中概述他的解读，但我认为这些解答不是非常起作用。然而，康德的文本中还隐含了其他更有前景的回应，我接下来将对此展开阐述。

这里是康德明确给出的解答。

（1）道德命令是定言命令（小写）。

（2）任何一个以"一个理性存在者任意采纳"的目的为条件的命令仅仅是假言命令。

（3）只有当某个目的（或某些目的）对实践理性是本质性的（必然地被所有理性存在者共同采纳），定言命令（小写）才有可能存在。

（4）唯一可能的这样的目的是理性本质（rational nature）自身。理性本质必须是它自己的目的。

（5）这是可能的，只有当任何存在者身上的理性本质是任何理性能动者的目的。

（6）只有当所有人身上的理性本质是目的本身，定言命令（小写）才有可能存在。

因此，

（7）道德要求我们把理性本质视为目的本身。

这个论证中的步骤（1）和（2）没有疑义。而当我们考虑康德如何可以从 CI 的普遍法则公式中得出特定的道德义务时，我们理解了接受（3）的理由。这导致了这样一种主张，即康德需要一个对理性能动者而言是需求的概念，即任何理性能动者都可以被假定去意愿的事物。如果我们把（4）中的"理性本质"解释为指能动者自身的理性能力的良好运作，那么我们可以把（4）解释为任何一个可信的理性需求理论都包含这一点。

但是我们如何从（4）推到（5）呢？任何理性能动者必然看重她自己的理性功能（rational functioning），从这一事实来看，这并不意味着她一定看重，或者她应该看重任何理性存在者的理性功能。例如，考虑在能动者的慎思活动中所隐含的对理性运作的承诺。除非你为了自己的慎思目的而关切恰当地进行慎思活动，否则你根本无法开始慎思。不这样的话，你正在做的事情并不是真正的慎思活动。但尽管慎思令你看重你的慎思恰当运作（因此，也会

165

使得你看重你的理性功能的良好运作），但它并不意味着你同样看重我的慎思功能，或者把我视为一个具有慎思能力的人并尊重之。（当然，这些前提之间存在多种关系。成功的慎思几乎总是至少隐含着社会性和交互性活动。因此，如果你重视你自己理性功能的运作，你就有理由重视我的。但现在我们引入了一个额外的前提。）

如果（5）为真，这将为第二个公式提供有力的论证。但是基于我提到的理由，很难看出（5）何以是真的，但缺乏这一点，这个论证显然是无效的。即使（5）为真，论证是健全的（sound），第二个公式应该如何与第一个普遍法则的公式相关，这仍然是个谜。是什么使得这两个公式基于同样的理念，并建立在相同的哲学基础之上？然而，我们暂且不谈这个问题，等到我们考虑康德说 CI 的各种公式"从根本上说只是同一法则的多个公式而已"*（G.436），他指的是什么意思时，我们再回到这个问题上来。

原则与意志　我在尊重另一个人作为理性能动者时，我必须尊重她拥有自己的意愿和行动理由。但这是否意味着我永远不能做别人不希望我做的事情？我们能永远不违背他人的意愿吗？

166　　这是对康德观念的讽刺。他的全部要点在于，当人们采取行动时，他们承诺于遵守原则。CI 的第一个公式是，如果我不能意愿把我的行为所依据的原则作为法则，我就必须不能做这件事。同样，我们可以把第二个公式解释为，它说的是，我必须只根据他人能够接受并意愿作为法则的原则来对待他们。

例如，一个法官根据正当程序判处一名罪犯的罪名而无需征得罪犯的同意。如果她要求罪犯接受他可能不愿意接受的惩罚，那么她也不是在以不充分尊重他的理性人格的方式去对待他。只要罪犯

---

*　译文来自［德］康德：《道德形而上学奠基》，杨云飞译，邓晓芒校，人民出版社 2007 年版，第 74 页。

意愿判处程序背后的原则，这就足够了。很少有罪犯是无政府主义者。他们通常希望从法律制度中获得好处，即便他们自己不想被判刑。或再一次，在体育竞赛中，两组群体的意志可能相互对立，但这不意味着任何一方没有把对方视为理性的人格而给予充分尊重，因为双方都承认他们各自行动背后的原则。

自律公式与目的王国

对第二个公式的这种解释得到"意志的第三个实践原则"的证实，康德认为，这一原则来自把"每一个理性存在者作为目的本身"去对待他这个要求。康德将其表述为"理念"（idea），而非命令（imperative）："作为普遍立法意志的每一个理性存在者的意志的理念。"*（G.431）不仅所有的理性能动者都服从法律，我们也是法则的平等立法者（authors）。每个人的意志"就不仅仅服从法则，而且是这样来服从法则，以至于它也必须被视为是自己立法的"**（G.431）。

上述内容导向了康德将道德共同体视为一个"目的王国"（realm of ends）的理念，在这个领域中，每个理性能动者把自己视为普遍法则的立法者，也把其他理性能动者视为普遍法则的立法者。但是，只有当普遍的道德法则是共同的法则（common law）时，这才有可能。而这反过来是可能的话，只有当每个理性能动者都意愿共同的普遍法则。什么可以保证这一点呢？

CI 的第一个公式告诉我们，我们不应该按照我们（能动者）不能意愿成为普遍法则的准则行事。第二个公式则是，我们必须把

---

*　译文来自［德］康德：《道德形而上学奠基》，杨云飞译，邓晓芒校，人民出版社 2007 年版，第 67 页。

**　同上。

道德受动者（*patients*，受我们能动性影响的人）视为肯定有能力把我们的原则作为普遍法则的能动者而尊重之。（第三个）自律原则（principle of autonomy）和目的王国阐明了前两个公式中已经隐含的内容，即只有当每个人所愿意成为普遍法则的这些原则是相同的原则，那么这些检测才会同时得到满足——也就是说，只有当存在一套共同的原则，每个人都意愿所有人按照这些原则行事。

因此，康德认为，道德法则规定行为的对错，其存在的前提在于存在一套所有理性能动者都意愿作为普遍法则的共同原则。然而，看起来很明显的一点是，由于不同的理性能动者处于不同的社会和历史环境，他们拥有不同的品味和偏好，以及不同的资源和才能等，因此，他们可能意愿作为普遍法则的不同原则。只举一个例子：有人能够稳定地获得满足理性需求所必须的善品库存，那么比起穷人可能会产生的互助意愿，他们希望每个人都接受并按照互助义务行事这个意愿就会弱得多，他们的义务要求只限于对穷人提供较少（或没有）的援助。只要他们各自的意志受到这种个体差异的实质性影响，很明显从中不会产生一套共同的原则。

但根据康德的一般方法，似乎同样清楚的是，个人意志有可能不同于他们所处的不同立场，这一事实不应该影响一个共同道德法则是否存在。如果我知道我之所以意愿一项较弱的互助义务，是因为我很富有，那么我就不能把我意愿这个原则的事实视为该项义务成为道德法则的证据。同样，如果一个人知道我之所以要承担更强的互助义务，是因为我很穷，那么再一次，我不能把我意愿这个原则的事实视为它成为道德法则的证据。如果道德法则是每个人都能够意愿的共同法则，那么一定是因为存在一个他们原则上作为理性能动者都能够承认的共同立场，并且他们将从中共同意愿这个原则。正如康德所说，"如果我们抽象掉理性存在者的个人的差异，同时也抽象掉他们的私人目的的全部内容"，那么我们就能够设想"在系统联接中一切目的……的一个整体，即一个目的王国，这按照上述诸原则是可能的"*（G.433）。相应地，如果道德法则是真实存在的，就必须存在一套任何理性能动者从这个共同立场出发都意愿的原则，这个共同立场就是"抽象掉理性存在者的个人的差异"而得来的。

一个定言命令（大写）?

那么，相关的问题是：如果一个人的意愿独立于他自己的任何特殊特征，那么他会意愿按照什么样的原则行事？要回答这个问题，我们需要知道，例如，如果一个人的选择不受任何关于她自己的具体信念所影响，她会怎么做——也就是说，如果她处在约翰·罗尔斯所说的"无知之幕"（veil of ignorance）背后，对她自己的品味、社会地位、种族、性别等信息一无所知。[1] 然而，即使这样还不够，因为即使个人没有意识到个体差异，这些差异也会影响到他们的意愿。如果任何类型的个体差异都不会带来影响，那么一个人将意愿遵循什么样的原则？

当然，我们不能直接回答这个问题。一个人不可能简单地进入这样的视角并审视这个问题。我们至多可以形成一个共同视角的理念，并尝试在思想中对其进行三角式分析，尤其是在与他人的交互关系中。特别是，我们可以尝试修正性别、地位、种族等差异，并接受公共道德话语的约束，即任何一种可以被性别、地位、种族等差异所解释的普遍偏好（universal preference）都应该被忽视。

不管这种假设的视角有多么抽象，它们并没有让我们缺乏思考

---

*　译文来自［德］康德：《道德形而上学奠基》，杨云飞译，邓晓芒校，人民出版社 2007 年版，第 70 页。

[1]　John Rawls, *A Theory of Justice* (Cambridge, Mass.: Harvard University Press, 1971), pp. 136—142, 251—257.

的空间。假设有某种理性需求的理论，人们就可以令人可信地论证意愿在义务原则上聚合，例如，在其他条件相同的情况下，这一理论规定人们应该互助，禁止虚假承诺和其他形式的不诚实行为。比如，如果任何一个理性的（人类）能动者意愿获得她的理性选择和追求目标所必需的信任，那么她就很难意愿每个人都作出虚假承诺。

因此，如果真的只有一个定言命令（大写），它必须以这样的方式表述：你要始终一致地按照这个原则去行动，即从所有理性能动者的共同视角来看，任何人都会意愿所有能动者也按照该原则去行动。定言命令的每一个更具体的公式都可以被解释为，它们各自强调了这一基本理念的不同方面。

道义论抑或后果主义？

在这一点上，你可能会明白为什么密尔认为 CI 可以还原为规则功利主义。尽管康德试图以 CI 为基础建立的义务原则与行为功利主义相冲突，但这些义务原则似乎仍然像规则功利主义一样依赖于结果。可以肯定的是，CI 检测程序确实使得每个人遵循原则（规则）的结果成为确定按照该原则（规则）行事在道德上是否可接受或被要求的关键要素。但康德伦理学和规则功利主义之间有两个重要区别。

一个区别在于，对规则功利主义者来说，道德规则是通过它们对人类幸福的影响来评估的，而对康德来说，道德规则是通过它们对作为能动者的人们的影响来评估的。这里潜在的规范性区别可以这样表达：功利主义者认为我们对每个人的幸福负有集体责任，而康德伦理学则认为，我们对为所有人提供他们过自己的生活所必需的条件负有集体责任。

更深层的区别在于，规则功利主义和康德伦理学各自试图证成他们的道德对错理论的方式。哲学规则功利主义始于这个前提，根据定义，道德的目标是促进普遍幸福。道德仅仅是一种社会实践，它被设计出来以促进这个目标。但康德否认道德有这样的目标；它不是一个工具。相反，康德认为道德是能动者之自由意志的表达。因此，CI 程序最终寻求的，不是某个规则的效果是否促进某个外部给定的规则，或与之冲突，而是它们是否足以使某人能够从她自己的实践推理中把自己认可为自由的能动者。

169

　　这种差异反映在这一事实上，即如果康德能够提出他的主张，即理性能动者在他们自己的自由实践推理中承诺于 CI，那么他的伦理学就可以避免两个经常向规则功利主义提出的反驳。首先，如果伦理的目标是普遍幸福，那么为什么规定人应该遵循最大化幸福的规则，即使有时违背这一规则才能最好促进普遍幸福？康德伦理学否认道德有任何这样的外在目标，所以它避免了这种反驳。第二个反驳是我在第 14 章就开始讨论的内在主义批判。任何外在主义的道德理论，如功利主义，都无法解释为什么使得某人做某事是错误的原因，本身就是她不应该这么做的理由。批评家可能会争辩说：“好吧，我明白我的行为会违背你所说的道德这样的事物，但为什么道德能够给我不这样做的理由呢？”

康德的内在主义：一个关于规范性理由的理想能动者理论

　　最后，这让我们回到康德在《道德形而上学奠基》第三章中对**形而上学道德内在主义**的论证。到第二章末尾，康德只是从道德观点内部为 CI 及其各种公式提出辩护。通过分析他在我们道德观念中所发现的最根本要素，康德发展了一个关于道德的**理想道德能动者理论**。正如他所说：“我们只是通过展现一度已经普遍通行的德性概念来表明：意志的自律不可避免地与这个命题联系在一起，或者毋宁说就是它的基础。"*（G.445）但我们不能简单地认为道德的理念是理所当然的。关于道德义务的确信表现为对所有理性能动者都具有约束力，但这一事实并不能确保它们实际上具有约束力。也许道德的概念是"头脑里的幻象"，并没有对理性能动者提出真正的要求？（G.445）。为了证明事实并非如此，康德在第三章着手对实践理性进行批判。

　　该论证从根本上区分了**观察者的理论视角**（observer's theoretical perspective）与能动者在推理要做什么时必然采取的**实践视角**（practical perspective）。当我们从第一个视角看待自己时，我们把自己看作是自然秩序的一部分，而自然秩序又是一个可以被自然的普遍因果法则预测的事件领域（realm of occurrences）。然而，从实践视角来看，一个能动者推理的对象不是将会发生什么，而是自己应该要做什么。康德认为，从这个视角来看，能动者不得不通过自由和实践法则的范畴来看待她的活动，而这些范畴最终令她承诺于 CI。

170　　为了理解康德设想的区别，请考虑你决定今晚要做什么和预测你将要做什么之间的区别。当你在慎思时，你不禁把你的未来看作取决于你自己（*up to you*）。正如康德所说，你"只能在自由的理念之下行动"**（G.448）。你正在决定可能的未来路径，如果你不为你的选择寻找规范性理由，你根本无从慎思。

　　请注意，这与预测极为不同。虽然你只有作为一个能动者，才可以决定做什么，但原则上任何人（或没有人）都能够预测你实际上将会做什么。此外，你大概知道，不管你最终做什么，都将由在先原因（prior causes）决定，而这些不会对你的慎思产生任何影响。假设你知道一个完美的预言者（比如说上帝）知道你今晚会做什么。这些知识会帮助你决定应该要做什么吗？假设预言者向你泄

---

*　译文来自［德］康德：《道德形而上学奠基》，杨云飞译，邓晓芒校，人民出版社 2007 年版，第 86 页。

**　同上书，第 91 页。

露了他的预测，并且你相信了他。他说："你将去看电影。"这个事实将如何影响你对要做什么的慎思？当然，如果你认为相信你将去看电影，这个理由在某种程度上也是你去看电影的理由，那么它就有可能进入到你的慎思。但除此之外，这没有什么作用。因此，如果预测是对的，并且你将去看电影，那么作为能动者，你仍然需要一些理由去做。并且，当然，如果他是对的，你将有这样的理由。

因此，从实践的立场来看，能动者把自己看作是自由的，换句话说，他们在进行推理时认为自己好像是自由的，这是至关重要的。而这要求他们寻求的不是相信他们将做什么的理由，而是做这件事而非另一件事的行动理由。正如我们之前所见的，康德认为，能动者把自己视为自由的，这要求他们按照他们认为是实践法则，同时也是按照诸定言命令（小写）的原则行事。我要把什么东西看作是我做某事的理由，那么我就必须相信，这也是任何与我在相关方面相似的理性能动者，在相似的情境下会持有的理由。此外，假言命令是无法为这些理由奠定基础的，因为它们完全不能确定我是否应该采用这个手段以实现我的目的，或者我应该追求不同的目的。

因此，在自由和实践法则的理念之下来思考，是慎思成为可能的必要条件。但是，是什么使得某事物成为实践法则？到目前为止，我们所能得出的结论是，倘若我们不假设存在对所有理性能动者都有效的实践法则［诸定言命令（小写）］，我们就不可能进行慎思。但是，究竟是什么使得这些法则或命令成为有效的？

我们现在又回到了上一章结尾遇到的同一观念领域，但不同的是，我们不再明显地从道德观点的内部进行思考。你可能还记得，就这个关联而言，康德曾论证过，道德意义上的善良意志被道德法则的理念所支配。他接着询问，道德法则本身源自何处？他的解决方案是建构一个理想道德能动者理论。道德法则必须以某种方式源于被善良意志视为法则的事物。由于在意志之外，不存在可被发现的道德法则［意志是**自律的**（autonomous），是"自身的法则"］，

171

因此，善良意志别无选择，只能以一个形式的二阶原则为指导去"创制"或"创立"法则——即 CI。

在我们目前这个论述关口上，康德曾经论证，任何理性能动者的实践立场都使她承诺于在自由和实践法则的理念之下进行慎思。但理性能动者如何知道实践法则是什么？由于康德拒绝理性直觉主义，他不可能相信实践法则是通过任何形式的知觉被给予理性能动者的。相反，自由的理性能动者的意志是自律的，它内在是"自身的法则"，且独立于任何从外部被给予它的事物。对于任何一个候选的理性规范，一个自由的理性能动者可以合理地问："我为什么应该要遵循这个原则？"而且，就像在道德情形中一样，除非根据她自己是否意愿这个原则作为法则，否则她不可能回答这个问题。她别无选择，只能把定言命令（大写）处理为她慎思活动的根本原则。

这种推理相当一个关于规范性理由的**理想能动者理论**。它认为，独立于被自由的理性能动者视为理由的领域，不存在关于规范性理由的真理。使某事物成为一个行动理由的在于，在一个理想能动者的慎思中，它被视为行动理由。这个思路需要一种形式的、而非实质性（substantive）的慎思理想。一个慎思过程是否理想，不能取决于它是否恰当记录了具备规范性理由地位的考虑，而这些考虑之所以具有规范性地位，是独立于它们被这个理想的慎思程序的产生的过程的。此外，由于手头的问题是哪些原则是实践法则（任何理性能动者都应该遵循的规范），因此慎思立场不可能是个别能动者的立场，而必须是任何能动者原则上都可用的共同立场。由于一个自由的能动者承诺于以实践法则来指导自己，因此她别无选择，只能以 CI 来指导她自己：你要始终一致地按照从所有理性能动者的共同视角来看，任何人能够意愿所有能动者也按照的原则去行动。由此可见，一个自由的理性能动者和服从道德法则的能动者是等同的！正如康德在《实践理性批判》的结论中说道，自由和道德法则这两个概念"是如此不可分割地结合在一起，以至于人们也可以通过意志对于唯独道德法则除外的任何其他东西的独立性来定义实践的自由"[1]*。

如果类似这样的论证能够被提出来，那么康德本可以声称，既然自由的慎思是承诺于 CI 的，那么以 CI 为基础的道德命令就不会简单地将自己表现为对所有道德能动者具有约束力，而是它们确实具有约束力。换言之，康德本可以不仅提出这个概念性主张，即道德要求是定言命令（小写）（正如概念性道德内在主义可能会认为的）内在于道德要求的理念，他还可以提出这个实质性主张，即（基于 CI 的）道德命令确实是定言命令（小写），它们对所有理性能动者都具有约束力（正如形而上学道德内在主义会持有的观点）。

结语

康德的主张和论证是极其雄心勃勃的——过于雄心勃勃了，许多哲学家可能会这么说。也许我们不得不好像是自由的那样进行慎思活动，但如果我们实际上不是呢？这难道不应该影响任何以我们自由为前提的论证的有效性吗？或者，也许我们不得不根据诸定言命令（小写）进行慎思，但许多人显然做到这一点而不需要将 CI 视为他们的最高原则。或者，也许没有特定的定言命令（小写）是理所当然的，但为什么要假设我们不得不从一些根本的程序性原则（例如 CI）中推导出有效的命令呢？为什么仅仅从我们已接受的其他绝对规范的视角中对具体命令进行批判性评价是不足够的？这些只是任何被康德的进路所吸引的人必须继续努力解决的众多问题中的一部分。

---

[1] Immanuel Kant, *Critique of Practical Reason*（1788）, Lewis White Beck, trans.（New York: Macmillan Publishing Company, 1985）, p. 97 [p. 93 来自康德著作全集普鲁士科学院标准版本（standard *Preussische Akademie* edition）]。

* 译文来自［德］康德:《实践理性批判》，载《康德著作全集》第 5 卷，李秋零主编，中国人民大学出版社 2007 年版，第 100 页。

　　然而，如果你发现康德的哲学伦理学是不可信的，你会想问问自己为什么。是因为康德试图建立道德内在主义的特殊方式，还是因为道德内在主义本身？如果是前者，那么我们面临的挑战是找到其他一些更有说服力的道德内在主义观念。如果是后者，我们有两种选择。要么一个充分的道德哲学观念可以容纳这样一个事实，即人们有时做错误的事是有道理的（外在主义）；要么不可能存在哲学上充分的道德观念，因为道德必然把自身呈现为仿佛内在主义是正确的那样（概念性道德内在主义）——尽管它实际上不是（形而上学道德外在主义）。后一种思路提示了一种不同的哲学伦理学，它源于对道德的一种哲学批判。这把我们引入了第四部分。

推荐阅读

Allison, Henry. *Kant's Theory of Freedom.* Cambridge: Cambridge University Press, 1991.

Baron, Marcia. *Kantian Ethics, Almost Without Apology.* Ithaca, N. Y.: Cornell University Press, 1995.

Herman, Barbara. *The Practice of Moral Judgment.* Cambridge, Mass.: Harvard University Press, 1993.

Hill, Thomas E., Jr. *Dignity and Practical Reason in Kant's Moral Theory.* Ithaca, N. Y.: Cornell University Press, 1992.

173　Kant, Immanuel. *Critique of Practical Reason* (1788). Lewis White Beck, trans. New York: Macmillan Publishing Company, 1985.

——. *Groundwork of the Metaphysics of Morals* (1781). H. J. Paton, trans. New York: Harper & Row, 1964.

Korsgaard, Christine M. *Creating the Kingdom of Ends.* Cambridge: Cambridge University Press, 1996.

Rawls, John. *A Theory of Justice.* Cambridge, Mass.: Harvard University Press, 1971.

——. "Themes in Kant's Moral Philosophy." In *Kant's Transcendental Deductions*, Eckart Förster, ed. Stanford, Calif.: Stanford University Press, 1989.

Schneewind, J. B. "Autonomy, Obligation, and Virtue: An Overview of Kant's Moral Philosophy." In *The Cambridge Companion to Kant.* Paul Guyer, ed. Cambridge: Cambridge University Press, 1992.

第四部分　没有道德的哲学伦理学？

第16章

尼采

再次回顾一下康德关于道德内在主义的两条论证思路。支持概念性道德内在主义的论证源于康德所断言的隐含在普通道德思想和经验中的前提。康德声称，对我们普通人来说，道德将自身呈现为一种普遍法则，要求所有有理性的人承担义务。另一方面，康德对形而上学道德内在主义的论证并没有对道德设定任何假设。康德所假定的是一种自由或自律的概念，他认为这一概念隐含在自我意识、自我批判的理性能动者的慎思立场之中。

每一个起点听起来都是现代哲学的核心主题，这一时期的思想通常被认为始于勒内·笛卡尔（1596—1641）。正如我在第 10 章中提到的，17 世纪的伦理哲学家，如霍布斯（1588—1679），继承了康德所暗示的在**古典自然法**中超越实际法规（actual statutes）和习俗的普遍法则观念。请回想一下，他们的问题是，如何在古典理论的目的论形而上学缺席的背景下，从哲学上证实普遍法则观念，而这与他们从新兴的现代科学中认识到的关于实在本质的知识并不一致。另一方面，康德采用自由的理性能动者的慎思立场，这与笛卡尔在《第一哲学沉思集》（1641）一书中采取的立场并无二致，尽管后者是出于一般认识论的目标。笛卡尔在书中问道，什么能够为一个不假设任何前提的、具有自我意识的个体心智之信念提供一个坚实的基础？

这些起点有多么必要？康德认为它们对 18 世纪的读者（或现在的我们）来说似乎是自然的，即便他的看法是对的，但这是因为它们体现了任何思考伦理学的人都应该认为是理所当然的观念吗？或者，这些观念对处在某些时期和地方的某些人来说似乎是自然的，即便它们实际上是有缺陷或虚幻的，关于为什么会这样有可能存在一个解释吗？

178 道德的谱系

为了考虑后一种可能性，我们必须参与探讨弗雷德里希·尼采（1844—1900）所称的关于道德和意志自由等观念的**谱系**（**genealogy**）。与其简单地继续用这些观念思考，我们不得不从它们中退后一步，并批判性地审视它们的历史。我们不得不提出这些问题：人们何时以及为何开始应用这些概念？是什么解释了它们得以被持续使用和发展？这些与其说是哲学问题，不如说是历史人类学或知识社会学的经验问题（或者，正如米歇尔·福柯所说，是"知识考古学"的问题）。[1]

尼采认为，我们不提出这些问题的原因与我们应该提出的原因相同：答案令人震惊！一个合宜的批判性的"道德谱系"会让我们相信，道德和自由是无意识之敌意和仇恨的虚幻投射（illusory projection）。

尼采在《论道德的谱系》开头宣称："我们这些认知者却不曾认知我们自己。"[2]*（GM.Pref.1）"我们从来就没有试图寻找过我们

---

[1] Michel Foucault, *The Archaeology of Knowledge* (New York: Pantheon Books, 1972).

[2] Friedrich Nietzsche, *On the Genealogy of Morals* (1887) and *Ecce Homo* (1888), Walter Kaufmann and R. J. Hollingdale, trans.; Walter Kaufmann, ed. (New York: Vintage Books, 1989). 文中的引文标记文章、章节和（如有必要）段落编号，"GM" 表示书名 *On the Genealogy of Morals*。

* 译文来自 [德] 尼采：《论道德的谱系》，周红译，生活·读书·新知三联书店1992 年版，第 1 页。

自己，怎么可能有一天突然找到我们自己呢?"*尼采论证道，这种
对我们自己的无知延伸到对我们心灵中观念之来源的无知。我们倾
向于不假思索地认为诸如道德和自由等观念是理所当然的，却不想
费心问问自己，我们持有这些观念是否具有充分理由，或它们是否
是非理性心理力量的结果——例如，出于对某些形式的幻象的心理
需求。

伦理学不能不以某种价值概念为前提，但这并不意味着它必
须假定以道德价值的概念为前提。因此，哲学伦理学必须包含一个
"对道德价值本身的价值"的批判（GM.Pref.6）。这就要求一种道
德谱系学（a genealogy of morals）：对道德观念的起源、演变和持
存的"条件和环境"进行批判性的考察（GM.Pref.6）。

尼采的道德谱系学使他得出了与康德截然对立的结论。尼采总
结道：与道德对任何理性能动者而言是不可避免的观点截然相反，
道德观念是通过非理性的原因而在特定的历史环境中产生的。对尼
采来说，道德是一种**意识形态（ideology）**。它是一套概念和信念，
其存在是可解释的，但不是通过任何形式的担保或使之为真的事
实，而是通过道德服务于一定的实用利益。尤其是尼采坚持认为，
道德观念是一种自利的投射，它使那些天生软弱或低人一等的人能
够合理化（rationalize）他们对强者被压抑的无意识仇恨。更糟糕
的是，它是病理学的（pathological）。它既是一种症状，也是一种
疾病的某个方面：它贬低接受道德的人的生命——弱者和强者均如
此。尼采认为，道德对西欧文化的支配地位已经成为实现人类卓越
性的主要障碍。

尼采的**历史主义（historicism）**是 19 世纪思想的总体特征，特
别是把它与 17 和 18 世纪的思想对比时，这一特征就更为明显。因
此，康德有时似乎假定自由和实践理性不需要社会或历史的先决条

179

---

*　译文来自［德］尼采：《论道德的谱系》，周红译，生活·读书·新知三联书店
　　1992 年版，第 1 页。

件，而黑格尔（1770—1831）则认为，自由和实践理性只能通过一个历史辩证过程而得以发展起来。马克思（1818—1883）进一步提出这一观点，宣称自由和道德具有下层的物质条件，而前者的发展实际上是下层的经济基础之历史性、辩证性演变的结果。达尔文（1809—1882）可以被视为进一步采用了这种一般路径，他论证道，只有把物种看作是从低级的生物过程发展而来的偶然的历史结果，物种的起源才能够得到解释。

尽管尼采的历史主义是19世纪的典型特征，但没有一个思想家对"现代"道德观念提出比尼采更尖锐的挑战。黑格尔同意康德的观点，即道德与实践理性和自由之间有着深刻的关联，但他仍然认为这些观念只能通过历史过程才能得到实现。尽管马克思似乎在某些地方揭穿了道德被资产阶级占据的事实，但他认为资本主义是剥削性的，这一根本批评显然取决于康德式平等尊严的道德理想。最后，达尔文坚持认为，道德感的存在本身是进化论解释人类物种的一部分。

但尼采试图推翻整套现代道德哲学的绝对核心观念：自由、责任、罪疚、平等尊严、道德恶，以及最后道德本身。他认为，所有这些观念都是意识形态的，是在"人类心灵深处的阴暗作坊"中制造出来的（GM.I.14.1）。尼采相信，一旦我们完全掌握了道德观念的起源，以及它们所涉及的心理病理学，我们就会发现，如果我们要以一种健康且富有成效的方式思考伦理学，我们就必须"超越善恶"。[1]

这个扼要的概括可能有助于我们瞥见为什么当代评论者可能会说，如果笛卡尔被赞誉为现代哲学的开端，那么尼采就必须"被赞誉为现代哲学的终结"[2]。我们还可以瞥见为什么尼采在所谓的

[1] Friedrich Nietzsche, *Beyond Good and Evil*（1886）, Walter Kaufmann, trans.（New York: Vintage Books, 1989）.

[2] Arthur C. Danto, introduction to Nietzsche's *Human, All Too Human*（1878）, Marion Faber, with Stephen Lehmann, trans.（Lincoln: University of Nebraska Press, 1996）, p. xv.

"后现代"思想中如此重要。

尼采对道德的批判：基本理念

因为尼采的思想是如此具有挑战性，加之他以一种文学性的、通常是格言式的风格写作，所以其他哲学家要花很长时间才能接受他的思想。具有讽刺意味的是，我们将从尼采自己讲述的一个寓言开始，即羊羔和猛禽的隐喻。

尼采说，羊羔不喜欢猛禽，尤其是"抓走羊羔的猛禽"，这"毫不奇怪"（GM.I.13.2）。但是，虽然这证明羊羔不喜欢猛禽是合理的，但"没有给［它们］提供谴责猛禽的根据"。然而，羊羔确实谴责它们的捕食者。它们认为这些捕食者是恶的，并且"私下里议论说……难道和猛禽截然不同，甚至相反的羊羔不能算是好的吗?"猛禽回应道："我们并不怨恨这些好羊羔，事实上我们很爱它们，没有什么东西比嫩羊羔的味道更好的了。"*（GM.I.13.2）

这里我们有了一个两种不同形式的评价发生冲突的故事，以及一种评价如何产自对另一种评价的回应的故事。猛禽的价值完全是非道德的。猛禽有价值观，但没有道德价值观。就羊羔这一方而言，对猛禽的价值系统的反应是截然不同的。它们认为捕食者的行为不仅是坏的，而且在道德上是恶的。

尼采说，猛禽把这些"好羊羔"看作是美味的食物，这可能会误导我们，以为尼采相信非道德的评价是自我为中心的或享乐主义的。但实际上，这并不是尼采所想的。相反，猛禽接受了一个理想。它们有一个价值的等级系统（*hierarchy*），其中一些是它们钦

---

*　译文来自［德］尼采：《论道德的谱系》，周红译，生活·读书·新知三联书店1992 年版，第 28 页。译文把原文中的"birds of prey"译为"猛兽"，按字义，应是"猛禽"，这里做了相应修改。

佩、尊敬和想要效仿的，而另一些则是它们蔑视和不屑的。它们的核心概念是有更高的**应得价值**（**worth**）或**优点**的善品，即优越或**高贵**（**noble**）的事物。与之相反，是劣等或卑下的事物，正与这种善品相对。这是所谓不高贵的事物。

在这种等级系统中，羊羔天然劣于猛禽——它们是肉。猛禽蔑视羊羔，但不能说它们怀有恶意。相反，猛禽提出异议，它们是爱羊羔的——没有什么比这更美味的了。它们蔑视羊羔，在于它们不认真对待羊羔，或把羊羔当作同类那样去尊重它们。在它们看来，羊羔处于它们之下，不是由跟它们一样的材质制造而成的，并且，如果一只猛禽看起来像、或举止表现得像一只羊羔，就会被认为低于它的同类。

猛禽据此对待羊羔。羊羔当然不喜欢被这样对待。但羊羔对此无能为力。如果一只猛禽像对待羊羔一样对待另一只猛禽，另一只则不会忍受。它会报复，从而发泄它的愤怒。但羊羔们没有资格报复，所以它们为自己的愤怒找另一个发泄口。它们体验了尼采所说的**怨恨**（**resentiment**）。它们对猛禽有一种无意识的仇恨，这源自它们对猛禽的敌意所遭到的挫败感和压抑感。它们不能直接表达它们的愤怒，但也不愿意承认自己的低下，而它们持续的、有意识的敌意正好证实了这一点。因此，羊羔的敌意必须被压抑。它必须进入地下，进入羊羔无意识的"阴暗作坊"。尼采认为，就在这里，道德观念开始产生了。

181　　羊羔谴责猛禽捕食它们。它们为此责备猛禽，但不仅仅出于它们认为这些猛禽是冒犯方，是复仇和报复的适宜对象。相反，羊羔们的敌意以伪装的形式出现，它们认为猛禽在道德上应受责备（*morally blameworthy*），它们对羊羔的所作所为是应该受惩罚的或有罪的——它们是恶的。因此，羊羔们的个人敌意以一种客体化（*objectified*）或非人格化（*depersonalized*）的形式表现出来。它们所思所说的不是"你激怒了我"。猛禽会关心吗？它们可能会同意，但根本不在乎。相反，羊羔们所思所说的是："客观地说，你们这些猛禽应该要被鄙夷，并为自己的所作所为负责。你们在道德上是应受惩罚的和恶的。"与直接表达的个人敌意不同，如果猛禽的心灵里被这种思想慢慢渗透，实际上会产生对羊羔们的报复有利的好处。如果羊羔能让猛禽产生这种想法，它们就可以利用猛禽的内疚感来做它们无法通过自己直接报复来达到的事情。

羊羔们的评价系统颠倒了猛禽的自然价值等级系统。猛禽的首要价值观念是天生的高贵或**可尊敬的**（estimable）事物，而**卑下的**（base）事物则是低于此或与之相反的事物。然而，道德价值最初的动力是否认（denial）——名副其实地说，就是羊羔们对它们个人敌意的心理否认（psychological denial），源于它们不愿意承认自己相对于猛禽的天生劣势。这种否定的形式是否认和颠倒猛禽所肯定的价值观。在羊羔们的观念中，被猛禽视为高贵和崇高的地位，却被认为是道德上低劣的或恶的。而羊羔们认为道德上是善的，恰恰与这些品质相反，即"最不像猛禽的"。因此，天生优越的东西在道德上变得低劣。而天生低劣的东西在道德上则变得优越。

正如尼采谈论这个寓言，猛禽只是嘲笑羊羔们的建议，即它们在某种程度上应该为捕食羊羔而受到惩罚。但这并不是尼采所认为的在人类历史上实际发生的事情。事实上，他哀叹这样一个事实，即从他在 19 世纪欧洲的视角来看，人性中最软弱的因素及其在"教士种姓"（priestly caste）中的能动者似乎在很大程度上成功传播了道德意识形态，从而也极大损害了人类这个物种。这种代表弱者的诡计相当于颠覆了价值的自然等级系统。它把天生的高贵、美丽、生气勃勃、强大的事物，变成了道德错误和恶的化身。

道德的起源是可疑的，除此之外，这个寓言还表明了尼采认为道德有一个错误的形而上学前提——最重要的是，它对意志自由有一个必要但毫无根据的假设。只有当我们相信某人自由地选择做她所做的事情，并且如果她做出了选择，她本可以采取其他行动，那么意志自由使得我们责备她，认为她要为所做的应受惩罚的行为负责是有道理的。但尼采认为，意志自由也是一种幻象。尽管我们在各个方面都与其他动物物种不同，但我们同属自然秩序的一部分。因此尼采相信，人类行为必须像任何自然事件一样，可以用自然原因（natural causes）来解释。[思考问题：像尼采这样的**形而上学自然主义者**（**metaphysical naturalist**）必须拒绝意志自由吗？]

道德要求我们假设每一个行为背后都有一个能动者或自我，她能够自由选择，从而有能力对她的选择负责。但是，"'行动者'（doer）只是被想象附加给行动的"*（GM.I.13.3）。强者不能"自由地成为弱者"，正如猛禽不能自由地成为一只羊羔。就他们的实际行为而言，每一方都只是表达了各自的本质。

然而，我们不应该由此得出这个结论，即尼采认为自主性（autonomy）和责任等概念没有任何空间。他拒绝的是道德自律（*moral* autonomy）和道德责任——也就是说，这些概念在道德内部的具体形态。正如我们将看到的，尼采认为自主性和责任是可能的，但不是对每个人而言，也不是在道德内部。只有少数人才能具备真正的自主性，并对他们自己负责。而只有通过拒绝道德，他们才能真正做到这一点。

自然之善与自然之恶（高贵与卑下）：贵族伦理

尼采的修辞方式很容易令我们感到不安，让我们看不见他洞见的深度。尤其是自然掠食者和猎物的形象可能会引起如下反应："也许某些物种天然捕食其他物种，但人类物种内部的伦理不可能

---

*　译文来自［德］尼采：《论道德的谱系》，周红译，生活·读书·新知三联书店1992年版，第28页。

基于这种'自然关系'。人类的价值观怎么可能建立在自然征服的基础之上呢?"

然而,如果我们认为尼采是在谈论赋予某些人凌驾于其他人之上的自然权力的特征,我们就错过了他的要点。尼采所关心的与其说是自然的支配 (*domination*),不如说是一种关于尊敬 (*esteem*)和尊重 (*respect*)的自然秩序。想想你在人们身上发现他们具有个人魅力或令人钦佩的品质——你喜欢和他们打交道,或想成为这样的人。如果我们每个人都列出这些品质清单,并一起讨论,我们或许达成某种共识。我们可能在这些品质上意见一致:宽宏、开朗、创造性、体力、敏捷、优雅、美丽、活力、健康、机智、才智、魅力和友善,这难道不是合理的吗?

如果这是合理的,这些品质可能为尊敬的自然秩序提供基础:自然优点。所有这些品质都获得一定程度的承认。一个人可能或多或少举止优雅、待人友善、才智过人、身体健康等等。在其他条件相同的情况下,我们倾向于尊敬某个人,这或多或少取决于她是否具有这个清单上不同程度的品质。

对尊重来说,情况可能也是如此。也许有一种我们可以称为自然权威 (*natural authority*)的东西。在习俗、惯例或法律之外,一些人似乎只通过别人承认他们的智慧、学识、判断力、可信度等品质而值得尊重。

从这些方面来看,尊敬和尊重建立了价值或应得价值 (*worth*)的自然等级制度。它们涉及尼采所说的"维持等级秩序和定义等级的价值判断"(GM.I.2.2)。尼采认为,这是价值在伦理中的主要形式。伦理关注我们应该渴望和避免什么,不是在什么事物令我们的生活更幸福,从而使得我们受益的意义上,而是在什么事物使我们成为更优秀的或更有价值的人类的意义上。

因为原初价值 (original values)定义了一个自然的等级制度,尼采把这些原初价值描述为贵族式的 (*aristocratic*):"'好'

（'good'）的判断不是来源于那些得益于'善行'的人！其实它是起源于那些'好人'自己，也就是说，那些高贵的、有力的、上层的、高尚的人们判定他们自己和他们的行为是好的，意即他们感觉并且确定他们自己和他们的行为是上等的，用以对立于所有低下的、卑贱的、平庸的和粗俗的。"*（GM.I.2.2）所谓高贵的，就是值得或被恰当尊敬的事物。所谓卑劣的，就是那些被高贵的人所轻视或鄙夷的。但与恶的概念不同，卑下的概念不具有被憎恨或被鄙视的内涵，而这些内涵是尼采所认为的道德病理学的一部分。

因此，与道德价值观相反，贵族式的价值观本质上是不平等主义的（inegalitarian）。但又一次，这并不是因为尼采认为贵族应该拥有凌驾于他人之上或统治他人的权力。相反，尼采的不平等主义是建立在尊敬或优点（merit）本身的观念中。尼采想要说的是，有些品质天然比其他品质更应得（deserve）尊敬。当然，还存在一个元伦理问题，即是什么使得这个观点为真。尼采没有直接面对这个问题，但我们可以尝试为他作出一种自然主义的解释。正如密尔坚持认为欲望与值得欲求之物有关，尼采可能也会论证尊敬与值得尊敬之物有关：我们关于值得尊敬之物的最好证据就是人们真正尊敬它们。如果有一个共识，即某些特质或个体天然地引起人们尊敬他们，这就为我们提供了他们具有自然优点或价值的证据。

尼采并不打算让他的自然等级制度成为一种力量。当人们自然而然受到尊重和钦佩时，他们不必强迫别人这样做。尽管尼采偶尔使用夸张的修辞，但我们也不应该假设他的贵族只关心自己，丝毫不在乎其他人。相反，尼采认为他们是良善、慷慨、"积极"的人，不会受困于防御性心理或心胸狭隘。他们拥有我们可以称为尼采式的而非康德式的"善良意志"。他们对他人表达了一种自发的友善

---

* 译文来自［德］尼采：《论道德的谱系》，周红译，生活·读书·新知三联书店1992年版，第12页。

或温暖，尼采认为这是人类的养育和成长过程所必需的。尼采宣称，这种善良意志比"怜悯、慈善或自我牺牲"对文化作出更伟大的贡献。[1]

道德、仇恨和羊群

所谓高贵是指具有健康、活力、感性、积极性、滋养性、肯定生命、强壮、自发性、主动性、诚实、创造性和清晰性等的事物。与之相比，尼采认为，道德的起源和发展趋势与不健康、病态、反感性、非自发、否定生命、虚幻、幽闭、被动性、软弱、强迫、破坏性和晦涩等事物联系在一起。贵族价值观本质上是肯定的，而道德价值则来自一种腐蚀和妨碍人类成长的自我欺骗的否认。

再一次，潜在的心理机制是怨恨。那些在优点自然等级（natural hierarchy of merit）中处于较低地位的人会被他们自然上位者的蔑视所激怒。在羊羔和猛禽的寓言中，这种蔑视包括直接的虐待。但这一点对尼采的谱系学来说可能并不重要。贵族对尊敬和尊重的自然资源的垄断可能就已经足够了。对尼采来说，天然的下位者被他们的卑下地位所激怒，但缺乏愤怒和嫉妒的直接宣泄口，这在论述上大概足够了。（但是，如果他们不愤怒呢？）

贵族精神特质（ethos）否认每个人仅仅凭其为人，就享有平等的价值或尊严。相反，尊严取决于优点，而优点会随着品质而发生变化，自然就会引发不同程度的尊敬。天生的下位者被他们卑下的尊严，被他们被当作低等价值那样去对待所激怒。但他们缺乏任何补救手段。他们无法将自己的品质转变为值得嘉奖的品质——或无论如何，不是所有人都能做到。优点的本质就在于建立一个排

[1] Nietzsche, *Human, All Too Human*, sec. 49, p. 48.

序。此外，像羊羔一样，弱者没有任何办法把愤怒发泄在贵族身上。他们无法避免与贵族打交道，且不愿意接受自身的卑下地位，就这个意义而言，他们无法避免愤怒。但由于愤怒提醒他们愤怒的根源，以及他们对改变这一根源的无能，因此，愤怒也提醒了他们无法接受自己的卑下地位。他们的愤怒无法通过直接的表达来得到满足，只能通过持续的意识来获得强化。愤怒必须被伪装，并以另外一种形式呈现自己，即把道德错误、罪责和恶以非人格化和客体化的方式进行投射。

一个强者"稍一耸肩，就会甩掉那些吞噬别人的害虫"（GM.I.3.10）。强者对他人的轻慢毫不在乎，也不会直接报复弱者深深藏匿起来的轻慢，这引起了弱者无意识的仇恨，要使之满足，这仇恨必须不能被视为是个人的侮辱，而是任何人都可以主张的，且每个人都必须尊重的某种地位或尊严。它们必须被视为是道德意义上的侵犯，对此，恰当的反应不是个人的愤怒，而是非人格化的愤怒——也就是说，代表受害者的道德义愤或愤怒，以及侵犯者这一方的内疚。

尼采论证道，无论这些思想和情感如何呈现自身，它们仍然只是无意识的个人敌意和仇恨的有意识表达。此外，他认为，这不仅仅解释了这些观念是如何起源的，还解释了它们如何被持续主张。但他断言，道德观念来自人类心灵中根本性的消极力量——它们"从那报复和仇恨的树干"生长出来（GM.I.8.1）。尼采认为，这棵树还在生长。

然而，从另一个隐喻性的视角来看，尼采也相信道德之树是人类的毒瘤。它的生长会损害精神健康，并阻碍人类的成长。道德的心理机制（psychic mechanism）——罪责和吹毛求疵——是消极的。它们令人类的自发性和创造力丧失热情，并钳制了人类发展卓越性的自然资源。

那么，道德是如何在人类文化中确立自身的呢？如果强者是强者，弱者是弱者，那么这些妨碍成长的观念是如何在强者中流行起来的呢？在尼采的历史叙事中，最显著的是他论述了宗教和犹太—基督教的"教士种姓"如何组织弱者，并且以一种最终在整个西方文化中迂回暗示自己思想的方式来传播他们投射的敌意。在尼采的叙述中，犹太教开始了"道德上的奴隶起义：那起义已经有了两千年的历史，我们今天对此模糊不清只是因为那起义取得了完全的成功……"*（GM.I.7）。在尼采眼中，最大的讽刺是，基督教的爱实际上是仇恨的结果："在通往基督教的天堂和'永恒的极乐'的大门上应当更有理由写上'我也是被永恒的仇恨创造的'。"**（GM.I.15.2）

　　我们在尼采对惩罚的讨论中可以找到这些观念的例证。回想一下密尔声称惩罚正是道德错误这一概念的核心："我们说某件事情是错误的，意思就是说，某个人应当为自己做了这件事而受到这样或那样的惩罚。"***（U.V.14）尼采完全同意。有些非道德观念与错误和惩罚的道德观念非常接近，但在关键方面却与之不同。例如，尼采认为，对伤害的补偿有一种"前道德"观念，不需要涉及罪罚和罪责等独特的道德观念（GM.II.4）。如果惩罚的功能完全是为了威慑和自卫，那么一个社会会有类似刑罚制度的实践，但不必有惩罚的道德实践。从相关意义上讲，对某人的限制或制裁之所以构成惩罚，是因为他对某些道德错误负有罪责，因此应得惩罚。正如密尔所说，应得某种形式的惩罚正是道德错误和罪责这一观念的一部分。同样，一项制裁要被严格地视为惩罚，就必须涉及因罪责而应得惩罚的观念。

　　内疚的情感体验就是一个很好的例子。考虑一下对某事感到内疚是什么感受。这些情感的本质是什么？首先，想一想我们可能

186

---

*　　译文来自［德］尼采：《论道德的谱系》，周红译，生活·读书·新知三联书店1992年版，第19页。

**　同上书，第32页。

***　译文来自［英］约翰·穆勒：《功利主义》，徐大建译，上海人民出版社2008年版，第49页。

把你的体验内容称作什么。你的体验在你看来好像是什么？在你看来，你体验到的难道不是好像你做错了什么事情吗？在你看来，你做了一件错事难道不是你的体验的一部分吗？现在想想你如何感受和你想做什么。当然，你感觉很糟糕。但你难道没有感到就像你应该感到糟糕？就好像你感觉糟糕是应得的？在行动上，你不想惩罚你自己吗？还是你仿佛正在惩罚自己？内疚感的本质似乎是惩罚性的。

尼采认为，这种道德惩罚取决于投射的敌意。离开对某人被压抑的报复欲望，道德的鲜明特征就无法得到理解。尼采写道："在整个人类历史的一段极为漫长的时期里是不存在刑罚的……当时奉行的原则也并不只是惩罚有罪的人，而是像今天的父母惩罚他们的孩子那样，出于对肇事者造成的损失的气忿。"*（GM.II.4）道德惩罚的独特之处，在于它认为惩罚是应得的——也就是说，由于作恶者的自由选择，她应得受苦。这种痛苦是对受害者的一种补偿。但这何以可能呢？"痛苦在什么情况下可以补偿'损失'？只要制造痛苦能够最大程度地产生快感，只要造成的损失，以及由于损失而产生的不快能用相对应的巨大满足来抵偿。"**（GM.II.6.1）请注意，尼采说过，受害者的快乐不仅来自作恶者在经历痛苦的事实，还在于对作恶者制造痛苦的事实。这非常重要。受害人乐于拥有对作恶者的权力，让她遭受他所遭受过的一样的痛苦。

因此，为了令惩罚发挥这个功能，它必须提供对一个人制造痛苦从而使得另一个人获得快乐的机会。这一结论增强了尼采的观点，即道德是敌意的客体化投射："绝对命令散发着残酷的气味。"***（GM.II.6.1）

---

* 　译文来自［德］尼采：《论道德的谱系》，周红译，生活·读书·新知三联书店1992年版，第43页。

** 　同上书，第45页。

*** 同上。

一种至善论伦理学

在这一点上，我们似乎可以合理地得出结论，尼采相信治愈人类疾病（ills）的方法是推翻道德，并回归到贵族伦理。然而，尼采忠于他的历史主义，认为这种结果既不可能也不可取。一方面，尽管非凡的少数人可以超越道德而得以欣欣向荣地发展（flourish），但尚不清楚尼采是否认为普通的大多数人没有道德的假象会过得更好。另一方面，尼采认为，在道德的历史阶段真实地生活过并超越它，这对人类达致其最高的卓越性是必要的。

然而，在考虑为什么会如此之前，我们应该停下来注意尼采伦理学中的整个**完善论的**（**perfectionist**）结构。从像尼采这样的完善论者的观点来说，最高的价值是实现人类的卓越或优点。与密尔（或亚里士多德）不同，尼采并没有宣称一个人达致自我的完善，会变得更幸福。（事实上，尼采对什么能使人幸福并不感兴趣。）与像亚里士多德这样的**幸福主义者**（**eudaimonist**）不同，尼采并不认为每个人都应该寻求自己的最高善或幸福。正如我们将看到，亚里士多德持有**完善论幸福主义**的观点。他认为每个人都应该追求自己的完善，因为每个存在者都应该追求他自己的善和幸福，达致最欣欣向荣的人类生活包含更高级的自我完善的活动。与密尔不同，尼采当然不认为人们应该努力使尽可能多的人能够实现他们的潜能，从而实现他们最大（和最高级）的幸福。尼采是一个彻底的完善论者。他认为人类的卓越性本身是最重要的，不是因为它丰富了人类生活并带来幸福。他写道："人类必须不断努力，以造就一个个伟大的人类个体。"[1]

要感受这种观点的吸引力，请考虑尼采可能会对密尔说的话。

[1] Friedrich Nietzsche, *Untimely Meditations: Third Essay: Schopenhauer as Educator* (1874), sec. 6; cited in R. J. Hollingdale, *Nietzsche: The Man and His Philosophy* (Baton Rouge: Louisiana State University Press, 1965), p. 127.

对密尔而言，重要的是，有些善品高于其他善品，或更值得人类努力。密尔反对边沁的观点，认为相对不需要思维能力的活动，审美活动要求人们培育出富有想象力的感性能力，因此审美活动本质上更有价值，并且更令人有成就感（密尔以儿童"图钉游戏"为例）。因此，即使这两类人类经验同样令人愉快或带来乐趣，但它们在深度上有所不同，以及在让我们作为人类而得到自我实现的程度上也有所不同。尼采赞同这一点。但他不同意密尔（以及亚里士多德）的这个想法，即我们追求和选择更高的善品，是因为它们有助于促进人类幸福。尼采可能会说，我们之所以觉得欣赏诗歌比玩图钉游戏更有成就感，恰恰是因为鉴赏诗歌涉及对诗歌本身价值的认可，而这在单纯娱乐性的消遣活动中是相对缺乏的。想想你认为真正有意义的或深度的体验。这些体验的深度不就是对本身就有价值（value）或应得价值（worth）的事物的欣赏吗？这些体验对幸福和生命价值有着显著的贡献，因为它们涉及对人类卓越性之形式的内在价值的认可。因此，尼采可能会宣称，它们的价值本身不能来自它们对人类幸福的贡献。

然而，如果某些活动本质上比其他活动更值得人类付出努力，那么尼采似乎是对的，至少在其他条件相同的情况下，我们应该努力实现这些善品。当然，这并不意味着这是唯一值得我们努力的事情。尤其是，正如密尔所劝告的那样，从中也不能推出我们不应该关心人们的生活质量——不管是普通人，还是卓越的少数人的生活质量。

超越道德？

尼采坚持认为，道德假设每个人都是自由的、自主的能动者，可以对自己的行为负责，但这一假设是一种幻觉。不过他也相信，人类可以实现他们所能达到的一种自主性和自我责任的形式——颇具讽刺意味的是，假如没有道德本身在人类历史中发挥作用，这种自主性和自我责任是不可能的。他写道："豢养一种动物，允许它有权利做出承诺，这岂不正是大自然在人的问题上的两难处境吗？"*（GM.II.1.1）但尼采所说的这种"权利"意味着为自己承担责任的资格（standing）。只有有能力"作为自己的保证人"的人才享有"责任的非同寻常的特权"（GM.II.2.2）。

在道德出现之前，人类的自我意识或责任意识不足，无法对他们自己负责。因此，从某种意义上说，尼采同意康德的这一观点，即如果一个人没有能力让自己对呈现在自己意志中的法则负责，那么责任是不可能的。道德的过错在于，它有一种平等主义的幻想，这种幻想起源于对卓越者的嫉妒和仇恨。它假定平等尊严——所有人都具有自主能力，使得他们同等地服从要求平等尊重这种能力的法则。但尼采认为，事实是，并不是每个人都有同等的自主能力，事实上，要具备自主能力，就需要拒绝道德。

真正自主的人是"主权者个体"（sovereign individuals），他们只服从于他们自己，并如此看待自己。这就是为什么在尼采看来，在道德之后（after morality），只有少数人才能实现自主性。只有与道德的观念及其平等约束所有人类个体法则的要求联系在一起，才会形成这样一种思想："我不受这项法则的约束。我凌驾于它之上，我只服从我自己意志的法则。"正如尼采写道："这棵树最成熟的果实是主权者个体，这个个体只对他自己来说是平等的，他又一次摆脱了一切道德习俗的约束，成了自主的、超道德习俗的个体（因为'自主'和'道德习俗'是相互排斥的）。"**（GM.II.2.2；原文强调）

---

* 　译文参考［德］尼采：《论道德的谱系》，周红译，生活·读书·新知三联书店1992 年版，第 45 页。根据此处对原文的引用，译文做了一定修改。

** 　同上书，第 40 页。

189 ## 道德 vs. "超道德"

当然，康德会同意，意志要具有自主性，就不能受到习俗的约束，而只能受意志自身法则的约束。然而，他的立场是，道德本身是一种超越习俗的法则，它平等地源于每个人的意志。尼采和康德之间最终的争论焦点是，康德所称的**尊严**是否可以被归结为优点。对像尼采这样的完善论者来说，人是值得尊重的；他们享有尊严，但尊严是与他们的卓越性或优点成比例的。然而，根据康德（以及他所信奉的道德理想）的观点，尊重的基础绝不取决于优点，甚至不取决于道德优点。即便是恶棍，他也是一个人，因此，我们不能单纯利用他，而必须尊重他作为人的尊严。除了人们所取得的或达到的任何优点之外，所有人自身都有价值。

这把我们直接带回了可能对道德观念提供担保的地方。尼采认为，道德是由嫉妒和仇恨造成的投射性幻想。道德观念确实成为许多残忍和自欺行径的伪装，在这一点上，毫无疑问尼采是对的。但说嫉妒和仇恨也是平等尊严观念的根源，他是对的吗？事实上，我们是否有任何理由认为，尼采本人可能会描述的那些非凡的或值得嘉奖的人比起大多数人，更不太可能把人自身看作是有价值的？相反，尼采认为贵族所具有的对他人保持积极开放的品质，本身可能与对某种价值的接受性（receptivity）有关，而任何人都有可能具有这种接受性品质（这里留下了一个开放问题，即我们应该用康德式的还是功利主义的术语来解释这种价值）。

当然，对那些捍卫道德的人来说，挑战在于找到一个非意识形态的、哲学的说明，以提供对平等尊严之道德理想的合理担保。另一方面，对追随尼采的人而言，挑战在于避免被安上无视某种独特价值的指控——即由所有人的道德平等所代表的尊严。尼采主义者看待人，只看到了因其卓越性或优点而具有重要性的某个人。但可能有人会反驳：这不是人的全部，人本身就非常重要。

推荐阅读

Clark, Maudemarie. *Nietzsche on Truth and Philosophy.* Cambridge: Cambridge University Press, 1990.

Danto, Arthur C. *Nietzsche as Philosopher.* New York: Columbia University Press, 1980.

Kaufmann, Walter. *Nietzsche: Philosopher, Psychologist, Antichrist.* Princeton, N.J.: Princeton University Press, 1974.

Nietzsche, Friedrich. *Beyond Good and Evil* (1886). Walter Kaufmann, trans. New York: Vintage Books, 1989.

——. *Human, All Too Human* (1878). Marion Faber, with Stephen Lehmann, trans. Lincoln: University of Nebraska Press, 1996.

——. *On the Genealogy of Morals* (1887) and *Ecce Homo* (1888). Walter Kaufmann and R. J. Hollingdale, trans.; Walter Kaufmann, ed. New York: Vintage Books, 1989.

Nehamas, Alexander. *Nietzsche: Life as Literature.* Cambridge, Mass.: Harvard University Press, 1985.

Schacht, Richard. *Nietzsche.* London: Routledge & Kegan Paul, 1983.

Schacht, Richard, ed. Nietzsche, *Genealogy, Morality: Essays on Nietzsche's* On the Genealogy of Morals. Berkeley: University of California Press, 1994.

190

第17章

亚里士多德 I

受尼采影响的哲学家通常拒弃密尔和康德等哲学道德学家的伦理学理论。他们这样做的时候，经常求助于亚里士多德（公元前384—前322）。尼采痛苦地抱怨道，"奴隶道德"在西欧已经占据了主导地位，而它在古希腊思想中是没有立足之地的。在亚里士多德那里，我们没有发现一个普遍的道德法则的概念，这一概念要求所有人都有责任服从平等的互惠性和尊重。亚里士多德关于行为评价的基本术语是**高贵**和**卑下**，而不是**正确与错误**。他关心的不是**罪责**或无罪的问题，而是什么事物导致人感到**羞耻**或恰当的骄傲。密尔的目标是发现一个道德对错的"标准"，与密尔相对，亚里士多德的计划是确定对人类而言的"最高善"（chief good），以及一个有价值的、欣欣向荣的人类生活的构成要素。

许多对道德并不特别怀疑的思想家认为，比起他们所相信的哲学道德学家能够提供的伦理生活图景，他们在亚里士多德那里发现了一幅更精妙、更丰富、更有现实感的伦理生活图景。有些思想家认为像密尔或康德的道德理论是一种不切实际的抽象。他们同意亚里士多德的观点，即伦理知识涉及一种无法被法典化的（codified）智慧或判断。其他人则认为，像霍布斯或康德的道德理论过于个体主义。他们同意亚里士多德对社会联结和社会共同性的重视，而不是个体之间的分离和冲突。

亚里士多德伦理学的其他要素在当代思潮中也引起了不少共

鸣。许多人都信服亚里士多德对品格培养的强调，包括感觉、知觉和情感等能力的培养，而非灌输道德规则。而另一些人则被他对友谊和其他人际关系的论述所说服，认为它们对于德性和一个欣欣向荣的生活是至关重要的。事实上，尽管亚里士多德生活在两千多年前，但他的伦理学在某些方面与我们所能想到的任何伦理学一样新鲜常青和生机勃勃。

192   最高善

亚里士多德的《尼各马可伦理学》开篇论证了其主要研究对象的存在：最高善。我们所做的一切"都以某种善为目的"[1]。所有行动都是目的性的（purposive），涉及我们行动的某个目的或善。由此，亚里士多德得出结论，"所有事物都以善为目的"*（1094a 1—3）。

我们应该如何理解这一点？亚里士多德是否在说，任何被欲求的东西之所以是善的，仅仅是因为它们被欲求（正如**主观主义**所认为的那样）？或者说，欲望的本质是旨在追求我们认为是善的事物？简言之，事物之所以是善的，是因为我们欲求它们，还是因为它们本身是善的？

显然，亚里士多德意指的是后者。如果某物是善的与某物被欲求是一样的，那么说我们的追求以善为目的，将是一种没有信息性的同义反复。更糟糕的是，这对欲望**现象学**来说是错误的，正如我

---

[1] Aristotle, *The Nicomachean Ethics*, W. D. Ross, trans.; revised by J. L. Ackrill and J. O. Urmson（Oxford: Oxford University Press, 1989）. 文中的引文来自亚里士多德著作全集贝克柏林学院版本（Bekker Berlin Academy edition）的权威编目和行号。

* 译文来自［古希腊］亚里士多德：《尼各马可伦理学》，廖申白译注，商务印书馆 2003 年版，第 3—4 页。

们在第 10 章对霍布斯的研究中发现的那样。当我们欲求某物，我们会赞许它；我们认为它是善的。这不同于看到我们欲求它。

　　但是，亚里士多德也不同意霍布斯的观点，即善似乎是事物具有的一种属性——当我们欲求和追求它们，我们把善投射到事物身上。我们的欲望不会投射价值；它们反映（reflect）价值。亚里士多德相信，我们以我们认为是善的为目的并追求之，出于我们即将开始理解的原因，即我们倾向于欲望真正为善的事物。

　　然而，到目前为止，我们所有的只是每一项行动都旨在某种善。为什么亚里士多德认为，每个行动的最终目的都必须有一个单一的最高善呢？如他所说的，为什么必须有一个"终极"善，一个仅仅因其自身之故而唯一值得欲求的目的，而其他所有目的都是为了它而成为值得欲求的？（1097a 29）亚里士多德给出了一个答案——即如果没有最高善，那么所有的欲望都是工具性的。他说，如果没有一个最高善，我们欲求某物总是为了别的其他东西，这将使我们所有的欲望都变得"空洞和徒劳"（1094a 20）。为了一样事物而欲求另一个事物是没有意义的，除非后者或它将会产生的东西本身是值得欲求的。但这句话暗示了，每一个欲望链条都必须终止于某个"终极的目的"，而不是说所有欲望链条都必须终止于一个单一的、终极的目的。可能存在多样性的内在善品（intrinsic goods），它们是不可还原的，即存在多种多样的不同种类的事物因其自身而值得欲求。

　　从某种意义上说，亚里士多德同意这一点。事实上，他的观点恰恰与他的老师柏拉图（公元前 427?—前 347）的理论背道而驰。柏拉图认为，善有一个单一的"形式"（form），而一切本质上值得欲求的事物之所以如此，是出于它与这个单一"形式"的关系。亚里士多德说，这意味着，正如对于白雪和白漆为什么都是白色的，一个"说明"是认为它们都具有相同的白色性质，对于不同的内在善也是如此。但亚里士多德坚持认为事实并非如此。当我们考虑不同的内在值得欲求的事物，如荣誉、智慧和快乐时，我们看到"就它们的善而言，这些说明显然是不同且多样的"（1096b 25）。我们内在地看重智慧的价值，这与我们推崇荣誉的价值不同。用我们熟知的想法来表述这一点，即这些价值不能"单纯地"被具有，使荣誉成为内在价值的属性不同于使智慧成为内在价值的属性。

那么，为什么亚里士多德认为必须存在一个最高善？他把射手射箭与深思熟虑的人在伦理学中寻求的目标进行类比，这里提供了一个线索：只有最高善才能给我们带来用来瞄准的"一个标记"（1094a 24）。假设智慧和荣誉内在都是善的，你被迫在它们之间作出选择或权衡。毕竟，在物理的意义上（更不用说在形而上学意义上），你不可能同时实现所有的内在善品［或不可能避免所有的内在恶品（intrinsic evils）］，因此我们经常面临这样的选择和权衡。事实上，选择哪一个往往就是让我们一开始思考伦理的问题。尽管在我们的选择中，哪些内在善品和恶品处在利害关系中通常是一个直截了当、毫无争议的问题，但当它们发生冲突时，选择哪一个就不是这样了。

只知道智慧和荣誉内在是善的（甚至知道两者的独特之善），并不能帮助我们决定选择哪一个。但就其本质而言，慎思寻求某个选择的基础。因此，对于在最终目的之间进行的慎思，任何可行的假设都要求，在这些目的之间作出选择（或权衡）是有一定基础的。

现在，我们知道亚里士多德相信，行动本质上是以善（目的）为目标的。他说，每当我们选择某个行动时，我们这样做都是因某个目的或善本身之故，这为我们的选择提供理由。问题在于，当智慧和荣誉等一些独特的内在善品发生冲突时，它们的内在善并没有为我们的选择提供明显的基础。因此，如果存在某个在内在善品之间进行选择的基础，并且该基础只能由某个目的提供，那么该基础就必须由这两种内在善品可以促成的某个更进一步的目的提供。因此，在任何情况下，只有当荣誉和智慧之间的一方比另一方能够更好实现更进一步的、更终极的目的时，才会存在一定的理由选择荣誉而非智慧，反之亦然。

我们可以这样概括这个思路。如果我们把它用于内在善品和内在恶品之间的一般选择，并遵循这个思路的逻辑结论，我们就有理由论证存在一个单一的目的，它本身是值得欲求的，为此，所有其他事物之所以值得欲求，是为了这个单一目的本身。或者更确切地说，我们拥有一个论证，即一旦伦理学涉及实践慎思，伦理学就必须公设（postulate）这样一个最高善。［亚里士多德告诉我们，伦理学和"政治科学"的目的"不是知识而是行为"（1095a 5）。］

然而，这个论证可能看起来令人费解，对此至少有两个不同的原因。首先，如果我们通过考虑内在善品是否促成某个更进一步的目的来选择它们，我们难道不是将它们视为作为工具而有价值吗？其次，如果一切事物之所以值得选择，最终取决于它与最高善的关系，这难道不会让亚里士多德持有他宣称已经拒绝的柏拉图的假设吗？

亚里士多德式目的论　首先看第二个难题，我们发现亚里士多德在描述他与柏拉图的不同之处时说道，最高善是对人类而言的最高善，它的价值不能独立于与我们的关系而存在。这一点揭示了柏拉图和亚里士多德在形而上学的根本差异，这也是亚里士多德的哲学伦理学形而上学基础的关键。

亚里士多德认为，每一个自然事物都有一个目的或"终极因"（final cause），这一目的解释了事物的实际行为方式，并为评价其活动和发展提供一个标准。亚里士多德式的科学是**目的论的**，因为它认为事物的实际行为可以通过其固有的目标或 *telos*（希腊语中的"目标"或"目的"的意思）来解释。橡子之所以长成橡树，因为这是它们独特的自然目标。除了解释一个事物的实际行动倾向之外，它的 *telos* 对它来说是评价性的或规范性的。它道出了那个事物**应该**如何行动。如果一个事物没有按照它的 *telos* 行事或发展，那么它就出错了。这是同类事物中一个有缺陷的实例。若一颗橡子未能长成一棵成熟的橡树，那么它就是没有按照它应然的方式发展。

回想一下第 8 章讨论的**符合方向**（**direction of fit**）的概念。普通人的信念和科学假设旨在符合于世界（fit the world）：它们试图表征事物之事实上是其所是（as they in fact are）。如果它们缺乏符合性，如果世界不是如此被表征的，那么出错的是这个表征而不是这个世界。另一方面，欲望、意图、计划和规范性命题具有相反的符合方向。他们的目标是让世界符合于它们。例如，为冻馁者提供食物，其意图旨在改变世界，使其成为在其中冻馁者能够获得食物的地方。如果在这种案例中缺乏符合性，如果世界未能符合意图，那么世界就不是它应该有的样子（至少从意图的角度来判断）。

对亚里士多德式的 *telos* 概念，其中的一种解释方式是说，自然物种具有特定 *telos*，这一命题具有两个方向的符合性。首先，一个 *telos* 旨在描述和刻画物种的特征，真实地将其表征为自然世界的一个方面。如果关于该物种的事实与表征不符，那么这个命题是错误的或虚假的。但对该物种及其成员来说，*telos* 也是规范性的，因此该命题也具有相反的符合方向。它说明了该物种的成员应该如何发展或行动。因此，如果该物种的某个成员未能符合其 *telos*，那么它一定是有问题或有缺陷的。简言之，亚里士多德式的科学和伦理学之间没有清晰的界限。两者都涉及事实和价值。因此，价值和目的是世界固有的，因为万物作为世界的一部分都拥有一个目的。

自 17 世纪中叶以来，目的论形而上学和目的论科学鲜有追随者。规范和价值在现代科学的解释性理论中没有明显的作用，就这个意义而言，现代科学是"无价值的"（value-free）。从现代的视角来看，若有人认为可能存在类似亚里士多德式 *telos* 的事物，可以同时解释事物事实上如何行为与它们应该如何行为，那么这一观念可以说是不融贯的。从科学的视角来看，任何关于某事物恰当行为的主张极容易显得偏离主题。从伦理学的视角来看，正如摩尔指出，任何关于事物实然如何的假设，似乎让事物应然如何的问题完全变成一个开放问题。

尽管如此，亚里士多德的目的论形而上学为他的哲学伦理学奠定了一个基本框架。构建所有人类选择所必需的最高善是我们本性中固有的目的。我们应该做什么，应该成为什么样的人，都隐含在我们是其所是的本性中。正如一株树苗只有以生长为一棵成熟的大树的那种方式去发展，它才能长得好或达致欣欣向荣，同样，我们只有受我们作为人类的 *telos* 的指导去生活，才能达致欣欣向荣和活得好。

属人的欣欣向荣　亚里士多德认为，对最高善进行比较平淡的描述是容易的。而正是幸福或欣欣向荣（*flourishing*）是不容易被描述的。[flourishing 对应希腊语 *eudaimonia*，所以我们可以参照亚里士多德的观点，即每个人都应该寻求他自己的作为**幸福主义**（**eudaimonism**）的幸福。] 当我们按照应然的方式发展时，我们会活得好；我们茁壮成长，繁荣昌盛，达致欣欣向荣。当我们不这样做时，我们就会枯萎衰败、饱受痛苦。亚里士多德认为这是毫无争议的。每个人事实上是（也应该）以一个幸福、欣欣向荣的生活为目标。人们产生分歧的是，一个欣欣向荣的人类生活涉及什么内容。

尽管"幸福"对我们来说具有享乐主义的内涵，但亚里士多德并没有将幸福与快乐等同起来。他指出，有些人认为这两者都是一样的，但他们被这样一个事实误导，即快乐是欣欣向荣的幸福生活之正常结果或标志。快乐不是幸福的实质。欣欣向荣在于独特的属人活动，而快乐是"随之附加"在这种活动之上的，就像"美丽完善着青春年华"*(1174b 34)。

这个论证有助于回答第一个难题。其他内在善品与欣欣向荣生活之间的关系不仅仅是一种工具性关系。相反，内在为善的活动是欣欣向荣生活的一部分。它们是这样一种生活的构成成分。如果这个想法听起来很熟悉，那是应该的，因为我们之前在密尔的著述中遇见过。有人提出反驳，认为如果幸福是唯一的善，那么美德只具有外在的或工具性的价值，密尔回应说，美德活动是幸福生活的成分，而不仅仅是实现幸福生活的手段。密尔如此论述的时候，他乐于接受亚里士多德的幸福观（尽管与亚里士多德不同，密尔坚持认为这个论述与享乐主义是一致的——而且他所说的"美德"也意味着不同的东西）。

目的论、道德和规范性　在考虑亚里士多德对最高善的论述之前，我们应该简要注意到他的哲学伦理学的特征，这些特征把他的进路与哲学道德学家们的进路区分了开来。在这里再一次，把亚里士多德与密尔进行比较具有启发性。密尔基本上同意亚里士多德关于一个欣欣向荣的幸福生活由什么构成的观点。但密尔相信，一个人能够做些什么来让她的生活过得幸福，这个**非道德**问题并不是她面临的唯一的伦理问题。毕竟，她只是其他人中的一个。当她以这种方式看待自己的生活时，从**道德的观点**来看，她自己的欣欣向荣似乎并不比其他任何人的欣欣向荣更重要（但也不比其他人更不重要）。所以她可以询问，依据这一点，怎么做**在道德上是正确的**？

正如亚里士多德和密尔都相信，即使人类是深刻的社会性动物，其幸福实质上包括他人的幸福，但他们之间仍然可能存在真正

---

*　译文来自［古希腊］亚里士多德：《尼各马可伦理学》，廖申白译注，商务印书馆 2003 年版，第 298 页。

的利益冲突。至少在我们并不完善的环境里，可能会发生如下情况：对一些人来说，更欣欣向荣的生活是以另一部分人不那么欣欣向荣的生活为代价的。面对这种境况，我们不得不作出选择。我们面临的问题便是，我们应该如何平衡我们自己的欣欣向荣和他人的幸福？

对像密尔这样的哲学道德学家来说，正是这种境况赋予道德以重要性。当然，一个人自己的欣欣向荣很重要；但是，任何其他人的欣欣向荣在道德上也同样重要。然而，对亚里士多德来说，实践慎思之最终和不容置疑的立场是能动者自身的欣欣向荣，因为这是她自己的形而上学本性固有的目的。就她的本性而言，过一个欣欣向荣的人类生活是任何人都要做的。（然而，我应该再次强调，亚里士多德并不认为人们没有正义这样的德性，也能够达致欣欣向荣。）

如果一个人持有目的论形而上学，这是一个非常自然的观点，因为目的论结构提供了一种形而上学的保证，使得个体利益协调一致。一个共同的 *telos* 确保人类生活不会让我们面临根本性的集体行动问题。它确保每个人为了自己的善而行动不会导致相互的不利。因此，为了实现互惠互利，不需要另一种规范性视角（道德）的观念来支配和凌驾于个体自身利益之上。所有人的欣欣向荣交织在一起，这确保了每个人自身的欣欣向荣。然而，没有目的论，就不会有这样的保证。这是亚里士多德的目的论预设之深度的证明，他甚至没有考虑每个人的欣欣向荣都同等重要的视角。

因此，亚里士多德主义者和哲学道德主义者之间的一个重要议题涉及形而上学目的论本身。因此，当今亚里士多德主义者面临的挑战要么是捍卫目的论，要么是展示亚里士多德式的伦理学建立在其他基础之上。一个富有前景的想法是认为进化论和自然选择可以为一个关于自然功能和目的恰当的自然主义概念提供资源，而不需要诉诸形而上学。根据自然选择进化论，自然物种仿佛具有隐含的目的，因为它们的进化是为了适应它们的生态位（ecological niche）。但即使在这里，哲学道德学家的挑战也面临压力。像密尔

197

这样的哲学道德学家会同意，关于什么样的生活最能达致欣欣向荣，是存在自然事实的，但他坚持认为，除非能动者自己的欣欣向荣能够以某种方式，在形而上学意义上作为她的终极伦理标准被给予她自己（这怎么可能呢？），否则，她仍然只是许多众多他者中的一员，从这个（道德）立场来看，她的欣欣向荣并不比其他人的更重要。

当然，自然选择也可能如此塑造我们，令所有人的善品自然地交织在一起——在其中，集体行动问题可能仅仅是表面的，但永远不会是真实的。但是，即使人类确实处于同样丰裕的自然环境中（就像橡树幼苗都生长在同样肥沃的土地里），或在同样的程度上没有经历过任何被剥夺、被征服的历史，甚至也没有经历过差异化优势（differential advantage）的历史，但是说自然选择都能够保证利益上的和谐，这似乎是令人难以置信的，因为在历史的这个时刻，人类实际上分布在全球各地。

卓越的、独特的属人活动　因此，亚里士多德的计划是确定什么是最高善。一个欣欣向荣的生活由什么构成？有人说是快乐。其他人则认为是地位或荣誉，以及来自他人的尊敬。还有一些人声称它包括权力和财富。最后，有些人则认为是卓越性或德性（希腊语中的 *arete*）。亚里士多德自己的观点与最后一组观点完全一致，并给出了不同论证作为支持。

一些考虑源于对替代性方案的批判性分析。我已经提及亚里士多德对享乐主义提议的回应：快乐是有价值活动的一个标志，但不是该活动之价值的实质。例如，享受很难成为演奏乐器这项活动的全部价值，因为欣赏音乐活动的价值本身就是享受它的一部分。（回想一下，这也是密尔的一个重要主题——尽管正如我们在第 12 章所见，他坚持这一观点与享乐主义是一致的。）

同样，亚里士多德论证道，我们想获得他人的尊敬，与其说

是为了尊敬本身，不如说是因为它是我们所珍视的其他事物的一种
手段和标志。最重要的是，亚里士多德宣称我们欲求荣誉，这是把
荣誉作为我们自己**应得价值**的证据（1095b 26）。请考虑如下问题。
我们是否欲求得到所有人平等的尊敬？我们是否想要那些我们不尊
敬的人的尊敬，就像我们想要那些我们钦佩的人的尊敬一样？显然
不是。我们更关心被我们尊敬和尊重的人所看重的事物，而不是那
些被我们不尊敬的人所钦慕的事物。如何解释这种现象？根据亚里
士多德的假设，部分解释在于，我们想要配得上他人的尊敬，并且
我们把来自我们尊敬之人的尊敬作为我们配得上的证据，而来自我
们不钦佩之人的尊敬则不能。但如果我们出于这个理由而看重他人
的尊敬，我们就不能认为它具有内在价值。相反，我们认为具有内
在价值的是（我们自己的）优点。

　　当然，我们不欲求别人的尊敬只是作为我们自己价值的证据。
即使我们更看重我们尊敬之人的尊敬，这难道不是因为我们更看重
自己与他们的关系吗？亚里士多德同意，但那是因为他认为这种友
谊是卓越的（德性的）活动，它本身涉及对德性（virtue）的相互
分享和欣赏。

　　最后，还有权力和财富。但在这里，亚里士多德再次论证道，
权力和财富只具有工具性价值，或只是作为被我们视为价值的证
据，就像我们对待地位一样。

　　功能论证　亚里士多德认为他能够解释普通人关于最高善的
信念，还认为他有一个普遍的哲学论证来支持欣欣向荣在于德性活
动（virtuous activity）的论证。他说道："对于任何一个有某种活
动（功能，function）或实践的人来说，他们的善或出色就在于那
种活动的完善。"*（1097b 26）以亚里士多德的弹奏竖琴为例。竖

---

*　译文来自［古希腊］亚里士多德：《尼各马可伦理学》，廖申白译注，商务印书
　馆 2003 年版，第 19 页。

琴弹奏者是由一个特征性的"功能"或活动，即弹奏竖琴而被定义的（或由他们自己定义）。不是任何事情都能算作弹奏竖琴。用竖琴敲打年幼的兄弟或用它来晾干衣服，与弹奏它是不一样的。弹奏乐器的活动有一定的嵌入式规范性或评价性标准，从事该活动应以这些规范为指导。努力弹奏好竖琴，是弹奏竖琴这项活动的一部分。如果一个人有能力并且做到了，那么他就是一个出色的竖琴弹奏者，他的竖琴弹奏技艺会得到蓬勃发展——一个人之欣欣向荣就正如成为优秀的竖琴弹奏者一样。同样，某些事情可以使一个作为竖琴弹奏者的人受益或受到伤害，是因为这些事情影响了她的弹奏能力。

或考虑为特定目的而设计的人工制品，如一把刀。同样，一把刀的功能决定了它作为一把刀能够把什么做得好，决定了它如何成为一把好刀，也决定了某类事情会伤害它或令它受益（即影响它良好发挥功能的能力）。对于具有功能的身体各个部分也是如此。如果一次事故让我的眼睛发痒，但没有影响我的视力，那么它就没有伤害到我的眼睛。

199　　一般而言，如果某物具有一个功能，那么它之欣欣向荣或善就在于它良好地运作其功能。

接下来，亚里士多德论证人类具有一个功能。这是他目的论形而上学的结果。每个自然事物都具有一个功能，因为它有一个 *telos*。对植物来说，例如橡树幼苗，其功能是"生命的营养和生长活动"*（1098a 1）——每一个物种以其独特的方式发挥这一功能。对其他动物物种来说，亚里士多德认为它们有"感觉的生命的活动"——同样，每一个物种都以其独特方式发挥这一功能。因此，人类像其他动物物种一样，在他们的 *telos* 中隐含了一种功能。而

---

*　译文来自［古希腊］亚里士多德：《尼各马可伦理学》，廖申白译注，商务印书馆 2003 年版，第 19 页。

且，与其他自然生物一样，人类的独特功能源于人类与其他自然物种的区别。

但是，什么是独特的人类活动？亚里士多德说，它是"那个具有逻各斯的部分的实践的生命"*（1098a 3）。这个"部分"分为两个成分："一是在它服从逻各斯（a rational principle）的意义上有，另一则是在拥有并运用努斯（thought）的意义上有。"**（1098a 4—5）人类可以思考并有意识地慎思我们应该做什么、思考什么、成为什么样的人，以及应该如何感受。事实上，正是这种"努斯"（思想）的运用引导我们构建了亚里士多德在《尼各马可伦理学》中所关注的问题。但"逻各斯"（原则）也隐含在人类生命中，即使我们没有作出有意识的反思——即以我在本书开头所描述的方式进行反思。我们选择和做事是出于理由（*for reasons*）的，在这样行动的时候，我们承诺于伦理观念、原则和价值。我们对事物的情感也出于理由，这也涉及更一般的原则和思想。例如，如果你怨恨你老板对待你的方式，你如此感受就像他确实做了一件对你不公的事情，就像存在理由可以担保你的反应是合理的。

因此，人类的独特之处，就在于理由和伦理观念把我们的思想、感觉和行动交织贯穿在一起的方式，以及我们通过"运用思想"来影响我们的感受、思想和选择的方式。

亚里士多德得出结论："人的活动是灵魂的遵循或包含着逻各斯的实现活动。"***（1098a 7）现在，如果任何具有功能的事物，其欣欣向荣在于它良好发挥自身的功能，那么人类的欣欣向荣也必须在于良好地发挥其功能。他写道："人的善就是灵魂的合德性的

---

* 译文来自［古希腊］亚里士多德：《尼各马可伦理学》，廖申白译注，商务印书馆 2003 年版，第 19 页。"逻各斯"在亚里士多德意义上可理解为"属人的有理性原则的活动性生命"，与人的理性本质相对应。
** 同上书，第 20 页。
*** 同上。

实现活动。"（1098a 17）一个欣欣向荣的生活是一种卓越的、独特的人类（即理性）活动。正如亚里士多德所说，这是一种德性活动（*virtuous* activity）的生命，德性（virtue）具有卓越性（*arete*）和技艺精湛（virtuosity）的内涵，而不是犹太—基督教传统中的美德之意。"德性"是译者通常采用的术语，但我们应该记住亚里士多德使用该词所意指的意思（与他没有意指的意思）。

欣欣向荣的生活由德性活动构成，这一假设可以解释人们所相信的关于最高善的许多事情。亚里士多德考虑了支持他理论之正确性的进一步证据。首先，正如我们所见，它可以解释为什么人们希望得到他们所钦佩的人的尊敬：因为这为他们自己的优点提供了证据，还因为有德性的人的友谊本身涉及德性活动。其次，德性活动本质上是令人愉快的，从而解释了最高善包含快乐这一理论的吸引力。第三，它解释了我们认为生命中最有价值的东西是有深度的，而不是过分依赖于那些"容易被拿去的东西"（1095b 26）。有德性活动的生活与荣誉不同，后者取决于他人态度的多变性，而前者主要取决于这个人自己。第四，但亚里士多德的理论也解释了为什么一个欣欣向荣的生活被认为是依赖于"外在善品"（external goods），例如一定程度的财富和资源，因为亚里士多德认为缺乏这些，某些形式的德性活动就成为不可能。

伦理真理与伦理智慧

如果亚里士多德相信他有一个普遍的哲学证明，即一个欣欣向荣的人类生活在于德性活动，那么他为什么要在乎证明这个理论符合深思熟虑的人对最高善的信念？为什么他在功能论证之后，在下一章开头就说，"我们不能仅仅把这个始点当作某些前提和从中引出的逻各斯，而且应当借助这个问题上的那些普遍意见来研究它"*？这值得我们在这里停下来，以反思亚里士多德方法背后的认识论假设。

亚里士多德写道："如果一个前提是真实的，所有的材料就都与它吻合。"（1098b 11）亚里士多德所说的"材料"，是指"受人推崇的意见"。他明确表示，意见要受到认真对待，就必须产生于经验和成熟性（maturity），他相信这是判断和智慧所必需的。这里有几个要点：

首先，亚里士多德认为伦理学不像数学或物理学，在后者，具有较低程度的经验和成熟性的理论见解是可能的。伦理知识是智慧或判断，而不仅仅是纯粹的理智洞察力（intellectual insight）。并且，因为伦理学反映的是生活中的事情，所以如果一个人没有丰富经验，并从中获得成长，那么伦理知识和智慧就是不可能的。

第二，由于除了根据成熟的、有经验的人的判断之外，不存在通往伦理真理的渠道（请注意这是理想判断理论的一个版本），任何伦理学理论都必须能够适合和解释这些判断。这就是为什么亚里士多德着手证明他的理论可以解释这些判断。然而，这并不是说一个充分的理论必须能够准确地解释所有这些该理论所立足的观点。像这样的要求过度静态，不能反映出哲学思想本身是人类成长和发展的一部分这一事实。相反，检验一个伦理学理论是否充分的试金石是，当有经验的判断者沉思该理论的哲学基础及其与他们倾向于根据自己的经验作出的判断的关系时，该理论可以使得有经验的判断者所作出的判断是合理的。

第三，也是最后一点，亚里士多德提醒道，在任何研究中，我们只能期望"它的题材所能容有的"（1094b 12）那种清晰度和准确性。正如我们将看到，亚里士多德认为，我们付出最大努力制定

201

---

* 译文来自［古希腊］亚里士多德：《尼各马可伦理学》，廖申白译注，商务印书馆 2003 年版，第 21 页。

一般伦理理想和原则，但这对提供具体的实践指导方面可能并没有什么用处，特别是对那些尚未发展出成熟品格和判断力的人。在他看来，哲学家思考伦理学，其作用不是制定和建立任何人都可应用的抽象规则，而是将有德性的人吸引到反思的过程中，反思的大部分基础是他们自己的经验和判断，以便进一步塑造和发展他们的判断。最后，他认为，伦理知识涉及某种知觉，但与理性直觉主义者不同，这种知觉除了受到哲学反思的影响，还受到人类经验、成长和发展的调节作用。例如，与功利原则不同，伦理知识不能用这样一些人们能够相对独立于他们自己的伦理发展来理解和应用的规则和原则建构起来。

第18章

亚里士多德 II

德性、理想与高贵

在《尼各马可伦理学》第一卷的结尾，亚里士多德对书中的基本问题作出了大致的回答。最高善在于由卓越的、独特的人类活动所构成的一个生活，或如他也说过的那样，由德性活动所构成的生活。尽管这个答案比最高善即欣欣向荣添加了一些信息，但它仍然只是一个梗概。究竟什么是德性活动？更具体地说，人类德性是什么？另外，我们如何识别德性，我们如何成为有德性的人？这些是《尼各马可伦理学》余下部分所关注的问题。

在考虑亚里士多德如何处理这些问题之前，我们应该要注意一个我们在很大程度上不得不搁置的问题。《尼各马可伦理学》的读者经常注意到亚里士多德对好（有德性的）生活的两种明显不同的描述之间的张力。直至第十卷之前，亚里士多德描述了一种积极的、公共的理想，强调诸如勇敢、友谊和正义等德性。然而，从第十卷第七章开始，亚里士多德认为，既然人类的功能运作特别涉及理性，且最好的生活必须符合"最高的德性"，那么纯粹的理性沉思必然是对人类而言的最高级的活动和最好的生活。他主张，其他更实用的德性的价值取决于它们如何为这样的生活作出贡献。沉思活动涉及我们身上最"神圣"的要素。当我们想象一个神的幸福生活时，我们很难想象他会"相互交易"或从事其他正义行为，或表现得像"一个勇敢的人……为高尚［高贵］而经受恐惧与危险的行为"（1178b 13—14）。一个神圣存在者有可能过一种沉思的生活。由于我们的能力不足，我们不能放弃实践德性。但我们仍然也可以进行沉思活动。亚里士多德得出结论，一个属人的生活就其涉及沉思活动而言是更好的，而其他德性之所以最终有价值，仅仅在于它们容许我们参与到沉思生活中。

不是哲学家不同意最后一种想法，只是它确实看起来很极端，难以与亚里士多德在《尼各马可伦理学》的其余地方的论述相一致。无论如何，我们将不得不把这个极具吸引力的解释性问题放在一边，而从表面意思解读《尼各马可伦理学》第一卷至第九卷。

行动与品格 那么，什么是德性活动？亚里士多德认为，仅仅通过描述某种特定类型的行为，是不可能回答这个问题的。你不能仅仅通过观察某个人的行为，就判断她的活动是否以独特的属人方式达致卓越性。德性活动植根于个人的德性，植根于她的**品格**（*character*），而只有当她出于某些理由行事时，才会如此。例如，亚里士多德认为节制是一种德性。真正有节制的活动源于节制的品格，源于出于节制理由去行动的倾向，而有节制的人尤其受这些理由所指导。如果对我适度饮食的解释是出于对厨师的厌恶或厌食症，那么我的饮食表明了怨恨的恶习或饮食失调，而不是节制的德性。

我们可以看到，这一点是如何从亚里士多德的主张中推出来的，即独特的人类功能涉及理性的指导。对某个人行为的描述若不考虑她的理由，我们就不能充分确定她的活动是否包含人类独特的卓越性。因此，只有当行为人出于节制的理由而表现出属人的卓越性时，她的活动才会显现人类的卓越性。

亚里士多德将这些考虑具体化为一般的特征刻画。为了使行为称得上是有德性的活动，"一个人还必须是出于某种状态的。首先，他必须知道那种行为。其次，他必须是经过选择而那样做，并且是因那行为自身而选择它的。第三，他必须是出于一种确定了的、稳定的品格而那样选择的"*（1105a 31—33）。因此，只有当有节制的人因节制自身之故而选择适度饮食时，她的行为才是合乎节制的。

理想、实践与高贵 但是，为什么亚里士多德说，有节制的人会因节制自身之故而选择适度（moderation）呢？一个有节制的人难道不会被这些考虑所推动吗，例如为了实现健康和福利（或一个整体上欣欣向荣的生活）等更进一步的目的，把摄入过量饮食作为手段是否是值得欲求的？

亚里士多德相信，对有德性的人来说，适度是内在重要的，在此意义上她将其视为一项属人的卓越性，视为配得上尊敬和本身值得模仿的优点。同样，她认为暴饮暴食和过度禁欲，即节制的两个极端，是内在应得轻视的。

简言之，亚里士多德认为，德性活动意味着接受一个**理想**并受其指导。适度是有节制的人所渴望的理想的一部分。在亚里士多德偏爱的术语中，节制是**高贵的**（希腊语中的 *kalon*），而暴饮暴食是卑鄙的或**卑下的**。节制是与我们相配的，是骄傲的恰当来源，而暴饮暴食则低于我们，是**羞耻**的适当对象。

因此，要卓越地运用我们独特的人类理性指导能力，就意味着我们要按照我们所接受的理想行事。对亚里士多德而言，简单地说，卓越的人类活动是由人类卓越性的理想所指导的。

亚里士多德提出的一个核心区分也反映了这一点，即任何理智的存在者都可以参与的那种以目标为导向的活动（*poiesis*，意思是

---

* 译文来自［古希腊］亚里士多德：《尼各马可伦理学》，廖申白译注，商务印书馆 2003 年版，第 42 页。

"生产"或"制造")与独特的人类行动（*praxis*，意思是"实践"或"行动"），人们之所以选择这些行动，是因为它们是高贵行为的实例。只有 *praxis* 才是因其自身是高贵的而被选择。只有 *praxis* 才是独特的属人的活动。设法走出迷宫，不论是一个人或一只老鼠，这个活动属于 *poiesis*。然而，如果一个人这样做是为了追求一种他认为是高贵的从而具有内在价值的事物，并且因其自身之故去追求，那么这就是 *praxis*。所以，当亚里士多德谈到由某种类型的活动构成的欣欣向荣的人类生活时，他指的是 *praxis*。

我们很难不接受亚里士多德的论点，即理想是人类生活中最重要的善品。例如，请考虑一下我们对叙事（*narrative*）的重视程度。为什么我们可以如此被故事所吸引，如此倾向于用叙事的方式看待我们的生活？我们感兴趣的大多数与理想和品格有关。我们甚至将故事的主要参与者称为"角色"（characters，同时有"品格"之意）。我们对叙事所揭示的人物性格感到鼓舞、好奇、排斥和厌恶。

我们对叙事的迷恋几乎延伸到人类生活的方方面面。例如，体育赛事不仅仅是技巧或实力的较量，还是一场展现高尚的对手之间同台竞技的戏剧，弱者也有可能表现出勇气或意想不到的沉着。叙事有时甚至会影响它们所讲述的事件，比如媒体把一场政治竞选描述为某人步履蹒跚地领先，或某人戏剧性地东山再起的故事，从而影响公众认知，并最终影响故事的结局。

"自我叙事"也同样重要。我们不断地构建和重建我们生活的故事。当被迫面对我们自己的形象与我们所拥有的（或想拥有的）形象相冲突时，我们会感到苦恼。因此，任何声称不接受理想，或不在乎自己在任何理想方面是否值得尊敬或遭受蔑视的人，几乎肯定会在某个时刻被他自己的脸红证明是错的。

没有道德的伦理 亚里士多德与哲学道德学家们的区别在于前者持有一个目的论形而上学，除此之外，他对理想的强调有助于我们看到另一个基本区别。用尼采的话来说，亚里士多德的伦理学是关于好与坏（bad）的伦理学，而不是善与恶（evil）的伦理学。它的对立两端是高贵和卑下，而不是正确和错误。

卑鄙和卑下之物让人感到羞耻，而不是内疚。羞耻是当我们认为自己应得轻视、蔑视或讥嘲时的情感，而内疚则是当我们认为自己的所作所为是应得惩罚的或应受责备时的情感。对亚里士多德来说，独特的属人的伦理范畴，关注的不是罪疚，而是配得上人的或卑下于人的事物。如果不能达到这个标准，就会受到蔑视或讥嘲，而不是要承担责任，或应得责备或惩罚。为了说明这些差异，我们可以说，哲学道德学家的伦理学概念是**基于法则的**（law-based），而亚里士多德的伦理学概念则是**基于理想的**（ideal-based）。

像尼采一样，亚里士多德的伦理学是一种**完善论**。但尼采认为实现人类最完美的形式是整个物种应该追求的目标，而亚里士多德是一个**幸福主义者**。他认为每个人都应该追求他自己的善，而由自我完善活动构成的生活则对每个人而言是善的。更确切地说，亚里士多德是一个**完善论的幸福主义者**，而尼采是一个彻头彻尾的完善论者。

伦理教育：获得美德

我们现在有许多伦理范畴漂浮在空中。若我们不澄清它们之间的关系，范畴过多会让我们无法继续讨论下去。

第一，我们有最高善，即所有实践慎思的终极目的。第二，我们有德性和亚里士多德所认为的构成最高善的德性活动。第三，我们有高贵行为的理想，对此，亚里士多德说，有德性的人是承诺于高贵行为的。为了使活动具有德性，它本身必须因其自身是高贵的而被选择。但行为如何可能既是因其自身，同时是为了它与最高善的关系而值得选择？有节制的人如何既因为节制是高贵的，也因为它促进一个欣欣向荣的生活而选择节制？这些问题可能给亚里士多德带来一个难题，如果因德性与最高善的关系而称赞它们，那么我们是将其视为具有工具性价值的。但这显然不是亚里士多德的本意。德性活动不是实现最高善的手段；它们正是一个欣欣向荣生活的构成成分。因此，既因德性活动本身而重视它，也出于它与欣欣向荣的关系而看重它，这两种评价之间并没有不一致。它是一个好生活的一部分。

人类通过德性活动而达致欣欣向荣。但我们如何成为有德性的人？我们如何获得必要的品格，以享受生活中最美好的事物？尽管亚里士多德强调德性具有内在的、基于品格的本质，但他对伦理教育的论述却以强调实践而著称。

207　　获得德性就像学习一门技艺或手艺。它包括一种只有通过实践才能获得的诀窍或"感觉"。

> 我们先运用它们［德性］而后才获得它们［德性］。这就像技艺的情形一样。对于要学习才能会做的事情，我们是通过做那些学会后所应当做的事情来学的。比如，我们通过造房子而成为建筑师，通过弹奏竖琴而成为竖琴手。同样，我们通过做公正的事成为公正的人，通过节制成为节制的人，通过做事勇敢成为勇敢的人。*（1103a 30—1103b 1）

考虑一个人如何学习演奏乐器。理论对学习演奏几乎没有什么帮助。一个人为了学会演奏乐器，需要的是实践知识（"know-how"，技艺知识），而不是理论知识（"know-that"，事实知识）。要发展技艺知识，实践是不可替代的。实践既能以自然的方式培养基本技能，又能养成弹奏竖琴的良好习惯。

---

* 译文来自［古希腊］亚里士多德：《尼各马可伦理学》，廖申白译注，商务印书馆 2003 年版，第 36 页。

同样，对于德性，"从小养成这样的习惯还是那样的习惯决不是小事。正相反，它非常重要，或宁可说，它最重要"*（1103b 22—25）。没有获得良好教导的人不仅缺乏好习惯，而且通常滋长出坏习惯。一个人在运动或技艺上养成了坏习惯，若她要在学习技艺上获得真正的进步，她就必须改掉这些坏习惯，同样，一个人有贪婪的不良伦理习惯，也面临着双重挑战，即在她获得作为一个有节制的人的第二本性（second nature）之前，她必须改掉已经生成的第二本性。

　　这里确实有两个要点。一个是关于习惯的重要性。我们只有通过实践才能获得德性活动的诀窍。但我们怎么知道要实践什么呢？这相当于音乐系学生的问题：我怎么知道要练习哪些技巧？对这两种情况的答案都是一样的。这不是你自己能够知道或发现的。你需要一个能够教导你的老师。就伦理德性而言，你需要由有德性的人向你把德性展示出来。这是第二点。只有成熟的成年人才能培养年轻人获得道德上的成长和发展，因为他们已经掌握了德性所包含的实践知识。我们在第 17 章结尾看到同样的观点。在伦理学，重要的是智慧（wisdom），而不是一个在其教养过程中还未被灌输过价值的人可以掌握的任何公式。伦理学的理论反思预设了作为背景的德性品格。我们只能通过模仿那些已经拥有德性的人来获得德性。

　　人类自然具有过一个欣欣向荣生活所涉及的德性活动的潜能（potential）。但为了发展这种潜能，他们需要一个由具备智慧德性的人所引导的社会环境。到目前为止，这与任何技艺或手艺的论点相同。但亚里士多德认为，德性和技艺之间存在一个重要区别。他说道："技艺的产品，其善在于自身。只要具有某种性质，便具有

---

* 　译文来自［古希腊］亚里士多德：《尼各马可伦理学》，廖申白译注，商务印书馆 2003 年版，第 37 页。

208　了这种善。"*（1105a 27—28）某事物是否属于优秀的艺术，很大程度上与艺术家的动机和品格无关。不管高更是不是一个混蛋，他的画作仍然体现了艺术天才。但正如我们所看到的，德性活动与之不同。行为要成为有德性的，就必须源于有德性的品格。由此可见，道德教育必须向人灌输对高贵品格和德性的热爱，这不亚于培养人具有应该做什么的意识。也许不热爱艺术的艺术家比热爱艺术的更不太可能创作出优秀的作品。但艺术家对艺术的态度并不是他们的作品之所以具有艺术价值的原因。然而，德性行为的伦理价值确实取决于有德性的人的品格。因此，一个人如果没有学会因高贵德性本身而热爱之，他就无法学会践行德性活动。

　　举个例子，考虑正义的德性。父母在把正义教给孩子时，可以从指出分享的机会开始。这些教导方式最初可能表现为邀请、命令或哄骗。然而，随着孩子理解能力的发展，父母可能一边鼓励一边开始评论，他们一方面将公平视为值得孩子渴望和效仿的，另一方面将伤害和贪婪视为应得鄙视和不值得爱的。过了一段时间，外部指导可能会让位于至少部分源自内心的动机，因为孩子会发展出对获得父母认可的渴望。然而，即使这种渴望总会引发公正的行为，它尚未表现出正义的德性。为此，孩子必须通过做因正义自身之故而做的行为，从而培养出配得上他人尊敬的渴望。为此，她必须把一种正义的理想内化在心灵中，并将其视为是自己的理想。最后，在这一点上，因正义自身之故，她想成为有正义德性的人，并可以享受成为这样的人的快乐。现在，成为正义的人，是她希望自己成为的那种人的一个部分。出于这个原因，她选择践行公正的活动，她在这样做的时候，就是以一种独特的属人的方式运用人类功能，亚里士多德由此认为，她作为一个人而达致了欣欣向荣。

---

*　译文来自［古希腊］亚里士多德：《尼各马可伦理学》，廖申白译注，商务印书馆 2003 年版，第 42 页。

中道理论

亚里士多德以这样的论点而闻名，即每一种德性是两个处在对立极端的恶之间的中道（mean）。然而，这个观点很容易被误解。尽管表面如此，但这个观点与其说是告诉我们如何识别特定的德性或高贵行为，不如说是阐明德性的基本结构。

所有伦理德性都与"感情和实践"有关，而这些反过来又存在着"过度、不及与适度"（1106b 17）。为了理解亚里士多德的意思，请回想一下他的核心思想，即独特的人类功能是"具有逻各斯的部分的实践的生命"（1098a 3），这一人类功能要么通过理性思维而显性运作，要么在我们出于理由而行动和感受时隐性地发挥作用。

甚至连我们的情绪和激情也不会像完全非理性的冲动那样困扰着我们。我们对事物的感受是出于理由的，通过这些理由，我们让这些感受对自己来说变得是可理解的。这使得我们的情绪和欲望受到理性的批判。例如，恐惧表现为是对危险的一种反应。如果危险的确存在，那么我们就有理由感到害怕。但是，如果不存在危险（或者没有理由这么认为），那么恐惧就是没有根据的。我们没有理由感到害怕。

激情和情绪也容许强度的存在。我们会或多或少害怕某物，或多或少对某事感到愤怒，或多或少强烈地欲求某物，等等。因此，亚里士多德写道："恐惧、勇敢、欲望、怒气和怜悯，总之快乐和痛苦，都可能太多或太少。"（1106b 17—19）在每一种情形里，我们所感受到的适当程度的激情或情绪都是这些极端之间的某个点。亚里士多德称这一点为"适度"（intermediate）："在适当的时间、适当的场合、对于适当的人、出于适当的原因、以适当的方式感受这些感情，就既是适度的又是最好的。"*（1106b 20—23）

---

* 　译文来自［古希腊］亚里士多德：《尼各马可伦理学》，廖申白译注，商务印书馆 2003 年版，第 47 页。

209

因此，亚里士多德所说的"适度"，是指任何程度和种类的激情和行动对一个人发现自己所处的特定境况是适当的，同时对他自己的品格特质也是适当的。亚里士多德告诉我们，6磅食物对于"体育运动初学者"来说太多了，但对于运动员麦洛*则太少了！（1106b 5）。相关的适度点是"相对我们而言的适度"。

亚里士多德用"中道"来指涉"力求以适度为目的"的品格特质（1106b 15）。因此，每一种德性都是一种中道。它是以与某种特定种类的德性（与恶习）相关的激情和行动的适度为目的的特质。

因此，中道理论不是一个可以用来确定德性的公式，就像人们可以用一条规则在一根线的两端之间把线平分。中道或适度的点都不是这条线的中点。适度指任何适当的点，介于过度和不及的两个极端之间。而德性的中道是旨在追求适度这个点的品格特质。

我们从中道理论（theory of the mean）中学到的，是关于德性和恶习的自然分类，亚里士多德认为这些德性和恶习都植根于人类生活的各种自然情感的背景。例如，为什么节制是一种德性？就其本质而言，节制涉及满足、控制和调节某些自然嗜欲（appetites），特别是那些关于"触觉和味觉"的快乐（1118a 26）。如果我们缺乏这些嗜欲，如果我们不受任何形式嗜欲的支配，或如果它们的满足不会给健康或正常人类生活的其他方面带来影响，那么就不会有节制这样的属人德性。因此，为这种德性奠定背景的是，我们是物理具身性的（physically embodied）生物，受制于某些独特的自然快乐和嗜欲，我们对这些嗜欲的反应以各种方式影响我们的生活，因此，作为理性的生物，我们自然而然地想到这个问题：在与这些嗜欲和快乐相关的事情上，我们应该如何行事。

嗜欲可以或多或少地得到满足，因此我们面临的实践问题是我

---

* 麦洛（Milo）系公元前6世纪的希腊摔跤能手。

们应该在多大程度上满足它们——以及何时、何地满足哪些嗜欲。简单来说，似乎有三种可能性：过度（自我放纵）、不及（禁欲或"麻木"），或适度的适当程度（中道：节制）。

或考虑勇敢的例子。在这里，实践和情感背景是被恐惧和亚里士多德所说的"信心"（我们对面临危险时感到能够战胜它）设定的。同样，如果我们不受这些自然情感的影响，就不会有勇敢这样的德性。然而，因为我们也是理性的，我们可以提出这样的问题，比如我们的恐惧或信心是否得到合理担保（warranted），我们应该如何根据这些情绪采取行动，等等。又一次，恐惧和勇敢都容许有不同的程度。我们可以或多或少地感到恐惧，或多或少对自己有信心。

恐惧和信心容许两个方向都存在极端。我们可能感到比实际情境所证实的更多或更少的恐惧。"对有些坏的事物感到恐惧是正确的、高尚［高贵］的，不感到恐惧则是卑贱的，例如耻辱。"*（1115a 13）过度恐惧的人是懦夫，而毫不惧怕是"不正常和迟钝"的人（1115a 13）。勇敢的人"出于适当的原因、以适当的方式以及在适当的时间，经受得住所该经受的，也怕所该怕的事物的人"**（1115b 17—18）。再一次，我们可能过度有信心，也可能不合理地缺乏信心。我们可能轻率地高估自己，低估风险，或者太容易感到气馁，对自己的资源感到绝望。亚里士多德认为所有这些都属于品格的缺陷，因为它们相当于未能按照我们应然的方式调节自己的感受、思想和行为。

这只是两个例子。亚里士多德在同一个框架内展示了他的整个德性清单，尽管这项工作可以说有些繁重。慷慨是付出过多和过少之间的中道，正义是给予过多和过少之间的中道，等等。在每一种

---

* 译文来自［古希腊］亚里士多德：《尼各马可伦理学》，廖申白译注，商务印书馆 2003 年版，第 77 页。

** 同上书，第 80 页。

情形下，德性 / 恶习的组合都与一个典型的背景有关，任何具有正常情感和欲望的人都会自然而然地发现自己身处在这个背景中，并且就在这一点上，作为一个理性的生物，他会询问自己应该如何思考、感受和行动。

原则与实践智慧

亚里士多德总结道："所以德性是一种选择的品质，存在于相对于我们的适度之中。这种适度是由逻各斯规定的，就是说，是像一个明智的人（the man of practical wisdom）会做的那样地确定的。"*（1106b 36—1107a 2）我们如何理解这最后一部分？亚里士多德是说，终究存在明确识别德性活动的原则吗？如果中道是由原则确定的，而这些原则是由具有实践智慧的人确定的，那么我们应该询问什么是实践智慧。

实践智慧　亚里士多德在《尼各马可伦理学》第六卷中讨论实践智慧。他首先重述了第二卷的主张，即"适度是由逻各斯来确定的"，而"有一个仿佛可以瞄准的目标，具有逻各斯的人仿佛可以或张或弛地用弓来瞄准它"**（1138b 21—22）。对此，亚里士多德很快补充说道："这个说法虽然对，却很不明确。"一个只知道这一点的人"并不就比原来更聪明"。他就像一个想知道"应当用些什么药"的人，被告知"医学的要求是什么，医师的要求是什么"（1138b 31）。他自己没有"正确规则"，所以他无法识别适度。那么，如果我们能够识别实践智慧，或许我们就可以通过它识别"正

---

*　译文来自［古希腊］亚里士多德：《尼各马可伦理学》，廖申白译注，商务印书馆 2003 年版，第 48 页。

**　同上书，第 165 页。

确的规则"和适度。

　　实践智慧是一种理智德性（intellectual virtue），但不同于科学理论化所涉及的卓越性。相反，它意味着实践思维上的卓越性——特别是慎思的卓越运用（1139a 12）。

　　现在，正如我们所知，亚里士多德认为慎思总是以某个目的为指导。因此，慎思的卓越性必须至少部分地包含制定出达到我们目的之手段的能力。这种能力，亚里士多德称为"聪明"（cleverness），是实践智慧所必要的，但它还不够充分。聪明让我们有能力达到我们为自己设定的要瞄准的"标志"，但只有当这个标志是高贵的时候，它才值得称赞（1144a 24—26）。

　　根据亚里士多德对 *praxis*（独特的人类行动）和 *poiesis*（其他动物也具有的以合理目标为导向的行为）的区分，实践智慧必须不能仅仅是聪明。聪明对 *poiesis* 来说是充分的，但对 *praxis* 并非如此。人类的慎思活动要达致卓越性，就需要人们在那些因其自身之故而值得选择的行动上出色地运用慎思能力。因此，"明智［实践智慧］是同对人而言的公正的、高尚［高贵］的、善的事物相关的，但是这些是一个好人出于本性就会做到的"*（1143b 21）。

　　由此可见，实践智慧不仅包括辨明如何促进更进一步的目的的能力，还包括领会在特定场合哪些行为是高尚的，哪些是卑鄙的——也就是说，有能力领会在特定场合中，哪个具体行为能实现高贵的行为的目的。实践上明智（practically wise）的人对正义的、高贵的行为作出充分的慎思，因为她有能力领会正义、节制和勇敢等德性有什么要求。因此，亚里士多德说，实践智慧可以被认为是一种洞察力或"知觉"，因为它关注"最终具体的事实……要做的事情"（1142a 24—25）。

212

---

* 　译文来自［古希腊］亚里士多德：《尼各马可伦理学》，廖申白译注，商务印书馆 2003 年版，第 186 页。

但是，是什么让实践上明智的人知道追求什么具体的目的？对此，亚里士多德的回答很简单：德性（1144a 7）。一个人不可能知道在慎思中要追求什么，除非她已经具备德性，除非她的教育和个人成长过程已经令她获知什么是适当的情感和行动，并接受了一个理想，根据这个理想，这些情感和行动是高贵的，且因其自身之故而值得追求。

一个良性抑或恶性的循环？ 但现在我们已经完成了一个循环。德性是一种中道，它是由实践上明智的人所确定的原则决定的。实践上明智的人是具有深思熟虑和洞察力的、有德性的人。如果亚里士多德试图为德性提供某种还原论定义（reductive definition）——也就是说，试图说明德性如何根据其他无需指涉德性而可被定义的事物来加以定义的——那他就会受到恶性循环（vicious circularity）的指控。我们应该如何在这一点上解释亚里士多德呢？

这在很大程度上取决于我们如何理解"决定"（determine）。如果亚里士多德断言，中道（在形而上学上）取决于实践上明智的人所使用的规则，而一个人是否具有实践智慧，同样部分地取决于她是否具有德性，那么我们似乎有了一个恶性循环。某个特定的点是适度吗？假设它符合琼斯指导自己的规则。那么，当且仅当琼斯在实践上是明智的，这一个点才是一个适度。但琼斯是否真正在实践上是明智的，取决于她是否具有德性。她是否具有德性，取决于她是否以适度为目标。因此，离开以适度为目标的这个人是否是有德性的这一事实，就不会存在关于这个点是否是适度的事实。并且，离开她所追求的这个点是否是一个适度的事实，也不会存在关于追求这个点的人是否具有德性的事实。

然而，这似乎不太可能是我们应该理解亚里士多德的方式。首先，他当然不认为最高善在形而上学上取决于欣欣向荣的人们的目标。事实正好相反。从形而上学的角度来看，关于最高善的事实取决于我们的功能和 *telos*。我们欲求善，是因为它是我们的善或 *telos*。而它之所以是善的，不是因为我们欲求它。

关于善的事实并不取决于实践上明智的人的目标。但亚里士多德认为，人类的最高善是德性活动，它本身包含了人们因其自身之故而追求的某些行为和情感（适度），倾向于以这种方式行事而感到自豪，以不这样做而感到羞愧，等等。由此，这些活动形式是我们的 *telos*，根据这一事实，我们的 *telos* 就是我们应该如何行事以及应该成为什么样的人。因此，我们应该因这些形式的活动（以及它们各自的适度）自身而追求之，并且为我们能够这样做而感到骄傲，为我们不能这样做而感到羞愧。但是，如果关于最高善的事实是成立的，我们确实应该因特定的适度自身而追求它们，为我们能够这样做而骄傲，不能这样做而羞愧，等等，那么这些事实让这一点成为是真实的，即相关的适度决定了什么是高贵及其反面，即什么是卑下。如果是这样的话，那么就会存在关于哪些适度定义了合乎中道的德性特质（以及这些特质所追求的合乎适度的高贵行为）的事实，而这一事实独立于这些德性特质是实践上明智的人的追求目标的事实。相反，一个人是否是实践上明智的，将取决于她是否以这些适度作为追求目标。

明智的领会、原则与伦理反思 那么，为什么亚里士多德说中道和适度是由"像一个明智［实践智慧］的人会做的那样地确定的"*？实际上，这里有两个难题。首先，如果实践智慧涉及对具体的高贵行为和卑下行为的感知能力，那么亚里士多德为什么在这里谈论这些是根据原则决定的？其次，如果关于中道和适度的事实

---

* 译文来自［古希腊］亚里士多德：《尼各马可伦理学》，廖申白译注，商务印书馆 2003 年版，第 48 页。

取决于与最高善相关的事实，而这些事实在形而上学上独立于实践上明智的人的判断，那么他为什么说中道是由实践上明智的人所决定的呢？

关于第一个难题，即使实践智慧涉及对特殊之物的知觉，它也不是对不受任何普遍属性制约的纯粹特殊性的感知，而是把某些特殊行为感知为高贵的。此外，高贵是一种伦理属性，因此，如果某个特殊行为具有该属性，它必须凭借它所具有的其他属性，因为任何事物不能单纯地具有一个伦理属性。（请回顾我们在第 1 章论及的熟悉观点。）一定存在某些东西，使得这种行为是高贵的。因此，实践上明智的人的知觉必须隐含一个普遍的原则，即便他们说不出它是什么。

此外，亚里士多德认为，实践智慧涉及道德反思。实践上明智的人良好运用其慎思能力，其慎思对象不仅仅是关于"在某个具体的方面"是善的事物，而且还关于对"一种好生活总体上"*是善的事物（1140a 27）。他们不会简单顺其自然。他们从自己的活动和伦理思维中退后一步，看看经反思后什么是合理的。他们这样做的时候，也就是在做伦理哲学（do ethical philosophy）。他们在做亚里士多德本人在《尼各马可伦理学》中所做的事情，即从人们只能从教养过程中获得的伦理判断开始，并将这些判断作为伦理和哲学反思的材料。他们让隐含在他们特殊判断中的原则变得清晰，并批判性地反思这些判断之间的关系，以及它们与最高善的关系。例如，一个实践上明智的人发现自己鄙视一个故意无视耻辱风险的人，她会考虑她的判断基础是什么。也许她会像亚里士多德一样得出结论，不惧怕耻辱不是高贵的，而是卑下的。

如果我们进一步思考亚里士多德是如何理解德性和最高善的，

---

* 译文来自［古希腊］亚里士多德：《尼各马可伦理学》，廖申白译注，商务印书馆 2003 年版，第 172 页。

我们就会得出类似的结论。亚里士多德区分了两种德性：一种涉及实践智慧，另一种则不涉及实践智慧。在"严格意义上"有德性的人，对实践智慧的伦理观念和原则有着清晰的、反思性的把握——亚里士多德在《尼各马可伦理学》中想象他自己和他的读者旨在追求的那种伦理理解。这种德性包括沉思（contemplation），即对我们独特的人类理性能力的明确运用。因此，对亚里士多德而言，人类生活如果包含这样的伦理反思，它会变得更好或更能达致欣欣向荣，因为它涉及了独特的人类能力得到更多的出色运用。那么，在这个意义上，严格来说最好生活和人类德性包含了由实践上明智的人的原则所决定的活动，这正是最好生活和人类德性的本质。

结论

因此，根据亚里士多德及其追随者的观点，只有在一个可以培养人们自然地达致成熟和成长，并发展出正确习惯的教养环境中，人们才能从一开始就进入到伦理观念和伦理思想的内部。这样的一种教育对发展人们具备充分的情感性、意动性（conative）和认知性的复杂能力是必要的，而这些复杂能力进一步对获得伦理知识乃至充分理解伦理观念和原则是必要的。因此，并非所有人都能平等地获得伦理知识。并且，以所有适用于普遍原则的人都能理解的方式去制定普遍原则，这是不可能的。最后，判断和智慧是不可取代的，前人的智慧滋养了一个培养人类成熟和成长的过程，只有在这样一个过程里得到发展，人们才能获得判断和智慧。

这幅图景与哲学道德学家们提出的道德观有着深刻的冲突。霍布斯、密尔和康德都追求制定道德法则的公式，让所有受其约束的人都能理解和应用之。但也许我们现在可以理解，为什么亚里士多德没有像哲学道德学家们那样在这个方向上感到同样的压力。他们的道德观是基于法则的，而亚里士多德的伦理观是基于理想的。人们违背道德法则，要涉及罪责、招致内疚以及要对所作所为承担责任。我们几乎不会因为违背了我们无法知道自己受其约束的标准而受到惩罚。但罪责与高贵和卑下之间的对比无关。卑下应得鄙视，而非招致惩罚。很简单，卑下是一种价值低下或不太值得的人类生活方式——我们应该回避它，而非因为它而应该受到惩罚。在亚里士多德的思想中，也没有任何关于道德平等的学说发挥重要作用［亚里士多德在《政治学》(*Politics*) 一书中对妇女和自然奴隶的观点表明了这一点（1252a 31—1252b 1；1259b 18—1260a 12；1260b 20）］。

215

在上一章的结尾，我提出亚里士多德和哲学道德学家们之间最重要的争议，可能取决于目的论形而上学的似真性（plausibility），或取决于是否存在某种可辩护的替代性方案为亚里士多德的伦理学奠定基础。然而，我们完全可以得出这个结论：尽管哲学道德学家们在这一点上是对的，即在任何产生深刻的差异性、冲突性和不平等等议题的环境中，比如我们身处的环境，道德观念可以说是不可或缺的，但仍然还有许多其他具有伦理重要性的问题，而亚里士多德对此作出了一个雄辩的探讨。

其中一些问题属于正统的道德理论的范畴。因此，人们可能会把《尼各马可伦理学》解读为它提供了一个关于人类善的说明，这与关于正确和错误的道德理论是相一致的。但是，哲学道德学家们基本上没有处理其他此类问题。例如，亚里士多德向我们展示了在道德以外，理想以多种多样的方式成为一个深思熟虑的人类生活的核心。他帮助我们得以窥见情感在伦理学中微妙而复杂的地位，并提醒我们，伦理生活涉及情感问题，并不亚于涉及实践问题。他令人信服地谈论道，如果缺乏一个塑造我们的习惯、情感和认知能力的个人成长过程，我们是难以理解生活中的诸多重要之物的。

最后，尽管我们对友谊关注不多，但亚里士多德在《尼各马可伦理学》的十卷中用了两卷篇幅来探讨友谊。似乎无可争辩的是，欣欣向荣的人际关系是一个有价值的人类生活的核心。事实上，正如我们将在下一章所见，对人际关系的思考可论证地（arguably）为哲学伦理学提供了另外一种视角。

推荐阅读

Aristotle. *The Nicomachean Ethics*. W. D. Ross, trans.; revised by J. L. Ackrill and J. O. Urmson. Oxford: Oxford University Press, 1989.

Barnes, Jonathan. *Aristotle*. Oxford: Oxford University Press, 1983.

——. *The Cambridge Companion to Aristotle*. Cambridge: Cambridge University Press, 1995.

Broadie, Sarah. *Ethics with Aristotle*. New York: Oxford University Press, 1991.

Burnyeat, Myles. "Aristotle on Learning to Be Good." In *Essays on Aristotle's Ethics*. Amelie Rorty, ed.

Irwin, T. H. *Aristotle's First Principles*. Oxford: Clarendon Press, 1988.

——. "The Metaphysical and Psychological Basis of Aristotle's Ethics." In *Essays on Aristotle's Ethics*. Amelie Rorty, ed.

Kraut, Richard. *Aristotle on the Human Good*. Princeton, N. J.: Princeton University Press, 1989.

Rorty, Amelie, ed. *Essays on Aristotle's Ethics*. Berkeley: University of California Press, 1980.

Sherman, Nancy. *Making a Necessity of Virtue*. Cambridge: Cambridge University Press, 1997.

Urmson, J. O. *Aristotle's Ethics*. Oxford: Basil Blackwell, 1988.

216

第19章

关怀伦理学

~~~~~~~~~~~~~~~~~~~~~~

考虑关心某人是什么感觉，不论是通过短时间的情感参与，如**同情**（sympathy），还是发展持续的关系。例如，假设你看到一个孩子快要掉进井里。[1]你被孩子的困境揪住心，赶紧去阻止孩子掉下去。你这样做的理由是什么呢？

当然，你可能持有一些能够在这种处境中提供建议的普遍道德原则。这给予你一个帮助孩子的理由，因为它让你有理由帮助任何与这个孩子处于相同处境的人。然而，它不会给你任何与这个特定的孩子有本质联系的理由，只会给你一个帮助任何处在类似处境中的人的理由。

但是，从你被激发的同情心的视角看，事情对你会是怎么样呢？你关心的对象不正是这个孩子吗？难道你没有通过你富有同情感的参与，对他的困境感兴趣吗？想象一下，多年后，你的思绪又回到了现场。你可能对孩子随后的人生道路产生了浓厚的兴趣，而不会同样关心其他所有从类似的死里逃生情况中幸存下来的孩子的生活。

看到这个孩子处于危险之中，你被触动去阻止他落井。但这是为什么？你的理由是什么？难道你不是为了他本身而这样做吗？通

---

[1] 这个例子来自中国哲学家孟子（公元前 4 世纪），他用这个例子说明同情的普遍性（参考《孟子·公孙丑章句上》中"孺子将入井"的故事）。*Mencius*, D. C. Lau, trans.（London: Penguin Classics, 1970）, p. 82.

过同情，你开始特别关心他。你的行动理由是防止他受到伤害，而不仅仅是为了帮助像他这样处在类似处境的人。

　　通过参照更广泛的关系，我们可以加强这些要点。在一个现在众所周知的例子中，一个男人只能救他的妻子琼或某个陌生人免于溺水，但不能同时救起两人。[1]假设道德要求这个男人救其中一个，而在这两人中，考虑到人际关系和家庭的重要性，他大概被要求救起他的妻子。然而，如果这是这个男人的全部行动理由，那他对妻子的关心将远远不如我们对这种关系可能抱有的期望。他可能根本不关心他的妻子，但仍然持有这个理由。不过，如果他是以一种与相互爱意和关怀的关系相合宜的方式对待他的妻子，那么他的理由将更像是"如果我不救琼，她就会被淹死"，而不是说："如果我不救琼，这个我与之结婚并因此要求我挽救的人就会被淹死。"

　　近年来，类似这样的反思导致了对正统道德哲学的批判。例如，回顾密尔的观点，他认为伦理学的核心问题是阐明关于道德对错的普遍原则或"标准"；然而，根据**特殊主义（particularist）**批评者的观点，伦理源于诸如同情和爱的关怀之情。与接受普遍原则所形成的动机不同，这些关怀之情不可避免地将特殊的个人或群体视为对象。它们有助于界定一个自我与他人的关系网络，在其中，伦理问题以这样明显的形式出现：不是一个人在类似情况下应做什么，而是根据她的处境和我们的关系，我要为这个特定的人做什么？

道德发展：从科尔伯格和吉利根的视角来看

　　心理学家卡罗尔·吉利根（Carol Gilligan）在她颇具影响力的

---

[1]这个例子最早由 Charles Fried 提出来，尽管 Bernard Williams 对此进行了最有影响力的讨论，参见 "Persons, Character, and Morality," in Williams's *Moral Luck*（Cambridge: Cambridge University Press, 1981）, pp. 17—18。

著作《不同的声音》[1] 中提出了道德发展的思想，这个思想对我们讨论这些主题极为有益。为了建立一种语境感（a sense of context），让我们从关于道德发展的心理学理论化最近的历史开始。

吉利根最初是劳伦斯·科尔伯格（Lawrence Kohlberg）的合作者，劳伦斯·科尔伯格的道德发展理论是 20 世纪 70 年代至 80 年代初的主导范式。科尔伯格的"结构主义"（structuralist）进路本身就是对行为主义（behaviorist）和弗洛伊德式（Freudian）理论的回应，后者认为道德发展完全取决于社会化的过程，而不是人的内在潜能的发展。根据行为主义学习理论家的说法，道德信念和态度是积极和消极的社会强化的产物。根据弗洛伊德学派，道德信念和态度是父母指令内在化的结果，这些指令受强大的无意识动机所推动，例如儿童对失去父母之爱的恐惧。不论是哪种理论，道德发展都不具有特定的内在倾向性。人们最终会赞成和反对什么，他们的道德意见有什么内容，完全取决于他们是如何"受教育"的。

科尔伯格　1932 年，瑞士心理学家让·皮亚杰（Jean Piaget）出版了《儿童的道德判断》（*The Moral Judgment of the Child*），他在书中论证道德思维经历不同的发展阶段，这些阶段与认知发展阶段相对应。从 20 世纪 50 年代后期开始，科尔伯格使用实验的方法，在一系列论文中继续推进这一理论，得出了一个详细而有影响力的道德发展三水平/六阶段理论（three-level/six-stage theory of moral development）。具体而言，根据科尔伯格的观点，道德发展经历三个水平：前习俗水平、习俗水平和后习俗水平——每个层次都涉及

---

[1] Carol Gilligan, *In a Different Voice*, 再版并附有一篇新的"Letter to Readers"（Cambridge, Mass.: Harvard University Press, 1993）。文中的引文使用页码标记，"DV"表示书名 *In a Different Voice*。

两个阶段。[1]

在第一阶段（惩罚与服从），儿童仅仅根据能否避免惩罚来辨别善恶。然后在第二阶段（工具相对主义），他们开始把自己的需求和利益视为具有道德地位的，并将互惠利益接受为公平的基本观念（"你帮我挠背，我也将帮你挠背"）。

在前面两个阶段，因为社会规则没有被赋予内在的伦理地位，在这个意义上，这两个阶段是前习俗水平的；它们的显著特征完全取决于避免惩罚或促进利己主义目标。在第二个习俗水平，儿童开始把道德视为独立于自身需求之外而具有权威，并将道德与社会期望和社会规则联系起来。在第三阶段（人际关系的协调），儿童把良好行为与他人的认可或满意联系起来。在第四阶段（法律与秩序），个人把社会秩序视为权威的来源。

在第三个后习俗水平，个人开始把道德视为一种独立于社会规则的标准，并且道德能够提供批判社会习俗的立场。第五阶段（社会契约）将这一标准与从社会自身的批判性反思中产生的价值和理想关联起来。第六阶段（普遍的伦理原则）区分了任何的实际共识与这种共识旨在达到的普遍原则，并把道德与后者的抽象标准关联起来。

科尔伯格论证道，这些阶段相当于一个发展序列，其潜在机制从根本上是认知性的。他说，随着人类发展出更复杂精微的抽象反思的思维能力，我们开始拥有越来越充分的道德观念，并最终形成一种普遍的行为标准理念，它不同于任何实际的社会规则或习俗，甚至也不同于人们碰巧同意的任何标准。

---

[1] 例如，参见 Lawrence Kohlbcrg 的 *The Psychology of Moral Development: The Nature and Validity of Moral Stages* (San Francisco: Harper & Row, 1984)；*Essays on Moral Development* (San Francisco: Harper & Row, 1981)；以及 *The Philosophy of Moral Development* (San Francisco: Harper & Row, 1981)。另见他的 "The Claim to Moral Adequacy of a Highest Stage of Moral Development," *Journal of Philosophy* 70(1973): 630—646。

吉利根 随着对科尔伯格理论的研究，卡罗尔·吉利根越来越被他的理论中似乎涉及的道德发展和性别的意涵所困扰。一方面，科尔伯格理论的所有原始实验证据都来自对男童的研究。另一方面，在科尔伯格理论的较高阶段中，女童和年轻女性的代表性往往低于男性。特别是，她们比男童更有可能聚集在第三阶段，即强调使他人满意的阶段（DV. 18）。最后，当吉利根对男童和女童进行自己的独立研究时，她开始注意到在她看来的两种完全不同的伦理思维方式，即两种不同的"主题"或"声音"，她发现它们分别由男性和女性所代表。由男性高度代表的那种思维方式与科尔伯格的范畴非常相符。她称为"权利伦理学"（ethics of rights）。"另一种声音"则由女性高度代表，她认为这与科尔伯格的范畴并不相符，她称为"关怀伦理学"（ethics of care）。

220

正如吉利根谨慎地指出，她不是在说这些各自不同的伦理"声音"本质上是男性的或女性的（DV. 2）。"关怀伦理学"往往与女性联系在一起，而"权利伦理学"往往与男性联系在一起，但这只是一种倾向和"一种经验观察"。吉利根的计划是倾听通常是从女童和妇女那里听到的关怀伦理学的另一种不同声音，其目标是据其本身去理解它，并试图理解伦理思想如何从它的内部发展起来。尽管她明确的目标是心理学意义上的，但正是这个因素令哲学伦理学对她的研究产生兴趣。她的研究提供了探索一种不同的、特殊主义的伦理学进路的潜力，而这种进路有可能成为我们前文考察过的"普遍主义"道德的哲学观的补充或替代性方案。

权利伦理学 vs. 关怀伦理学

这两种不同的声音究竟是什么？吉利根告诉我们，权利伦理学：

（a）构成一个公平或公正的"解决争端的规则体系"（DV. 10），

（b）按照普遍的或一般的词汇来设想自我和他人（DV. 11），

（c）旨在做到不偏不倚（DV. 18），

（d）把所有人都视为独立且平等的个体（DV. 27），以及

（e）承认普遍的个体权利的优先性（DV. 21）。

除了（e）有可能是例外，这种描述与霍布斯、密尔和康德所提出来的道德观念是一致的。如果"现代"道德观是针对集体行动问题而提出来的解决方案，正如我在第 10 章和第 11 章对霍布斯的讨论中所指出的，那么吉利根对权利伦理学的描述就非常接近现代人所设想的道德。当然，并非所有后果主义者都准备接受赋予普世人权以优先性，但有些像密尔这样的后果主义者已经这么做了。事实上，几乎所有后果主义者都认为有必要接受某种形式的普世人权学说。

在最基本的层面上，道德假定个体之间除了享有道德共同体中的平等成员身份之外，没有其他的特殊关系。当然，其他形式的关系会影响道德上的适当性，就像上文讨论琼和她丈夫的情况一样。但要弄清楚道德要求什么，从根本上来说并不是要弄清楚在这些更为特殊的关系中要做什么。道德对我的要求，就是它对任何处在与我类似处境的人的要求。

吉利根告诉我们，与权利伦理学相比，关怀伦理学把对他人的关怀视为首要的"一种关系活动"（DV. 62）。它关注的是内在于关系的责任心和回应性（responsiveness）——也就是说，我们要如何回应与我们处在特定关系中的人。

我们每个人都处在一个复杂的关系网络中，包括家人、朋友、邻居、同事、社区成员、同胞等不同关系。这些不同类型的关系涉及不同形式的关怀和关切。父母对孩子的照料不同于朋友或同事之间的相互关心。因此，我们在关系网络中的位置也是在不同形式的关怀网络中的位置。

正如我们在前文举例说明，关怀是特殊主义的。它的对象是一些特定的个体或群体。当我爱我的孩子时，我是爱作为特定个体的我的孩子，而不是任何可能碰巧是我孩子的人。当我关心我的同事时，我是在关心特定的个体，等等。关怀伦理学认为，伦理学从根本上关注的是，我们如何恰当地关心特定的个体，而我们与他们在各种不同的关怀和关心的关系之中关联在一起。因此，伦理学议题以何种形式呈现自身，并不是一个处在与我类似的处境下的人应该做什么的问题，而在这样的处境下，以这样或那样的方式与我形成关系的人会受到什么样的影响。相反，伦理学议题将以特殊主义的形式呈现：我要做什么才能充分回应琼的需要？我对哈罗德的责任是什么？

鉴于关怀伦理学对人际关系的关注，我们或许可以理解，如果吉利根关于关怀伦理学更能代表女童和妇女的思维方式是正确的，它为什么可以解释科尔伯格理论的第三阶段中的女性占有过高的代表性。如上所述，这个阶段是习俗水平的最初阶段，在这个阶段中，道德行为主要被辨别为令他人满意。从科尔伯格计划的角度来看，这些特质似乎相当于一种不成熟的思维方式，即把他人的赞同与值得他人的赞同混淆起来——类似于亚里士多德所说的把荣誉与真正的美德混淆起来。然而，从关怀伦理学的视角来看，以一种能够持续引起他人接受和肯定的方式与他人结成一种关系，这对于保持人际连接是至关重要的。

一个案例

吉利根对两个儿童杰克和艾米提出一个案例，并谈论他们的不同反应。这个案例可以表明其中的一些差异。该案例也出现在科尔伯格的实验中，实验涉及一个名叫海因茨的男人，他生病的妻子需

222 要某种药物才能生存下去，而他无力以药剂师开出的价格买到这种药，同时药剂师也不会降低价格，在这种情况下，海因茨应该做什么。明确地说，孩子们被问及海因茨是否应该偷药，并且被要求讨论他们作出这些反应的理由。

11 岁的杰克清楚地回答道，海因茨应该偷药，他说："一个人类的生命比钱更有价值。"（DV. 26）药剂师虽然赔钱了，但会继续活下去，但海因茨的妻子一旦缺药就会死去。同样 11 岁的艾米则对海因茨是否应该偷药这一问题不那么确定。她回答道："我不这么认为。海因茨除了偷药之外，可能还有别的办法，比如万一他能借到钱……但他不应该偷药——而他的妻子也不应该因缺药而死。"（DV. 28）艾米建议海因茨可以与药剂师一起商议出一个解决方案，让药剂师知道他妻子病得很严重："如果海因茨和药剂师谈论的时间足够久，除了偷药之外，他们可以找到其他办法。"（DV. 29）

我们该如何看待这两种不同的反应？杰克将这个问题描述为"有点像人类解决数学问题"（DV. 26）。对他来说，问题是生命和财产的相对价值。在这类案例中，解决方案决定了禁止盗窃是否比挽救生命的义务——或更具体地说，是挽救配偶生命的义务——更重要。吉利根指出，艾米对这种情况的看法截然不同。对她来说，问题主要在于如何维系关系——夫妻关系、顾客和药剂师的关系等等。吉利根认为，艾米可能感受到一种无能为力或被动性，缺乏一种系统性思考道德问题的能力，或不愿意挑战权威，实际上艾米可能不愿意从案例所涉及的各个关系各自的角度之外思考问题，或者不愿意把解决方案"强加"给这些关系中的个体。

杰克从外部的视角看待这个情境。他采纳一种**道德观点**——一种对所有人都是不偏不倚的观点。他认为问题在于，从道德观点来看，某人在这种情境下应该怎么做？但艾米显然不愿意用这些词汇来思考这个问题。她认为问题是在一个关系网络中发生，也只能在关系网络之内解决——也就是说，只有当参与者找到某个相互都能接受并维持他们各自关系的解决方案，这个问题才能得到解决。对艾米来说，正如吉利根所言，问题在于"人际关系的裂痕，必须用它自己的线来修复"（DV. 31）。既然不同的关系是由不同形式的特殊主义关怀所构成的，人们要找到解决方法，就必须以某种方式与各自的基于关系而定义的（relation-defining）关怀相一致或体现出这一点，而这种关怀是对彼此之间作为特殊个体的关心。

上文表明，关怀伦理学和权利伦理学之间有两个重要的显著区别：（1）关怀伦理学是特殊主义的，而权利伦理学则是普遍主义的。（2）关怀伦理学把伦理议题设想为关系结构出现裂痕，"必须用它自己的线来修复"，而根据权利伦理学，道德问题的解决方案只能来自超越个人关系的不偏不倚的视角。

稍后我们将考虑这些差异的真实性，并且，如果它们是真实的，它们的程度有多深。但就目前而言，我们应该注意到，两者本质上都不依赖于普遍权利的理念。就这两个特征而言，虽然功利主义或后果主义的道德观并没有赋予权利以任何内在的地位，但它们显然依然与关怀伦理学形成鲜明对比。事实上，我们可以想象一种"关系后果主义"（consequentialism of relationships），它认为欣欣向荣的关系是世界上唯一有价值的事物，而行为的正确性是根据它们能否推动这种价值而获得考虑的。关系后果主义会是一种关怀伦理学吗？它似乎不会，因为它对要做什么的思考，依据的仍然是不偏不倚关切欣欣向荣的关系这一价值的视角，而不是依据内在于特定关系本身的特殊主义关怀的视角。

什么是问题的关键？

关怀伦理学与霍布斯、密尔或康德所捍卫的道德观之间真正争议的是什么？我已经指出了两个明显的问题——一个是关于伦理思维的视角，另一个是关于特殊性与普遍性的对比。但这些分歧是真实的吗？

回忆一下艾米对海因茨困境的回应：海因茨应该做的是尝试与各方共同制定出一个相互都能接受的解决方案。这与杰克的回应有不可改变的冲突吗？杰克认为问题的限制因素是固定的，因此没有选择说服药剂师降低价格或接受贷款。假如杰克认为任意一种选择都有真正的可能性，那么我们可以得出这个结论，即他有可能认为这两种选择在道德上比盗窃更可取。同样，根据吉利根的报告，目前尚不清楚的是，如果所有试图制定出各方都能接受的解决方案的计划都失败了，艾米会认为海因茨应该怎么做。艾米说海因茨不应该偷药，他的妻子也不应该由此死去。当然，她的立场可能是，海因茨不应该偷药，即使偷药是让她妻子活着的绝对必要的办法。但是，很难看出这个观点如何建立在与正统道德观不可改变的冲突之上，这与从道德概念中的一些观念——例如，直接伤害或盗窃总是错误的——中产生的观点是不同的。

似乎不可否认的是艾米和杰克在处理问题上的方法不同。艾米的本能是思考一个包括各方参与者共同进行伦理思维和讨论的过程，而杰克的本能则是直接面对这样一个过程本身要解决的问题，或者说如果这个过程崩溃了，海因茨应该怎么做。就杰克而言，他相对无视程序性问题，即海因茨应该如何让其他参与者思考他们各自的问题，以及他们给出的意见本身如何与他应该做的事情相关。而就艾米这一方而言，她相对无视这一点，即如果这个过程不能产生相互都能接受的解决方案，海因茨应该怎么做。然而，尽管杰克和艾米说了很多，但他们可能都会同意海因茨应该首先尝试找到一个各方都同意的解决方案，这个方案体现了对他所处的各种关系的敬重，而只有当这种尝试失败了，他才应该去偷药。

艾米对过程的关注植根于她将伦理景观（ethical landscape）视为一个关系网络。这个想法不是说，因为其他人能帮助我们做出正确的决定，所以我们应该让他们参与到我们的慎思过程中。相反，因为我们要做什么事情，这个问题总是根据我们与他人的各种关系，所以没有他人给出的意见，我们就没有办法制定正确的决定。由于相关的关系往往是互惠的，因此恰当的慎思往往必须是集体的。但在这里又一次，密尔或康德似乎也完全承认这一点。例如，密尔和康德会同意，朋友就关系到他们友谊的事情，有彼此协商的义务，如果可能的话。

特殊主义

即便如此，可能仍然存在一个差异。对像密尔这样的功利主义者来说，这种义务要建立在这个事实的基础之上，即社会承认义务最有可能促进普遍幸福，尤其是当我们考虑到人际关系在人类幸福中的重要作用。对康德而言，这可能源于这样一个事实，即根据一个理性个体的视角，任何人都意愿朋友之间能够互相协商。然而，尽管密尔和康德本可以承认朋友之间有相互协商的义务，但这种义务所具有的涉及个体（individual-regarding）的性质本身来自更基本的普遍考虑——分别是功利主义的或康德式的。每个人都应该对另一方做到这一点，因为在这种情况下，从一个不偏不倚的道德观点来看，朋友相互之间能够提出这种义务主张。

现在，至少在某种程度上，关怀伦理学一定会同意这一想法。毕竟，像吉利根这样提出，甚至以同情的笔触描述关怀伦理学的人，她自己的思考和写作不是根据一个朋友自己的视角，而是基于任何人都会采用的反思性批判立场。因此，尽管关怀伦理学所建议的关怀形式是涉及个体的（界定一种特别对杰克而言的关怀视角），但关怀伦理学不是根据相同的观点（特别关心杰克的福祉），而是基于超越任何特定个人关系的立场，作为一种伦理或道德理想来建议这种关怀的。

但即便如此，关怀伦理学仍然建议特殊主义的、涉及个体的关怀形式。它的建议不是推衍性的（derivative）。另一方面，功利主义和康德主义似乎都认为，特殊主义的关怀只能从所有人的平等关切和尊重中推衍出来，在此意义上他们才承认特殊主义关怀的位置。

推衍自涉及个体的关怀和尊重的道德

然而，这种看待事物的方式可能有些表面化。有可能存在这样的情况：功利主义和康德主义本身也许可以被看作是从关切和尊重的形式中推衍出来，但这种形式在其最深刻的层次上，同样是涉及个体的。

功利主义 举个例子，同情在通向功利主义的一条传统路线中起到重要作用。我们对一个特定的个体有某种关切，而功利主义可以被看作是经由同情把我们这种特殊关切扩展到所有形式的关切。我们在一个孩子即将掉入井里（"孺子将入井"）的案例中，考虑过这种对一个特定个体饱含同情的关心，让我们从这种关心开始。我们在体验同情的关心的同时，我们是在关心这个孩子本身。我们为了这个孩子本身而担心他的困境。发生在他身上的事情对我们来说很重要，因为他对我们来说很重要。我们认为他的福祉是有价值的，因为我们认为他是有价值的。

首先，请注意这种把这个孩子的福祉视为有价值的方式，不同于这个想法可能会采用的其他方式。例如，我可能会对人类或其他生物的福祉产生抽象的或非个人的兴趣，但没有真正关心他们。我可能只是认为改善他们的生活，就会以某种抽象的、非个人的方式让世界变得更好。然而，同情是涉及个体关切的。我在同情这个孩子的同时，我关心的正是他。因为我在情感上与他产生关联，并为了他本身而关心他身上发生了什么。我由此认为他的福祉是有价值的、重要的。经由同情，我开始了这个孩子本身而珍视他，进而珍视他的福祉。

当然，同情是可重复的。尽管同情可以以各种方式被推翻或扼杀，但就其本质而言，同情是一种任何人都可以投入其中的敏感性（sensitivity）。（也许任何有感觉的生物都有同情感，我们可以将其行为解释为快乐和痛苦的表达，但在这个讨论中，我们把范围局限于人类。）毕竟，我描述过一个假设的例子：一个即将掉入井里的孩子。你有没有想过，我说是哪个特定的孩子，这重要吗？我表示怀疑。因此，尽管同情是对特定个体的一种关切形式，也是评价该个体本身的一种方式，但同情仍然隐含了一般性或普遍性。虽然正是这个特殊的孩子引起了我们的同情，我们经由同情而认为他自身有价值，但他身上可能没有什么特别的东西吸引我们。虽然是他，而不是其他像他一样的孩子，才是我们特别关切的对象，但另一个像他一样的孩子同样会吸引我们，或更准确地说，同样令我们倾向于这么做。因此，当我们重新反思我们认为有价值并值得我们关切的这个孩子有什么特别的，我们必须承认，他并没有什么特殊之处，除了他是一个孩子，乃至是一个人类或有感觉的生物——一个有意识生活的、会受到好意或恶意影响的存在者。

因此，我们可以通过反思特殊主义的、涉及个体的同情体验，得出功利主义的基础思想，即每个人的福祉都同等重要。尽管同情涉及对某个因其自身而有价值的个体的体验，但同情并不基于任何将该个体与其他任何有感觉的生物区分开来的事物。正如我们可能会说的那样，正是因为每个有感觉的人类（以及她的福祉）在本质上都很重要，所以普遍幸福才是重要的。因此，在出于普遍幸福本身而行动时，我们应该认为自己是为了每一个个体本身而行动。

康德主义　另一条类似的思路可以被视为隐含的康德主义，但它是以尊重（respect）而非以同情为特征的。因为康德谈及尊重人格之中的"人性"（humanity）或"理性本性"时，他似乎是在呼吁我们尊重人格之中的人格性（personhood）或理性能动性（rational agency）的特征，而不是尊重特定的个体（G. 429）。但与基于同情的论证一样，这种论证表面上可能具有欺骗性。

首先，请注意，我们所谈论的那种尊重是承认或认可某人的**尊严**或地位［**承认性尊重**（recognition respect）］，而不是尊敬他们的品格或成就［**评价性尊重**（appraisal respect）］。[1] 对康德来说，所有人只凭借他们的道德能动性便具有尊严，即使是恶棍也是如此。因此，所有人都有资格享有尊重（承认性尊重），即便是那些品格和行为不值得道德尊敬的人（评价性尊重）。错误的行为可能会导致丧失某些权利，例如自由，但作恶者不会丧失其作为人的道德地位。即使是罪犯也必须被视为目的本身。

然而，当康德谈到重视某人身上的理性本性时，他并不打算将其与看重这个个体自己作任何对比。对康德而言，在这个个体自己和这个作为理性存在者的个体之间不存在区别。看重某人身上的理性本质，不同于看重她牙齿里的金子。这便是对人本身的重视。

227

举个例子，考虑某人因作为一个人而享有尊严并要求他人给予尊重，这种生动的体验是什么样的？假设你是一个父亲或母亲，对你的权威感到自满，对你正处于青春期的孩子变得专横和自以为是。有一段时间，你的孩子服从你；但这次你走得太远了，你的孩子责备你说："你把我当成一个不负责任的傻瓜。但事实是，我跟你一样，而你不喜欢这一点。我跟你一样能够承担责任，而你假装不是，你就是一个伪君子。你不能忍受我以你对待我的方式来对待你。你没有权利这样做。"这样的抗议会让你很吃惊。事实上，当

---

[1] 关于这个区分的进一步讨论，参见 Stephen Darwall, "Two Kinds of Respect," *Ethics* 88 (1977): 36—49。

你意识到孩子对你的指控是正义的时候，你可能会脸红。

你在感到羞愧的同时，也感到了对孩子的尊重。[1]你的羞愧在于通过你孩子的眼睛认出自己。要做到这一点，你必须承认你孩子观点的权威性。你必须把他看作是有资格评价你的人，并由此认真对待他对你的看法。此外，在承认他的指控是正义的时候，你必须认为你的孩子有资格向你提出反对意见。这种权威与评价性权威不同，后者指的是，当你赞同你孩子评价你是一个伪君子，你便认为你孩子具有一种评价性权威。而前者指的是，当你理解他主张自己有资格受到尊重对待时，你就把他看作是一个可以要求获得尊重的人。

与同情一样，毫无疑问，你的态度是指向一个人，你的孩子。尤其是，正是在他身上，你体验到了一种值得尊重的尊严。如果你被他所说的话触动，去反思和改变你对他的行为，你所改变的行为就表达了对他这个个体的尊重。然而，与此同时，他身上或与他有关的值得你尊重的东西并不是他独有的，而是他与任何理性能动者共同具有的东西。因此，尽管尊重是涉及个体的，但它也隐含着一般性或普遍性。当你反思自己对孩子的尊重时，你必须承认，这并不是基于他身上任何与其他人区分开来的特殊性。（可能有一个复杂情况，你现在尊重他，部分原因是他愿意和你对质。但即使这个特征是你尊重他的基础的一部分，它也是任何有同样意愿的人所拥有的特征。）

因此，以这种方式，尊重包括了承认一个个体本身的尊严或价值，但它是建立在一个人与任何其他道德能动者共同具有的特征之上的。因此，正如功利主义可以被看作把一种对具体个体的同情性关切扩展到对所有有感觉的生物（得到同等的保证）身上，康德的伦理学也可以被看作把一种针对具体个体的尊重扩展到所有人身上。

---

[1] 我要感谢 Sarah Buss 对我下面的论述的启发。

228 **结论**

如果我们以这种方式看待由密尔和康德提出来的伦理学，那么他们的道德观与关怀伦理学并不存在不可解决的冲突。事实上，吉利根本人认为，关怀伦理学涉及一个发展过程，其方向是"有责任辨别和减轻这个世界'真实的和公认的困苦'"，平衡自我和他人的需求（DV. 100）。这个计划似乎与密尔或康德的理论宗旨完全一致，如果不是与霍布斯的理论也相一致的话。

最后，关怀伦理学可能不是一个与现代人所设想的道德根本对立的替代性方案，而是一个重要补充，也是另外一条通往某些相同观念的理论道路。按照前一种想法，关怀伦理学作为现代道德的补充，把关系议题带入了伦理反思的最前沿，尽管关系在我们的生活中提供了诸多内容，但道德理论家们相对忽视了这一点。按照后一种想法，关怀伦理学提供了一种思考平等关切和尊重的方式：把平等关切和尊重视为其本身植根于把他人作为特殊个体而结合成关系的方式中。

推荐阅读

Baier, Annette. *Moral Prejudices*. Cambridge, Mass.: Harvard University Press, 1994.

Blum, Lawrence A. *Moral Perception and Particularity*. Cambridge: Cambridge University Press, 1994.

Gilligan, Carol. *In a Different Voice*. 再版并附有一篇新的 "Letter to Readers"。Cambridge, Mass.: Harvard University Press, 1993.

Meyers, Diana T. *Women and Moral Theory*. Totowa, N. J.: Rowman & Littlefield, 1987.

Noddings, Nel. *Caring*. Berkeley: University of California Press, 1984.

Williams, Bernard. "Persons, Character, and Morality." In *Moral Luck*. Cambridge: Cambridge University Press, 1981.

~~~~~~~~~~~~~~~~~~~~~~~~~~~~~~~~~~

行为后果主义（act-consequentialism）——主张一个行为在道德上是正确的，当且仅当在能动者可获得的行为中，该行为将产生最大的总净效益（the greatest total net good）。另见规则后果主义（*rule-consequentialism*）。

行动（actions）——出于理由的行为——具体来说，是出于能动者理由的行为。另见能动性，能动者（*agency, agent*）。

行为功利主义（act-utilitarianism）——主张一个行为在道德上是正确的，当且仅当在能动者可获得的行为中，该行为将产生最大的总净幸福或总净功利。另见规则功利主义（*rule-consequentialism*）。

能动性（agency）——行动的能力，成为能动者的能力。另见行动，能动者（*actions, agent*）。

能动者（agent）——行动的主体。另见行动，能动者（*actions, agent*）。

能动者视角（agent's perspective）——某人在慎思要做什么的第一人称视角；亦即实践视角。另见能动性，能动者，慎思，实践视角，实践推理，实践思维（*agency, agent, deliberation, practical perspective, practical reasoning, practical thinking*）。

能动者的行动理由（agent's reasons for action）——能动者认为是行动的规范性理由和选择继续行动的考虑。另见行动的规范性理由（*normative reasons for action*）。

分析的（analytic）——指一个命题的真值和假值是被表达该命题的词项的意义所决定的。另见综合（*synthetic*）。

分析性（analytically）——一种分析的方式。

后天（a posteriori）——一个命题的真值只能通过经验而被知道。另见先天（*a priori*）。

先天（a priori）——一个命题能够独立于经验而被知道，或独立于经验而有效——具体来说，就是一个其证据不依赖于经验的命题。另见后天（*a posteriori*）。

权威（authority）——一个可以从中推出一个人应该如何行事、思考、存在或感受某事物的事实的状态。例如，如果一个道德规则按照其要求而产生行动的规范性理由，那么它就被认为具有权威，如果一个政治人物的声明产生了规范性理由，那么他就被称为具有权威，诸如此类。另见规范的，规范性（*normative, normativity*）。

自主的 / 自律的（autonomous）——独立的，作为一个自主的主题领域。

自主性 / 自律（autonomy）——自决；对康德而言，意志的属性是"对自身而言的法则"。另见自由的道德能动者（*free moral agent*）。

卑下的（base）——值得蔑视、鄙视或羞耻的事物——与有价值或高尚的事物相反。

另见尊敬，内疚，理想，羞耻，应得价值（*esteem*，*guilt*，*ideal*，*shame*，*worth*）。

绝对的（categorical）——对能动者当前的目标和欲望是无条件的理由、命令或要求，而假言理由、命令和要求是有条件的。另见假言命令（*hypothetical*）。

定言命令（小写）（categorical imperative）——任何对能动者当前的目标或欲望是无条件的实践或道德要求。另见定言命令（大写）（*Categorical Imperative*）

234 **定言命令（大写）（Categorical Imperative）**——根据康德的论述，指道德的基本原则。另见定言命令（小写）（*categorical imperative*）。

品格后果主义（character-consequentialism）——主张品格的道德善是由其与促进善的行为结果的关系决定的，如果一个行为在道德上是正确的，当且仅当它源于道德上最优良的品格，并由此被决定其道德正确性。另见后果主义（*consequentialism*）。

古典自然法理论（classical natural law theory）——认为存在普遍的行为规范，这些规范反映了人性的形而上学结构中固有的善或目的。

认知内容（cognitive content）——可以是为真或为假的东西（如命题），通过陈述或意见表达。也被称为命题性内容（*propositional content*）。

认知主义（cognitivism）——认为伦理思想和伦理语言表达了为真或为假的心灵状态或命题。另见非认知主义（*noncognitivism*）。

集体行动问题（collective action problem）——如果每个人都采取行动促进他或她自己的个人利益，但每个人的利益都没有得到很好的促进，这一现象就会发生。另见囚徒困境（*prisoner's dilemm*）。

概念性道德内在主义（conceptual moral internalism）——从道德概念推出的论点，它认为道德义务具有理性约束力。

概念性论点（conceptual thesis）——一个其真值条件完全由所涉及的概念决定的命题。

后果主义（consequentialism）——任何将行为的道德正确性或品格或动机的道德善建立在直接或间接产生良好后果之上的道德理论。另见行为后果主义，规则后果主义，功利主义（*act-consequentialism*，*rule-consequentialism*，*utilitarianism*）。

后果主义的（consequentialist）——与后果主义（*consequentialism*）有关。

偶然性（contingency）——偶然的事物。

偶然的（contingent）——如果为真，则不一定为真；如果为假，则不一定为假；指某事物其真理性或虚假性被碰巧发生的事实决定，即某事物本有可能是另外的样子。另见必然的（*necessary*）。

偶然地（contingently）——以偶然的方式。

慎思（deliberation）——能动者对要做什么的考虑（对此进行推理）。另见能动者视角，实践视角，实践推理，实践思维（*agent's perspective*，*practical perspective*，*practical reasoning*，*practical thinking*）。

慎思性立场（deliberative standpoint）——一个能动者慎思要做什么的立场。

道义论的（deontological）——任何否认后果主义的对错理论——例如，认为某个行为属于某种行动，这种行动内在地使得这个行动是正确的或错误的。另见后果主义（consequentialism）。

值得欲求（desirability）——值得欲求的属性。

值得欲求的（desirable）——在值得欲求的意义上是有价值的。另见价值（value）

尊严（dignity）——作为（承认）尊重的恰当对象的道德地位或道德身份。另见尊敬，承认性尊重，应得价值（esteem, recognition respect, worth）。

符合方向（direction of fit）——对心灵状态的特征刻画，其方式是根据它们是否像信念一样，旨在符合它们所试图表征的世界，或它们是否像欲望一样，旨在让世界符合它们。信念是"被世界纠正的"（world-corrected）；它们具有一个从心灵到世界的符合方向。欲望是"纠正世界的"（world-corrected）；它们具有一个从世界到心灵的符合方向。

不偏私的（dispassionate）——不受理想判断理论所假定的与评价对象无关的感受或情绪的影响。

神命论（divine command theory）——认为关于上帝所意愿或命令的事实使得伦理命题为真或为假；也被称为神学唯意志论（theological voluntarism）。

情绪主义（emotivism）——对伦理判断的非认知主义观点，认为伦理判断表达的是情绪或情感，而非任何字面意义上能够为真或为假的东西，例如信念。另见非认知主义（noncognitivism）。

经验的（empirical）——与感觉经验相关。

经验自然主义（empirical naturalism）——认为没有任何事物存在于经验探究的领域之外的一种形而上学观点。

经验自然主义者（empirical naturalist）——经验自然主义的信奉者。

认知的（epistemic）——与认识论有关。

认识论的（epistemological）——与认识论有关。

认识论（epistemology）——对知识和信念的证成之本质和可能性的探究。

错误论（error theory）——认为伦理思想和伦理语言表达真正的信念和命题（认知主义的定义），但这些信念和命题总是错误的。

尊敬（esteem）——我们对有价值事物的评价性态度，与高贵或可尊敬的理想有关，并且与羞耻而非与内疚有关。另见内疚，理想，高贵，羞耻，应得价值（guilt, ideal, noble, shame, worth）。

可尊敬的（estimable）——值得敬重的。另见尊敬（esteem）。

伦理自然主义（ethical naturalism）——认为伦理命题通过它们与自然界（包括人类和人类社会）的事实的符合关系而为真或为假。另见非还原论伦理自然主义，还原论伦理自然主义（nonreductive ethical naturalism, reductive ethical naturalism）。

235

伦理自然主义者（ethical naturalist）——伦理自然主义的信奉者。

伦理相对主义（ethical relativism）——主张相互冲突的伦理判断可以同样正确，因为它们是在不同的背景下作出的。

伦理怀疑主义（ethical skepticism）——主张伦理知识严格来说是不可能的，尽管这常常是虚无主义（*nihilism*）的另一个名称。

伦理超自然主义（ethical supernaturalism）——主张伦理命题通过与某种超自然形而上学领域的事实有关的符合关系而为真或为假。另见非还原论伦理超自然主义，还原论伦理超自然主义（*nonreductive ethical supernaturalism*，*reductive ethical supernaturalism*）。

伦理学（ethics）——对我们应该欲求什么、感受什么、成为什么样的人或应该做什么的探究。另见道德，规范的，规范性（*morality*，*normative*，*normativity*）。

幸福主义（eudaimonism）——主张每个人都应该追求自己的善或幸福（源自 *eudaimonia*，希腊文中幸福或欣欣向荣的意思）。另见完善论幸福主义（*perfectionist eudaimonism*）。

幸福主义者（eudaimonist）——幸福主义的信奉者。

外在主义（externalism）——认为伦理判断及其真理条件与动机无关。

236

外在主义者（externalists）——外在主义的信奉者。

外在的（extrinsic）——某物与其他事物的关系的特征。另见内在的（*intrinsic*）。

一阶问题（first-order questions）——本身不是哲学的问题，对此提出二阶（哲学的）问题。在伦理学中，一阶问题是规范伦理学的问题，而二阶问题是元伦理学的问题。另见元伦理学，规范伦理学，二阶问题（*metaethics*，*normative ethics*，*second-order questions*）。

自由的道德能动者（free moral agent）——一个自主的能动者，有能力对自己的行动理由采取自我批评视角，并且有能力以自我批判的判断来指导自己。另见自主的/自律的，自主性/自律（*autonomous*，*autonomy*）。

元伦理学的两难困境（fundamental dilemma of metaethics）——在这种困境中，要么伦理思想、意见和情感的客观旨趣（*objective purport*）是对现实的反映（但是，伦理思想和情感反映的现实是什么？），要么伦理思想、意见和情感不是对现实的反映（但是，是什么解释了我们的思维和言谈，就好像它确实如此一样？）。

谱系学（genealogy）——对某物之起源的研究。例如，尼采的道德谱系学是对道德观念的起源的一个研究。

对谁是善的（good for）——某物对一个人而言是有益的，或促进她的善或福利。另见个人的善（*person's good*）。

使之为善（good-making）——对某物为何是善的所提供的理由的属性，或刻画某物之善由什么构成。

内疚（guilt）——做了错误的事情后的感觉或情感；也包括违反道德法则的罪责。

享乐主义（hedonism）——认为快乐是唯一的内在善。另见定性享乐主义，定量享乐主义（*qualitative hedonism, quantitative hedonism*）。

历史相对论（historicism）——认为事物只有在其历史语境中才能被认识。

假言的（hypothetical）——与以能动者当前的目标或欲望为条件的理由、要求或命令有关，理性地要求她要不采取某个手段达到她的目标，要不放弃目标。

假言命令（hypothetical imperative）——一个以能动者当前的目标或欲望为条件的实践或道德命令，理性地要求她要不采取某个手段达到她的目标，要不放弃目标。

理想（ideal）——一种价值、高贵之物或可尊敬之物的概念或标准——即值得敬重、值得人类渴望和效仿的东西，与羞耻而非内疚有关（如亚里士多德和尼采）。另见尊敬、内疚、高贵、羞耻、应得价值（*esteem, guilt, noble, shame, worth*）。

理想能动者理论（ideal agent theory）——理想慎思判断理论（*ideal deliberative judgment theory*）或理想实践判断理论（*ideal practical judgment theory*）的另一个名称。

基于理想的（ideal-based）——以一个理想为基础。

理想慎思判断理论（ideal deliberative judgment theory）——主张关于一个人应该做什么的命题，其为真或为假取决于它们是否从慎思或实践判断的理想过程中产生。也被称为实践理由理论（*practical reason theory*）。

理想判断（ideal judgment）——一个在理想条件下作出的判断。

理想判断理论（ideal judgment theory）——主张伦理命题为真或为假，取决于它们是否会在理想的判断条件下从理想的判断者那里产生。

理想道德能动者理论（ideal moral agent theory）——主张一个行为的道德对错由它是否会被一个理想的道德能动者选择所决定。

237

理性观察者理论（ideal observer theory）——理想实践判断理论（*ideal practical judgment theory*）的另一个名称。

理想实践判断理论（ideal practical judgment theory）——关于一个人应该做什么的命题为真或为假，取决于它们是否会从慎思或实践判断的理想过程中产生。也被称为实践理由理论（*practical reason theory*）。

意识形态（ideology）——一套不是由证据而是由实用利益所支持的信念，由此，人们要相信这套信念，只能遗忘它们的真正起源。

不偏不倚的（impartial）——不受个人偏见的影响，无论是对自己有利的，还是对与自己有个人联系的其他人有利的偏见，正如理想判断理论所假定的那样。

不偏不倚（impartiality）——不偏不倚的状态。

内在主义（internalism）——一组家族观点，据此，行为或动机的规范性理由内在于伦理或道德事实，或内在于伦理或道德判断。另见概念性道德内在主义，形而上学道德内在主义，道德内在主义（*conceptual moral mternalism, metaphysical moral internalism, moral internalism*）。

主体间性的（intersubjective）——能够从某种共享的第一人称复数（"我们"）的实践被感知、判断或评价的属性。

内在的（intrinsic）——仅仅关乎是什么使某物是其所是的特征，而不关乎它与其他事物的关系。另见外在的（extrinsic）。

直觉主义者（intuitionists）——主张伦理命题（例如，关于对与错的命题）可以通过直接的检视和感知来了解。另见理性直觉主义者（rational intuitionists）。

正义（justice）——道德关于人们的应得权利的那个方面。另见权利（right）。

基于法则的（law-based）——基于道德法则——即基于一个普遍的道德要求，而所有道德能动者都有不违反这个要求的责任。

逻辑实证主义（logical positivism）——一种经验主义自然主义的激进形式，它接受意义的可验证性标准。另见可验证性标准（verifiability criterion）。

逻辑实证主义者（logical positivists）——逻辑实证主义的信奉者。

优点（merit）——一种有合理理由值得敬重、钦佩和效仿的价值。另见尊敬，理想，高贵，羞耻，应得价值（esteem, ideal, noble, shame, worth）。

元伦理学的（metaethical）——与元伦理学（metaethics）有关。

元伦理学自然主义者（metaethical naturalist）——参见伦理自然主义者（metaethical naturalist）。

元伦理学（metaethics）——一门关于（规范性）伦理学的本质和地位的形而上学问题（例如，价值的本质），伦理知识或伦理意见证成之可能性的认识论问题，以及与伦理语言和伦理思想有关的语言哲学和心灵哲学等议题的哲学研究。另见规范伦理学，哲学伦理学，二阶问题（normative ethics, philosophical ethics, second-order questions）。

形而上学道德内在主义（metaphysical moral internalism）——主张存在约束所有理性能动者的道德义务，为他们提供行动的决定性理由。另见概念性道德内在主义，道德内在主义（conceptual moral internalism, moral internalism）。

形而上学自然主义（metaphysical naturalism）——自然主义的另一个名称，明确表示自然主义是一种形而上学的学说。

形而上学自然主义者（metaphysical naturalist）——形而上学自然主义的信奉者。

形而上学（metaphysics）——对事物的存在及其基本性质的探究。

238 **现代道德观（modern conception of morality）**——（与广义的伦理学对比，）指一套普遍的行为规范，所有道德能动者都有责任遵循，并对所有人都平等地表达关切和尊重。

现代哲学（modern philosophy）——这一时期的哲学通常被标记为始于 17 世纪的笛卡尔。

道德外在主义（moral externalism）——认为道德义务并不意味着有决定性的理由按照道德义务去行动，参见概念性道德外在主义（conceptual moral externalism），以及认为不存在道德义务，正如按照概念性道德内在主义者所理解的那样，参见形而上学道德外在主义（*metaphysical moral externalism*）。

道德善（**moral goodness**）——根据道德的视角看什么是善。

道德内在主义（**moral internalism**）——主张某行为成为道德义务，它必须为受其约束的人提供决定性的理由，参见概念性道德内在主义（*conceptual moral internalism*），并认为存在这样的道德义务，参见形而上学道德内在主义（*metaphysical moral internalism*）。

道德内在主义者（**moral internalist**）——道德内在主义的信奉者。

道德（**morality**）——伦理学中关于正确与错误的部分。

道德法则（**moral law**）——一个普遍的道德要求，所有道德能动者都有责任不能违背。

道德上值得欲求的（**morally desirable**）——从道德的观点看是值得欲求的。参见道德的观点（*moral point of view*）。

道德上善的（**morally good**）——从道德的观点来看，要么是值得欲求的（被恰当地欲求），要么是值得尊敬的（被恰当地敬重）——在后一种意义上，是道德能动者、动机和品格的谓词。另见道德的观点（*moral point of view*）。

道德上正确的（**morally right**）——行动的谓词；要么在道德上被允许，要么在道德上被要求。

道德的观点（**moral point of view**）——道德的视角，一种平等关切和尊重作为道德共同体之平等成员的所有人的观点。另见道德（*morality*）。

道德价值（**moral value**）——从道德的观点看的价值。

自然主义（**naturalism**）——认为只有自然的事物存在，与认为存在超自然物体或属性的理念相反。

自然法则（**natural law**）——要么是用来解释自然现象的一种描述性的普遍概括（例如，物理定律），要么是要求所有人都要服从的规定性普遍规范。另见古典自然法理论，道德法则（*classical natural law theory，moral law*）。

必然的（**necessary**）——与必然性有关。另见偶然的（*contingent*）。

必然性（**necessity**）——某事的发生不可能有另一种状况；也就是说，如果为真，就不可能为假；如果为假，就不可能为真。必然性与偶然性（*contingency*）相对。

虚无主义（**nihilism**）——认为没有什么是重要的，即不存在善恶、对错。

虚无主义者（**nihilists**）——虚无主义的信奉者。

高贵的（**noble**）——具有值得尊敬和渴望的价值，与可尊敬的理想有关，并且与羞耻而非内疚有关。另见尊敬，内疚，理想，羞耻（*esteem，guilt，ideal，shame*）。

非认知主义（**noncognitivism**）——主张认为伦理思想和伦理语言表达的不是字面上为真或为假的信念或命题，而是其他缺乏真值的心灵状态（例如，感觉、态度、意图或动机）。另见认知主义（*cognitivism*）。

非认知主义者（noncognitivists）——非认知主义的信奉者。

非道德（nonmoral）——不涉及道德。

非道德善（nonmoral goodness）——不是道德价值的价值。

239 **非还原论伦理自然主义（nonreductive ethical naturalism）**——认为伦理属性和事实是自然属性和事实，即使它们可能无法"被还原"为经验自然科学和社会科学或自然主义的"民间理论"的词汇所指涉的属性和事实。另见经验自然主义，还原论伦理自然主义（empirical naturalism, reductive ethical naturalism）。

非还原论伦理自然主义者（nonreductive ethical naturalists）——非还原论伦理自然主义的信奉者。

非还原论伦理超自然主义（nonreductive ethical supernaturalism）——认为伦理属性和事实是关于某种超自然的形而上学领域的观点，尽管它们可能无法"被还原"为其他一些形而上学探究（如神学）所指涉的领域。另见还原论伦理超自然主义（reductive ethical supernaturalism）。

规范性的（normative）——与一个人应该成为什么样的人，应该做什么，应该如何思考、选择、感受等等相关。另见权威，规范性（authority, normativity）。

规范性伦理理论（normative ethical theory）——规范伦理学的另一个名称。

规范伦理学（normative ethics）——对一个人在特定情况下或一般情况下应该渴望什么、成为什么样的人、感受或做什么等实质性问题的探究与系统性的理论化；与元伦理学相对。另见元伦理学，哲学伦理学（metaethics, philosophical ethics）。

行动的规范性理由（normative reasons for action）——赞成或反对一个行动的考虑，推荐或不推荐该行动的考虑。

规范性（normativity）——与一个人应该成为什么样的人，应该做什么，应该如何思考、选择、感受等有关的属性。另见权威，规范性（authority, normative）。

规范表达主义（norm expressivism）——认为伦理判断表达了接受一个规范的动机性状态，这种状态被认为缺乏认知性或命题性内容。另见非认知主义（noncognitivism）。

客观上正确的（或明智的）[objectively right or（prudent）]——根据一个境况的客观特征而在道德上是正确的行为，与根据能动者相信或有理由相信的道德上正确的行为（即主观上正确的 [或明智的]（subjectively right[or prudent]））形成对比。

客观旨趣（objective purport）——看似是客观的、独立于感知者的事物（例如，某个客观事实或某种物质的一个客观属性）。

义务（obligation）——道德上要求的，而不去做则是错误的。另见绝对的，错误的（categorical, wrong）。

观察者的理论视角（observer's theoretical perspective）——第三人称视角，即能够把握和思考作为客观世界一部分的事件的人的视角，与能动者视角或实践视角

（*agent's* or *practical perspective*）形成对比。

开放问题（open question）——G. E. 摩尔的论证，认为伦理属性不能等同为任何自然的或形而上学的属性，因为对于任何这样后面一种属性，具有该属性的某物 X 是否具有某一伦理属性（例如，是善的），是一个开放问题。

特殊主义（particularism）——主张伦理态度以不可还原的方式被指向特殊的个体或群体。

特殊主义者（particularist）——特殊主义的信奉者。

完善论（perfectionism）——认为基本道德价值或标准是促进卓越性、价值或优点的观点。

完善论者（perfectionist）——完善论的信奉者。

完善论幸福主义（perfectionist eudaimonism）——认为每个人都应该寻求自己的幸福或善，并认为这些都在于自我完善。另见幸福主义（*eudaimonism*）。

完善论幸福主义者（perfectionist eudaimonist）——完善论幸福主义的信奉者。

个人的善（person's good）——当某人受益时，个人的善就被提高。另见对谁是善的（*good for*）。

现象学（phenomenology）——从体验思想和经验的人的内部视角去看待的这些思想和经验——具有一定的思想或经验"是什么样子的"。也指对如此定义的现象学的研究。

哲学伦理学（philosophical ethics）——整合元伦理学和规范伦理学的系统性尝试。另见元伦理学，规范伦理学（*metaethics*，*normative ethics*）。

哲学道德学家（philosophical moralists）——试图为道德提供哲学辩护和阐明的哲学家。另见道德（*morality*）。

实践视角（practical perspective）——某人慎思要做什么的第一人称视角；也被称为能动者视角（*agent's perspective*）。另见能动性，能动者，慎思，实践思维，行动理由（*agency*，*agent*，*deliberation*，*practical thinking*，*reasons for action*）。

实践理由（practical reason）——关于做什么问题的批判性思考，也被称为实践思维，或这种思维的能力。另见能动者视角，慎思，实践视角，实践思维（*agent's perspective*，*deliberation*，*practical perspective*，*practical thinking*）。

实践推理（practical reasoning）——对做什么问题的批判性思考；也被称为实践思维。另见能动者视角，慎思，实践视角（*agent's perspective*，*deliberation*，*practical perspective*）。

实践理由理论（practical reason theory）——主张某人应该做什么的命题为真或为假，取决于它们是否是从恰当的实践推理中产生；也被称为理想能动者理论（*ideal agent theory*），理想慎思判断理论（*ideal deliberative judgment theory*），或理想实践判断理论（*ideal practical judgment theory*）。

实践思维（practical thinking）——对做什么问题的批判性思考；也被称为实践

推理（*practical reasoning*）。另见能动者视角，慎思，实践视角（*agent's perspective, deliberation, practical perspective*）。

实践（practice）——由定义角色和社会期望的规则所构成的社会性活动。

规约主义（prescriptivism）——主张伦理判断表达了意志状态（如意图）的非认知主义的观点，并且认为伦理判断更像是语法祈使句，而非陈述句。另见非认知主义（*noncognitivism*）。

囚徒困境（prisoner's dilemma）——一种博弈论场景，通常涉及两个人，在其中，如果每个人都做对个体而言最好的事情，两个人都会变得更糟；是集体行动问题（*collective action problem*）的一个例子。

投射（projection）——由某种主观状态（例如，情绪）引起的心理现象，把某物视为具有某种客观属性。该客观属性被称为这种主观状态的投射。

命题性内容（propositional content）——一个陈述句的意义或语义内容；它所表达的命题。例如，"雪是白色的"表达了雪是白色的这个命题（后者即这个句子的命题性内容）。也被称为认知性内容（*cognitive content*）。

明智的（prudent）——与什么会真正促进能动者的利益（客观上明智的），或根据能动者的信念或他合理地相信什么，做什么才最有可能促进他的利益相。

定性享乐主义（qualitative hedonism）——主张快乐是唯一的善，除了数量之外，价值还直接随着快乐的种类（质量）的变化而变化。另见享乐主义，定量享乐主义（*hedonism, quantitative hedonism*）。

定量享乐主义（quantitative hedonism）——主张快乐是唯一的善，价值只直接随着快乐的数量的变化而变化。另见享乐主义，定性享乐主义（*hedonism, qualitative hedonism*）。

241 **激进选择理论（radical choice theory）**——认为脱离能动者的实际选择，不存在伦理事实，即能动者的选择创造了价值。

理性的人类需求（rational human need）——参见理性需求（*rational need*）。

理性直觉主义（rational intuitionism）——主张伦理真理是必然的、先天的，并且可以被理性直接感知。另见先天的，必然的（*a priori, necessary*）。

理性直觉主义者（rational intuitionists）——理性直觉主义的信奉者。

理性需求（rational need）——任何理性的人类能动者都可以被假定为需要的事物，而不管他特定的个人目的是什么。

行动理由（reasons for action）——参见能动者的行动理由，行动的规范性理由（*agent's reasons for action, normative reasons for action*）。

互惠性（reciprocity）——涉及双方采取行动的意愿的合作，如果另一方愿意采取相似的行动意愿，那么一方就会如此行动。

承认性尊重（recognition respect）——承认某人尊严的态度。另见尊严（*dignity*）。

还原论伦理自然主义（reductive ethical naturalism）——主张伦理属性可以被等同为（"还原为"）某些经验自然科学或社会科学或自然主义"民间理论"所指涉的属性。另见经验自然主义，非还原论伦理自然主义（*empirical naturalism, nonreductive ethical naturalism*）。

还原论伦理自然主义者（reductive ethical naturalists）——还原论伦理自然主义的信奉者。

还原论伦理超自然主义（reductive ethical supernaturalism）——主张伦理属性和伦理事实可以被等同为某种超自然形而上学形式的探究（比如神学）的词汇所指涉的属性和事实。另见非还原论伦理超自然主义（*nonreductive ethical supernaturalism*）。

尊重（respect）——参见承认性尊重（*recognition respect*）。

怨恨（ressentiment）——一种无意识的仇恨状态，发生在那些感到被他人伤害或贬低，并且无法直接寻求补偿或满足的人身上。

正确的（right）——（如在"道德上正确的"中，或作为行动的谓词，）要么在道德上不被禁止（"好吧"），要么在道德上被要求（道德上禁止不能做）。另见错误的（*wrong*）。

权利（right）——（如在"拥有一项权利"中，）对某物的一个道德上得到证成的主张，或有自由权做某事。

使之为正确（right-making）——说明为何某事是正确的理由的属性。

规则后果主义（rule-consequentialism）——认为一个行为在道德上是正确的，当且仅当该行为被一项规则所要求，而建立此项规则将在社会实践中促进最大的总体净收益。另见行为后果主义（*act-consequentialism*）。

规则功利主义（rule-utilitarianism）——主张一个行为在道德上是正确的，当且仅当该行为被一项规则所要求，而建立此项规则将在社会实践中促进最大的总体净幸福或效用。另见行为功利主义（*act-utilitarianism*）。

二阶欲望（second-order desire）——一种以满足某个一阶欲望为对象的欲望（例如，某人欲求他现在和未来的欲望得到满足）。

二阶问题（second-order questions）——关于一阶问题地位的哲学议题。在伦理学中，二阶问题是元伦理学的议题。另见一阶问题，元伦理学，规范伦理学（*first-order questions, metaethics, normative ethics*）。

羞耻（shame）——一个人在某些方面自我贬低而呈现出来的情绪或情感——通常发生在一个人想象自己被他人（正确地）看待的时候。另见卑下的，尊敬，内疚，理想，高贵，应得价值（*base, esteem, guilt, ideal, noble, worth*）。

社会契约理论（social contract theory）——认为政治义务源于在自然状态下产生的社会契约（无论是明示的还是默认的，实际的还是假设的契约）。另见自然状态（*state of nature*）。

242 　**自然状态（state of nature）**——可能是假设的一种事态，在其中不存在政治权威。另见社会契约理论（*social contract theory*）。

主观上正确的（或明智的）[subjectively right（or prudent）]——一个行为成为道德上正确的，是根据能动者的信念或她有理由相信的，与根据客观境况形成对比（例如，什么是客观上正确的（或明智的）（*objectively right [or prudent]*））。

主观主义（subjectivism）——主张伦理判断的内容与作出判断的人的主观状态有关（例如，"*x* 是善的"，意味着"我赞同 *x*"）。

超自然的（supernatural）——被认为存在于自然领域之外，或超越于自然领域之上的属性或事实领域。另见自然的（*natural*）。

同情（sympathy）——为了某人自身而关心他的情感，由对他的困境的情感参与所引发。

综合的（synthetic）——一个命题为真或为假，不是由其表达它的语词的意义决定的。另见分析的（*analytic*）。

目的论的（teleological）——认为物具有自然目的或目标的理念（源于希腊文 *telos*）。

目的论自然主义（teleological naturalism）——来自亚里士多德的观点，他认为自然事物包含内在的目标或目的 [例如，"终极因"或目的（*telos*）]，它们既可以解释事物的行为，又可以为它们的评价提供标准。

神学唯意志论（theological voluntarism）——认为伦理命题是由关于上帝所欲求的或命令的事实而使之为真或为假；也称为神命论（*divine command theory*）。

普遍性（universality）——毫无例外地适用某种类型的所有个例的属性。

功利主义的（utilitarian）——与功利主义有关。

功利主义（utilitarianism）——任何将行为的道德正确性，或品格或动机的道德之善直接或间接地建立在促进幸福的基础之上的道德理论。另见行为功利主义，后果主义，规则功利主义（*act-utilitarianism, consequentialism, rule-utilitarianism*）。

价值（value）——值得欲求、应得价值或尊严。另见值得欲求的，值得欲求，尊严，价值创造，应得价值（*desirable, desirability, dignity, value-making, worth*）。

价值创造（value-making）——提供某物为何有价值的理由的属性，或定义某物价值的构成。

可验证性标准（verifiability criterion）——一个句子或一个判断只有在其真值条件可以被感性经验验证时，才具有认知内容或命题性内容。另见逻辑实证主义（*logical positivism*）。

德性（virtue）——最一般而言，是指卓越性；更具体来说，是指品格的卓越性。

意志的薄弱性（weakness of will）——当一个人做不是自己所认为最佳的行为所表现出来的状况。

意志（will）——与能动性或出于理由而行动相关的能力或官能。另见能动性（*agency*）。

被世界纠正的（world-corrected）——信念被认为所具有的符合方向，因为它旨在表征或"符合"这个世界，如果表征错误（未能符合世界），则信念需要被纠正。另见符合方向（*direction of fit*）。

去纠正世界的（world-correcting）——欲望被认为所具有的符合方向，因为它旨在让世界"符合"它；如果不这样的话，那么就其欲望而言，世界似乎存在一个需要被纠正的过失或错误。另见符合方向（*direction of fit*）。

应得价值（worth）——一种值得敬重或效仿的价值，与可尊敬或高贵的理想有关，与羞耻而非内疚有关。另见尊敬，内疚，理想，优点，高贵，羞耻（*esteem*，*guilt*，*ideal*，*merit*，*noble*，*shame*）。

错误的（wrong）——（正如在"道德上错误的"，）与道德上被禁止的行为有关，即人们在道德上必须不能做的事情。另见义务，正确的（*obligation*，*right*）。

~~~~~~~~~~~~~~~~~~~~~

注：索引中的页码系英文版页码，亦即本书边码。

Ethics, as distinguished from morality(narrowly conceived), 伦理学，与道德（狭义设想的）区分，83—84, 178—186, 196—197, 205—206

Ethics of care, 关怀伦理学，83—84, 217—228

Eudaimonism, 幸福主义，195, 206, 235

Experience machine，体验机器，116—117

Explanation in ethics，伦理学中的解释，23—25

Externalism, 外在主义，107—108, 139—140, 169, 235

Extrinsic, 外在的，236

Evolution and ethics，进化与伦理学，197

Fairness, 公平，100—102, 106. *See also* Justice, 另见正义

Feminism, 女性主义，83, 110

Final cause, 终极因，*See also* Telos，另见 Telos

First-order desires，一阶欲望，95

First-order questions，一阶问题，9, 64, 236

Firth, Roderick，罗德里克·费尔斯，61

Foucault, Michel，米歇尔·福柯，178

Freedom，自由，*See also* Autonomy，另见自主性 / 自律

Free moral agent，自由的道德能动者，236. *See also* Autonomy，另见自主性 / 自律

Fundamental dilemma of metaethics，元伦理学的根本困境，25—26, 50, 236

Galileo，伽利略，89—90

Gauthier, David，大卫·高蒂尔，108

Genealogy(of morals)，谱系学（关于道德的），178—186, 236

Gibbard, Allan，艾伦·吉巴德，79

Gilligan, Carol，卡罗尔·吉利根，218—228

Golden rule，黄金律，93, 100

247　Good for(someone)，对（某人）是善的，31, 114, 123—125, 236

Good-making，使之为善，236

Guilt，内疚，3, 185—186, 191, 206, 236

Hampton, Jean，让·汉普顿，108

Hare, R. M.，R. M. 黑尔，79

Harman, Gilbert，吉尔伯特·哈曼，22—25, 37, 41, 70, 135—136

Hedonism，享乐主义，114—122, 150, 236. *See also* Qualitative hedonism; Quantitative

图书在版编目(CIP)数据

哲学伦理学/(美)斯蒂芬·达沃尔
(Stephen Darwall)著;黄素珍译. —上海:上海人
民出版社,2024
书名原文:Philosophical Ethics
ISBN 978 - 7 - 208 - 18859 - 4

Ⅰ.①哲… Ⅱ.①斯… ②黄… Ⅲ.①哲学 ②伦理学
Ⅳ.①B

中国国家版本馆 CIP 数据核字(2024)第 074942 号

责任编辑 任俊萍 王笑潇
封面设计 人马艺术设计·储平

哲学伦理学

[美]斯蒂芬·达沃尔 著

黄素珍 译

出　　版　上海人民出版社
　　　　　(201101　上海市闵行区号景路 159 弄 C 座)
发　　行　上海人民出版社发行中心
印　　刷　江阴市机关印刷服务有限公司
开　　本　635×965　1/16
印　　张　22.5
插　　页　4
字　　数　284,000
版　　次　2024 年 8 月第 1 版
印　　次　2024 年 8 月第 1 次印刷
ISBN 978 - 7 - 208 - 18859 - 4/B·1751
定　　价　98.00 元